150 Jahre
Wissen für die Zukunft
Oldenbourg Verlag

Produkthaftung

Kompaktwissen
für Betriebswirte, Ingenieure und Juristen

von
Professor Dr. Claudius Eisenberg,
Professor Dr. Rainer Gildeggen LL.M.,
Rechtsanwalt Andreas Reuter,
Professor Dr. Andreas Willburger

Oldenbourg Verlag München

Bibliografische Information der Deutschen Nationalbibliothek

Die Deutsche Nationalbibliothek verzeichnet diese Publikation in der Deutschen Nationalbibliografie; detaillierte bibliografische Daten sind im Internet über <http://dnb.d-nb.de> abrufbar.

Rosenheimer Straße 145, D-81671 München
Telefon: (089) 45051-0
oldenbourg.de

Lektorat: Wirtschafts- und Sozialwissenschaften, wiso@oldenbourg.de
Herstellung: Anna Grosser
Coverentwurf: Kochan & Partner, München
Gedruckt auf säure- und chlorfreiem Papier
Druck: Grafik + Druck, München
Bindung: Thomas Buchbinderei GmbH, Augsburg

ISBN 978-3-486-58575-9

Vorwort

Produkthaftung ist ein Teilaspekt der rechtlichen Verantwortlichkeit für fehlerhafte Produkte. Soll die Produkthaftung im Unternehmen gemanagt werden, muss die Haftung für fehlerhafte Produkte in ihrem evolutionär entstandenen Gesamtzusammenhang verstanden werden. Die Grundlagen der Haftung für fehlerhafte Produkte und einer angemessenen Produkthaftungscompliance im Unternehmen werden in diesem Buch vorgestellt. Es will den Mitarbeitern und Verantwortlichen im Unternehmen helfen, Produkthaftungsrisiken zu erkennen und effektiv zu managen und dadurch auch zur Verbesserung der Produktqualität beitragen. Die Studierenden des Ingenieurswesens, der Betriebswirtschaftslehre und des Wirtschaftsrechts will es in die Produkthaftung einführen. Beim Durcharbeiten dieses Buches empfiehlt es sich, die in Bezug genommenen Gesetzestexte parallel zu lesen. Die Gesetzestexte können unter www.gesetze-im-internet.de kostenlos abgerufen werden.

Die Ausführungen in diesem Buch geben die persönlichen Ansichten der Autoren wieder.

Pforzheim im Frühjahr 2008

Inhalt

Vorwort **V**

Abkürzungsverzeichnis **XIII**

1 Einführung **1**

1.1 Beteiligte ... 1

1.2 Rechtsbeziehungen ... 2

1.3 Rechtsquellen der Produkthaftung ... 3

1.4 Internationale Produkthaftung ... 4

1.5 Produkthaftungcompliance ... 4

2 Geschichte und Begründung der Produkthaftung **7**

2.1 Geschichte der Produkthaftung ... 7

2.2 Begründung der Produkthaftung ... 13

2.3 Zusammenfassung ... 16

3 Gewährleistung des Verkäufers **17**

3.1 Überblick ... 17

3.2 Sachmangel ... 18

3.3 Rechte des Käufers bei Mängeln ... 22
3.3.1 Nacherfüllung ... 22
3.3.2 Rücktritt ... 26
3.3.3 Minderung ... 26
3.3.4 Schadensersatz ... 27

3.4 Ausschluss der Gewährleistungsrechte ... 30
3.4.1 Kenntnis des Sachmangels ... 30
3.4.2 Vertraglicher Ausschluss ... 30
3.4.3 Leistungsbeschreibung ... 30
3.4.4 Untersuchungs- und Rügepflicht ... 31

3.5 Verjährung ... 33

3.6 Rückgriff des Unternehmers ... 34
3.7 Übungsfälle ... 35
3.8 Zusammenfassung ... 37
3.9 Ergänzende Literaturhinweise ... 37

4 Herstellergarantie 39

4.1 Überblick ... 39
4.2 Inhalt der Garantie ... 40
4.3 Bedeutung der Garantie ... 43
4.4 Übungsfall ... 44
4.5 Zusammenfassung ... 44
4.6 Ergänzende Literaturhinweise ... 45

5 Produzentenhaftung 47

5.1 Überblick ... 47
5.2 Haftung nach § 823 Abs. 1 BGB ... 48
5.2.1 Überblick ... 48
5.2.2 Rechtsgutsverletzung ... 49
5.2.3 Pflichtwidriges Verhalten ... 52
Verletzung von Verkehrssicherungspflichten ... 52
Allgemeiner Sorgfaltsmaßstab ... 53
Pflichten im Konstruktionsbereich (Konstruktionsfehler) ... 58
Pflichten im Fabrikationsbereich (Fabrikationsfehler) ... 61
Pflichten im Instruktionsbereich (Instruktionsfehler) ... 67
Produktbeobachtungspflicht ... 74
5.2.4 Verschulden ... 78
5.2.5 Schaden ... 79
5.2.6 Beweislast ... 80
5.2.7 Pflichtenträger ... 81
5.3 Haftung nach § 823 Abs. 2 BGB ... 84
5.4 Haftung nach § 826 BGB ... 85
5.5 Verjährung ... 86
5.6 Übungsfall ... 87
5.7 Zusammenfassung ... 88
5.8 Ergänzende Literaturhinweise ... 89

6 **Produkthaftung und GPSG** 91

6.1 Überblick 91
6.1.1 Allgemeines 91
6.1.2 Europarechtliche Grundlegung und ihre Konsequenzen 93

6.2 Produkthaftung nach dem Produkthaftungsgesetz 95
6.2.1 Grundlagen der Haftung 95
6.2.2 Produkt 95
6.2.3 Fehler 96
6.2.4 Hersteller 97
6.2.5 Haftungsausschlüsse 97
6.2.6 Beweislast 101
6.2.7 Umfang des zu ersetzenden Schadens 102
6.2.8 Unabdingbarkeit 102
6.2.9 Sonstiges 102

6.3 Geräte- und Produktsicherheitsgesetz 103
6.3.1 Bedeutung für die Produkthaftung 103
6.3.2 Wesentliche Regelungen des GPSG im Überblick 104
6.3.3 Allgemeine Sicherheitsanforderungen nach dem GPSG 107
6.3.4 Bedeutung des GPSG im Konstruktionsbereich 109
6.3.5 Bedeutung des GPSG im Fabrikationsbereich 110
6.3.6 Bedeutung des GPSG für die Instruktionspflicht 110
6.3.7 GPSG und Produktüberwachung und Rückruf 110
6.3.8 Zusammenfassung GPSG 111

6.4 Übungsfall 112

6.5 Zusammenfassung 112

6.6 Ergänzende Literaturhinweise 113

7 **Rückgriff des Herstellers gegen den Zulieferer** 115

7.1 Überblick 115

7.2 Vertragliche Rückgriffsansprüche 116

7.3 Rückgriffsansprüche aus §§ 840 Abs. 1 BGB, 5 ProdHaftG 117
7.3.1 Rückgriff bei Rechtsgutsverletzungen 117
7.3.2 Rückgriff bei Rückrufaktionen 120

7.4 Zusammenarbeit zwischen den Beteiligten der Lieferkette 123

7.5 Übungsfall 124

7.6 Zusammenfassung 125

7.7 Ergänzende Literaturhinweise 125

8 Internationale Dimension der Produkthaftung 127

8.1 Überblick ... 127

8.2 Anwendbares Recht ... 128

8.3 Anwendbares Produktsicherheitsrecht ... 132

8.4 Wichtige Produkthaftungsrechte ... 132
8.4.1 Produkthaftung in Europa ... 132
8.4.2 Produkthaftung in den USA ... 133
8.4.3 Produkthaftung in Japan ... 138
8.4.4 Produkthaftung in China ... 138
8.4.5 Sonstige Produkthaftungsrechte ... 140

8.5 Gerichtszuständigkeit und Durchsetzung von Gerichtsurteilen ... 140
8.5.1 Gerichtszuständigkeit ... 140
8.5.2 Durchsetzung ausländischer Gerichtsurteile ... 143

8.6 Praktische Konsequenzen ... 144

8.7 Übungsfälle ... 145

8.8 Zusammenfassung ... 146

8.9 Ergänzende Literaturhinweise ... 147

9 Strafrecht der Produkthaftung 149

9.1 Überblick ... 149

9.2 Grundlagen der strafrechtlichen Verantwortlichkeit ... 150
9.2.1 Relevante Tatbestände ... 150
9.2.2 Täter ... 150
9.2.3 Strafbare Handlung ... 152
9.2.4 Kausalität im Sinne des Strafrechts ... 153
9.2.5 Strafhöhe ... 154

9.3 Typische Abläufe ... 155

9.4 Übungsfälle ... 157

9.5 Zusammenfassung ... 158

9.6 Ergänzende Literaturhinweise ... 158

10 Produkthaftung und Arbeitsrecht 159

10.1 Überblick ... 159

10.2 Haftung von Vorstand, Geschäftsführern, leitenden Angestellten und sonstigen Mitarbeitern ... 159

10.3 Produkthaftung und Arbeitsrecht ... 161

10.4 Übungsfall ... 163

10.5 Zusammenfassung ... 164

10.6 Ergänzende Literaturhinweise ... 164

11 Produkthaftung und Compliance 165

11.1 Compliance ... 165

11.2 Praktische Handhabung des maßgeblichen Sicherheitsstandards ... 165

11.3 Produktsicherheitsmanagement ... 166
11.3.1 Entwicklung ... 167
11.3.2 Zukauf ... 170
11.3.3 Fertigung ... 171
11.3.4 Vertrieb ... 173
11.3.5 Produktbeobachtung ... 175

11.4 Dokumentation ... 177

11.5 Information und Schulung der Mitarbeiter ... 179

11.6 Risikomanagement ... 180
11.6.1 Fehlererkennung ... 180
11.6.2 Fehlerbehebung ... 181
11.6.3 Kommunikation im Krisenfall ... 183

11.7 Zusammenfassung ... 185

11.8 Ergänzende Literaturhinweise ... 185

Literatur zur Produkthaftung 187

Stichwortverzeichnis 189

Abkürzungsverzeichnis

ABl.	Amtsblatt
Abs.	Absatz
a.E.	am Ende
AG	Amtsgericht
AGB	Allgemeine Geschäftsbedingungen
Alt.	Alternative
AMG	Arzneimittelgesetz, Gesetz über den Verkehr mit Arzneimitteln
Art.	Artikel
AtomG	Gesetz über die friedliche Verwendung der Kernenergie und den Schutz gegen ihre Gefahren (Atomgesetz)
Aufl.	Auflage
BAG	Bundesarbeitsgericht
BB	Betriebsberater (Jahr, Seite)
BfAI	Bundesagentur für Außenwirtschaft
BGB	Bürgerliches Gesetzbuch
BGH	Bundesgerichtshof
BGHZ	Entscheidungen des Bundesgerichtshofs in Zivilsachen (Band, Seite)
bspw.	beispielsweise
BT-Drs.	Bundestagsdrucksache
BVerfGE	Entscheidungssammlung des Bundesverfassungsgerichts (Band, Seite)

DB	Der Betrieb (Jahr, Seite)
d.h.	das heißt
EG	Europäische Gemeinschaft
EGV	Vertrag zur Gründung der Europäischen Gemeinschaft
EGBGB	Einführungsgesetz zum Bürgerlichen Gesetzbuch
EU	Europäische Union
EuGH	Europäischer Gerichtshof; Gerichtshof der Europäischen Gemeinschaft
EuGVO	Verordnung (EG) Nr. 44/2001 über die gerichtliche Zuständigkeit und die Anerkennung und Vollstreckung von Entscheidungen in Zivil- und Handelssachen
EuZW	Europäische Zeitschrift für Wirtschaftsrecht (Jahr, Seite)
evtl.	eventuell
EWG	Europäische Wirtschaftsgemeinschaft
EWR	Europäischer Wirtschaftsraum
ff.	folgende
GenTG	Gentechnik Gesetz
ggf.	gegebenenfalls
GPSG	Gesetz über technische Arbeitsmittel und Verbraucherprodukte (Geräte- und Produktsicherheitsgesetz – GPSG)
GPSGV	Verordnung zum GPSG
HGB	Handelsgesetzbuch
Hs.	Halbsatz
i.d.R.	in der Regel
i.S.v.	im Sinne von
i.V.m.	in Verbindung mit
JZ	Juristenzeitung (Jahr, Seite)

KOM	Kommission
LG	Landgericht
Lit.	Litera, Buchstabe
MDR	Monatsschrift für deutsches Recht (Jahr, Seite)
NJW	Neue Juristische Wochenschrift (Jahr, Seite)
NJW-RR	NJW Rechtsprechungs-Report Zivilrecht (Jahr, Seite)
Nr.	Nummer
NStZ	Neue Zeitschrift für Strafrecht (Jahr, Seite)
NZV	Neue Zeitschrift für Verkehrsrecht (Jahr, Seite)
OLG	Oberlandesgericht
o.g.	oben genannt
PHi	Produkt und Umwelthaftung international (Jahr, Seite)
ProdHaftG	Gesetz über die Haftung für fehlerhafte Produkte (Produkthaftungsgesetz)
RAPEX	Community Rapid Information System
RG	Reichsgericht
RIW	Recht der internationalen Wirtschaft (Jahr, Seite)
Rn	Randnummer
Rs	Rechtssache
Rz	Randziffer
S.	Satz, Seite
sog.	sogenannt
StGB	Strafgesetzbuch
TZ	Textziffer
UN	United Nations
UN-Kaufrecht	Wiener UN-Übereinkommen über Verträge über den internationalen Warenkauf
u.a.	unter anderem

u.ä.	und ähnliche
usw.	und so weiter
UVV	Unfallverhütungsvorschrift
VersR	Versicherungsrecht (Jahr, Seite)
vgl.	vergleiche
v.	*versus*, gegen
z.B.	zum Beispiel
ZGS	Zeitschrift für das gesamte Schuldrecht (Jahr, Seite)
ZfS	Zeitschrift für Schadensrecht (Jahr, Seite)

1 Einführung

1.1 Beteiligte

mehrere Beteiligte

An typischen Produkthaftungsfällen sind in der Regel mehrere Personen, Unternehmen oder Institutionen beteiligt.

Wasserkocher I

Hersteller H stellt Wasserkocher her. Ein Teil, der Thermostat, stammt von dem Zulieferer Z. H vertreibt die Wasserkocher über die Handelskette V. Die Handelskette verkauft einen Wasserkocher an den Kunden K zum Preis von 25 €. Aufgrund eines Defekts am Thermostat schaltet sich der Wasserkocher nicht aus. Es kommt zu einem Brand, bei dem der Wasserkocher und Teile der Küche im Wert von 5.000 € zerstört werden. Zudem wird K verletzt und ist mehrere Tage arbeitsunfähig.

Zulieferer, Hersteller, Vertriebsunternehmen und Kunde sind offensichtlich Beteiligte dieses Falles. Daneben kann auch ein Dritter, beispielsweise der Ehepartner des Kunden, beteiligt sein, weil er durch den Brand verletzt oder sein Eigentum beschädigt wurde. Weitere Beteiligte sind der Arbeitgeber des Kunden, der einen Schaden durch seine Verpflichtung zur Lohnfortzahlung an den K im Krankheitsfall hat, und der Staat mit seinen sozialen Sicherungssystemen, die Behandlungskosten usw. übernehmen müssen. Private Versicherungen sind meist als Betriebshaftpflicht- oder Produkthaftpflichtversicherungen vom Zulieferer, Hersteller, Vertriebspartner, oder als zusätzliche Kranken- oder Unfallversicherungen vom Kunden oder sonstigen betroffenen Dritten in Produkthaftungsfälle mit einbezogen. Auch der Staat kann mit seinen Aufsichtsbehörden eingreifen müssen, sei es im Falle strafrechtlicher Ermittlungen, sei es weil ein Rückruf der im Markt befindlichen Wasserkocher zu erwägen ist.

Die nachfolgenden Ausführungen konzentrieren sich im Wesentlichen auf die im Fall genannten Beteiligten, also den Zulieferer, den Hersteller, den Vertriebspartner und den Kunden.

1.2 Rechtsbeziehungen

Zwischen den Beteiligten eines Produkthaftungsfalles bestehen vielfältige Rechtsbeziehungen, die das nachfolgende Schaubild verdeutlichen soll.

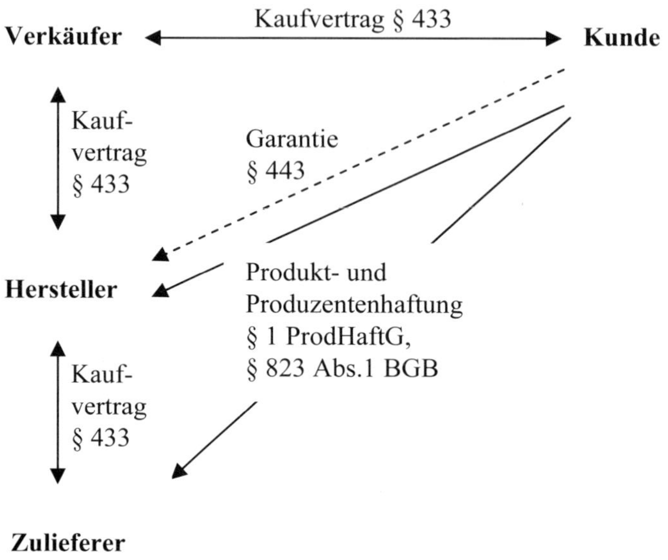

Abb. 1-1: Schaubild: Beteiligte und Rechtsbeziehungen

Gewährleistung und Garantie

Kaufverträge bestehen zwischen dem Zulieferer und dem Hersteller und dem Hersteller und dem Vertriebspartner. Vertriebspartner und Kunde haben in der Regel ebenfalls einen Kaufvertrag abgeschlossen. Eine weitere vertragliche Beziehung entsteht häufig zwischen dem Hersteller und dem Kunden in Form einer Herstellergarantie. Die Vertragsbeziehungen zwischen Verkäufer und Käufer und zwischen Hersteller und Kunde decken im Rahmen der Gewährleistung oder der Garantie regelmäßig Mängel an der verkauften Sache selbst ab. Von den Sonderfällen, in denen der Verkäufer schuldhaft gehandelt hat, abgesehen, muss der Verkäufer aber für Folgeschäden, also Schäden an Leib oder Leben oder sonstigen Rechtsgütern des Kunden, in der Regel nicht einstehen.

Produzenten- und Produkthaftung

Neben den Vertragsbeziehungen gibt es darüber hinaus noch weitere Rechtsbeziehungen: die Produzenten- und Produkthaftung. Nach ihr kann der Geschädigte, ohne dass zwischen ihm und dem Hersteller oder Zulieferer eine Vertragsbeziehung bestehen müsste, von diesen im Falle der Verletzung von Leib oder Leben oder sonstigern Rechtsgütern Schadensersatz für Folgeschäden an diesen Rechtsgütern verlangen. Die Produzentenhaftung stützt sich dabei auf § 823 Abs. 1 BGB, die Produkthaftung auf das Produkthaftungsgesetz. Produzenten- und Produkthaftung unterscheiden sich inhaltlich dadurch, dass die Produzentenhaftung am Verschulden des Herstellers bei der Herstellung des fehlerhaften Produkts anknüpft, während die Produkthaftung allein schon das Inverkehrbringen eines fehlerhaften Produkts unabhängig von einem Verschulden zur Grundlage der Haftung macht. Diese inhaltliche Unterscheidung hat in der Praxis zwar durchaus Auswirkungen, sie ist aber in der Regel nicht von Bedeutung. Entscheidend ist, dass die Produzentenhaftung ein relativ erfolgreicher historischer Versuch war, die Haftung für durch fehlerhafte Produkte verursachte Folgeschäden in Deutschland in den Griff zu bekommen, während die Produkthaftung ein modernerer europäischer Ansatz zur Lösung des Problems ist. Noch stehen beide Lösungsmodelle nebeneinander und können alternativ oder kumulativ zur Falllösung eingesetzt werden.

Das vorliegende Buch widmet sich ausgiebig der Darstellung der Rechtsfiguren der vertraglichen Gewährleistungshaftung des Verkäufers, der Garantiehaftung des Herstellers sowie der Produzenten- und Produkthaftung von Hersteller und Zulieferer.

1.3 Rechtsquellen der Produkthaftung

Versteht man unter Produkthaftung nicht nur die Haftung nach dem Produkthaftungsgesetz, sondern auch die gesamte Verantwortlichkeit vor allem des Herstellers für Produktfehler, dann finden sich umfassende Regelungen, sogenannte Rechtsquellen, an vielen Stellen in unserer Rechtsordnung.

BGB und Produkthaftungsgesetz

So ist die vertragliche Gewährleistung beim Kauf in den §§ 434 ff. BGB geregelt, die Garantie insbesondere des Herstellers findet ihre rechtliche Grundlage in den §§ 443, 477 BGB. Die Produzentenhaftung ergibt sich aus § 823 Abs. 1 BGB, die Produkthaftung aus dem Produkthaftungsgesetz. Praktisch weniger bedeutsam ist die Produzentenhaftung aus §§ 823 Abs. 2 oder 826 BGB. Die Haftung für das Verschulden von Mitarbeitern aus § 831 BGB, die früher im Zusammenhang mit der Produzentenhaftung diskutiert wurde, spielt im Rahmen von Produkthaftungsfällen heute keine Rolle mehr. Auf ihre Darstellung wird daher im Folgenden verzichtet.

Arzneimittelgesetz u.a.

Daneben gibt es spezialgesetzliche Regelungen der Produkthaftung insbesondere für Arzneimittel, § 84 AMG, im Bereich der Gentechnik, §§ 32 ff GenTG, und des Atomrechts, §§ 25 ff AtomG. Die Haftung nach diesen Vorschriften ist nicht Gegenstand dieses Buches.

Rückgriffsansprüche

Haftet der Hersteller gegenüber dem Kunden, dann muss geklärt werden, ob und in welchem Umfang er gegenüber seinem Zulieferer Ansprüche geltend machen kann. Neben dem Gewährleistungsrecht sind hier vertragliche Vereinbarungen wie beispielsweise Qualitätssicherungsvereinbarungen und die Regelungen über den Gesamtschuldnerausgleich von Bedeutung, §§ 840 BGB, 5 ProdHaftG, 421 ff. BGB.

Straf- und Arbeitsrecht

Wer als Mitarbeiter in einem Unternehmen für Produktfehler verantwortlich ist, die zu Schäden führen, kann sich strafbar machen. Damit wird das Strafrecht für die Produkthaftung relevant. Zudem kann der Mitarbeiter in Einzelfällen von seinem Arbeitgeber auf Ersatz bestimmter, von ihm verursachten Schäden in Anspruch genommen werden. Hier sind die arbeitsrechtlichen Regelungen über den innerbetrieblichen Schadensausgleich maßgeblich.

Geräte- und Produktsicherheitsgesetz

Schließlich spielt das im Jahr 2004 neu in Kraft getretene Geräte- und Produktsicherheitsgesetz (GPSG), das die Aufsichtsbehörden mit Aufgaben der Vermeidung und Reduzierung von Produktrisiken betreut, eine in zunehmendem Maße wichtige Rolle im Zusammenhang mit der Produkthaftung.

1.4 Internationale Produkthaftung

internationale Dimension

In einer zunehmend vernetzten und globalisierten Wirtschaftswelt haben Produkthaftungsfälle meist eine grenzüberschreitende und damit internationale Dimension.

Im Wasserkocherfall könnte der Zulieferer und Hersteller in China, der Vertriebspartner und Kunde in Deutschland sitzen oder ein deutscher Hersteller könnte Zulieferteile aus Ungarn verwenden und seine Wasserkocher in den USA verkaufen.

typische Fragestellungen

Hier stellen sich Fragen nach dem anwendbaren Recht, nach den für den Streitfall zuständigen Gerichten und nach den Möglichkeiten der Vollstreckung von Gerichtsurteilen im Ausland. Zudem ist es für einen Hersteller, der seine Produkte global vertreibt, interessant zu wissen, mit welchen Produkthaftungsrisiken er in den einzelnen Märkten, vor allem in Europa, den USA und in Asien, konfrontiert ist. Deshalb ist ein Grobüberblick über die Produkthaftungsregime in diesen Rechtsordnungen hilfreich. Diese Fragen werden im nachfolgenden Kapitel 8 beantwortet.

1.5 Produkthaftungcompliance

Organisation und Rechtstreue

Die vielfältigen gesetzlichen Regelungen zur Produkthaftung wollen sicherstellen, dass Produkte möglichst risikoarm für ihre Käufer und unbeteiligte

Dritte in Verkehr gebracht werden. Das erreichen sie dadurch, dass sie den Herstellern und Vertreibern umfassende Pflichten bei Herstellung und Vermarktung auferlegen. Nun kann die Produktverantwortlichkeit aus der Perspektive der möglichen Ansprüche eines geschädigten Kunden betrachtet werden. Dieser typisch juristische Blickwinkel, in dessen Mittelpunkt der Schadensersatzprozess zwischen Kunde und Hersteller steht, soll hier nicht gewählt werden. Hier soll die Produktverantwortung vielmehr aus der Perspektive des Unternehmens und der Unternehmensorganisation dargestellt werden. Beantwortet werden soll, was Produktentwickler, Produktionsmitarbeiter, Vertriebsverantwortliche und sonstige Unternehmensmanager bei der Herstellung und Vermarktung von Produkten beachten müssen, um ihre Haftungsrisiken auf ein vertretbares Maß zu reduzieren. In diesem Buch geht es daher auch um Produkthaftungcompliance. Die wichtigsten Aspekte der Produkthaftungscompliance werden im Schlusskapitel zusammengefasst.

2 Geschichte und Begründung der Produkthaftung

2.1 Geschichte der Produkthaftung

Die Geschichte der modernen Produkthaftung, der Haftung des Herstellers für Schäden aus Produktfehlern, beginnt um 1900.

In der bis dahin vor allem handwerklich strukturierten Produktwelt waren Hersteller und Verkäufer meist ein und dieselbe Person, sodass der Käufer durch vertragliche Gewährleistungsansprüche gegen seinen Verkäufer rechtlich abgesichert war. Zudem bargen die damals verfügbaren industriell hergestellten Güter noch vergleichsweise geringe Risikopotentiale. Auch wenn mit der nachfolgend einsetzenden Entwicklung der Ausweitung der Herstellerhaftung ein neues Haftungsregime entstand, so bildet doch bis heute die in ihren Grundprinzipien schon sehr alte vertragliche Gewährleistungshaftung des Verkäufers eine maßgebliche Grundlage jeglicher Produktverantwortung.

Die Brunnensalz-Entscheidung des Reichsgerichts von 1915 und die *Mac-Pherson* Entscheidung des New Yorker Berufungsgerichts von 1916 sind die beiden ersten Marksteine der Entwicklung hin zu einer umfassenden Herstellerhaftung.

> **Brunnensalz**[1]
>
> Die Käuferin hatte in einer Apotheke industriell hergestelltes Brunnensalz eines Herstellers originalverpackt erworben. Nach dem Genuss des Salzes erkrankte sie schwer, weil sich im Salz feine Glassplitter befanden, die auf einen Herstellungsfehler zurückzuführen waren.
> Das Reichsgericht stützte die Haftung ausdrücklich nicht auf irgendwelche vertraglichen Ansprüche, sondern nahm eine Haftung des Herstellers nach § 823 BGB an.

---

1 Reichsgericht, Urteil vom 25.2.1915 – VI 526/14, RG 87, 1.

Noch deutlicher ist die juristische Begründung der *Mac Pherson* Entscheidung.

***Mac Pherson v. Buick*[2]**

Buick fertigte Automobile mit den damals üblichen Holzspeichenrädern. Die von einem Zulieferer hergestellten Räder wurden vor dem Einbau keiner Eingangskontrolle durch Buick unterzogen. Die Speichen eines Rades brachen später bei der Nutzung des verkauften Produkts und verletzten Herrn Mac Pherson.
Das Gericht entschied, dass derjenige, der ein Produkt in Verkehr bringt, das Gefahren für Leib oder Leben herbeiführen kann, diejenigen Maßnahmen treffen muss, die zumutbar und erforderlich sind, um diese Gefahren abzuwenden. Ist die Gefahr vorhersehbar und vermeidbar, dann soll der Hersteller aus der Rechtsfigur der Fahrlässigkeitshaftung (*Negligence*) in Anspruch genommen werden können.

deliktische Haftung

Eine wichtige Gemeinsamkeit beider Entscheidungen ist, dass sie den Schadensausgleich zugunsten des Geschädigten nicht durch Ausweitung der vertraglichen Ansprüche gegen den Verkäufer, sondern durch eine vertragsunabhängige, sogenannte deliktische Haftung des Herstellers erreichten. Diese Haftung bestand damit nicht nur zugunsten des geschädigten Käufers, sondern zugunsten von jedermann, der von dem fehlerhaften Produkt geschädigt wurde.

Der Brunnensalz-Entscheidung des Reichsgerichts folgten zunächst wenige Entscheidungen nach. Das lag wohl einerseits daran, dass der geschädigte Käufer beweisen musste, dass der Hersteller einen Schaden vorhersehbar und vermeidbar, d.h. schuldhaft, herbeigeführt hatte, und andererseits daran, dass sich der Hersteller für seine Mitarbeiter nach § 831 BGB von der Haftung befreien konnte. Produkthaftungsprozesse waren bei diesen Vorgaben schwer zu gewinnen.

Mit dem Ende des Zweiten Weltkrieges begann vor allem in den USA und Europa die industrielle Massenproduktion von Konsumgütern. Produktfehler und Schadensfälle blieben nicht aus. Im Arzneimittelbereich löste der *Conterganfall* Aktivitäten des Gesetzgebers aus.

---

2 Court of Appeals of New York, 217 N.Y. 382 (1916).

Contergan[3]

In den 50er Jahren wurde das Arzneimittel Contergan als gut verträgliches Schlaf- und Beruhigungsmittel in Deutschland in den Markt gebracht. Wegen seiner angeblich guten Verträglichkeit wurde es insbesondere auch schwangeren Frauen verschrieben. In der Folge hatte eine große Anzahl von Neugeborenen schwere Missbildungen durch das Arzneimittel erlitten. Das Mittel war vor seiner Vermarktung nicht auf seine Wirkungen auf Feten untersucht worden, weil dies damals nicht üblich war. Unklar blieb lange Zeit, ob der Hersteller das Arzneimittel rechtzeitig vom Markt genommen hatte, nachdem er von den Missbildungen Kenntnis erlangt hatte. Folge dieser Katastrophe waren die Arbeiten am Arzneimittelgesetz, das zwischen 1961 und 1976, in einer Reihe von Entwicklungsschritten eine weitgehende Haftung des Herstellers für Produktfehler unabhängig vom Verschulden sowie umfassende Kontroll- und Eingriffsbefugnisse der Behörden einführte.

Juristische Fachdiskussionen über die sachgerechte Haftung des Herstellers bei Produktfehlern setzten ein. Im *Hühnerpesturteil* von 1968 nahm der Bundesgerichtshof (BGH) die Diskussionen auf und stellte die Herstellerhaftung in Deutschland auf eine neue, bis heute maßgebliche Grundlage. Beweislastumkehr

Hühnerpest[4]

Ein Landwirt hatte seine Hühner gegen Hühnerpest impfen lassen. Die Hühner verendeten einige Tage später an einer ausgebrochenen Hühnerpest. Der eingesetzte Impfstoff war zunächst ordnungsgemäß hergestellt worden, wurde dann aber bakteriell verunreinigt. Es konnte nicht geklärt werden, ob die Verunreinigung des Impfstoffes beim Hersteller oder nach Auslieferung zustande kam und wer dafür verantwortlich war.
Der BGH nahm hier eine Haftung des Herstellers des Impfstoffes an, weil die Voraussetzungen des § 823 Abs. 1 BGB erfüllt seien. Entstehe durch den Fehler eines Produkts einem Dritten ursächlich ein Schaden, dann müsse der Geschädigte – entgegen den allgemeinen Regeln – nicht nachweisen, dass der Hersteller den Fehler schuldhaft herbeigeführt habe. Vielmehr sei es Sache des Herstellers zu beweisen, dass ihn an dem Produktfehler kein Verschulden treffe. Der BGH begründet diese Beweislastumkehr damit, dass der Geschädigte den Nachweis von im Herstellerbereich liegenden Umständen in der Regel nicht führen könnte.[5]

---

3 LG Aachen JZ 1971, 507.

4 BGH, Urteil vom 26.11.1968 – VI ZR 212/66, BGHZ 51, 91.

5 Einen anderen Ansatz wählte Frankreich. Dort wurde die Herstellerhaftung auf eine Ausweitung der vertraglichen Haftung gestützt.

In den folgenden Jahrzehnten haben die Gerichte in einer Vielzahl von Entscheidungen die Pflichten des Herstellers bei der Konstruktion, der Fabrikation, der Instruktion und bei der weiteren Vermarktung von Produkten konkretisiert. Die Konkretisierungen orientierten sich dabei häufig nicht allein an juristischen Begriffen und Kategorisierungen, sondern waren entscheidend auch von technischen und organisatorischen Möglichkeiten bestimmt. Technischer Fortschritt sowie die Möglichkeiten und Konzepte des Qualitätsmanagements spielten bei der Bestimmung des Umfangs der Herstellerpflichten eine entscheidende Rolle.

verschuldensunabhängige Haftung

Die Ausweitung der Massenproduktion, die Idee des Verbraucherschutzes und Besonderheiten des US-amerikanischen Rechtssystems führten dort zu einem Boom der Entwicklung dieses Rechtsgebiets.[6] Schon 1963 wurde in manchen Bundesstaaten die verschuldensunabhängige Herstellerhaftung (*strict libility in tort*) eingeführt.

Greenman v. Yuba Power Products Inc.[7]

Zu Weihnachten 1955 bekam Herr *Greenman* von seiner Ehefrau ein elektrisches Gerät geschenkt, das als Säge, Bohrer und zum Drehen eingesetzt werden konnte. 1957 kaufte er Zusatzteile und benutzte das Gerät mehrfach zum Drehen. Eines Tages löste sich der Drehvorsatz infolge eines Herstellungsfehlers und verletzte Herrn *Greenman* schwer. Er verlangte u.a. vom Hersteller *Yuba Power Products Inc.* Schadensersatz.
Das Gericht führte aus, dass der Hersteller eines fehlerhaften Produkts zum Schadensersatz unabhängig vom Verschulden verpflichtet sei, wenn durch den Produktfehler jemand verletzt werde. Dabei handele es sich nicht um eine vertragliche Garantiehaftung, worauf die Gerichte in vergleichbaren Fällen bisher meist die Verpflichtung zur Zahlung von Schadensersatz gestützt hätten, sondern um eine verschuldensunabhängige Gefährdungshaftung (*strict liability in tort*).

Europäisierung

Auch Europa wurde mit zeitlicher Verzögerung von der Idee des Verbraucherschutzes erfasst; zudem gab es einen immer weiter zusammenwachsenden gemeinsamen Markt, der eine Harmonisierung der verschiedenen nationalen Produkthaftungsregime, soweit es sie überhaupt gab, sinnvoll erscheinen ließ. Die Produkthaftungsrichtlinie von 1985[8] griff den zuvor in den USA entwickelten Gedanken der *strict liability in tort* auf und führte ihn in Europa ein. Nunmehr sollte der Hersteller im Prinzip unabhängig von einem Verschulden

---

6 Siehe dazu unten Kapitel 8.4.2.

7 California Supreme Court, 59 Cal. 2d 57, 377 P 2d 8897 (1963).

8 Richtlinie zur Angleichung der Rechts- und Verwaltungsvorschriften der Mitgliedstaaten über die Haftung für fehlerhafte Produkte (85/374/EWG), ABl. EG L 210/29 v. 7.8.1985.

immer dann haften müssen, wenn er ein Produkt mit einem sicherheitsrelevanten Fehler in den Markt gebracht hatte.

Produkthaftungsrichtlinie

„Art. 1 Der Hersteller eines Produktes haftet für den Schaden, der durch den Fehler dieses Produkts verursacht worden ist. …
Art. 6 Ein Produkt ist fehlerhaft, wenn es nicht die Sicherheit bietet, die man unter Berücksichtigung aller Umstände … zu erwarten berechtigt ist."

Produkthaftungsgesetz

Der deutsche Gesetzgeber hat die Produkthaftungsrichtlinie 1989 mit dem Produkthaftungsgesetz ins deutsche Recht umgesetzt, dabei aber die von der deutschen Rechtsprechung entwickelten Grundsätze der Produzentenhaftung nicht angetastet. Er hat vielmehr ausdrücklich vorgesehen, dass die Haftung aus dem Produkthaftungsgesetz, die eigentliche Produkthaftung, und die Haftung nach § 823 Abs. 1 BGB, die Produzentenhaftung, nebeneinander bestehen sollen. Der Geschädigte kann daher wählen, ob er seinen Anspruch auf die eine oder die andere oder beide Rechtsgrundlagen stützen will.

Änderungen der Produkthaftungsrichtlinie 1999 und die deutsche Schuldrechtsmodernisierung im Jahr 2002 haben die Haftungsregime aus der Produzenten- und Produkthaftung weiter aneinander angeglichen, ohne dass ein einheitliches Produkthaftungsrecht in Deutschland geschaffen worden wäre.

Endpunkt der Entwicklung

Auch wenn viele Detailfragen der Produkthaftung in Europa noch nicht abschließend geklärt sind,[9] scheint die Entwicklung aus juristischer Sicht doch einen gewissen Endpunkt erreicht zu haben. Im Kern der Diskussionen stehen heute weniger die der Produkthaftung zugrunde liegenden Rechtsprinzipien als vielmehr Fragen ihrer Anwendung mit Blick auf das technisch und wirtschaftlich Mögliche.

Bremssysteme

So lässt sich beispielsweise die Frage, mit welchem Bremssystem ein PKW ausgestattet sein muss, nicht so einfach beantworten. Soll es auch für einen preisgünstigen Kleinwagen das technisch Beste und demgemäß Teuerste sein, das die Kosten des PKW deutlich erhöht, oder reicht ein in der Wirkung nicht optimiertes Einfachbremssystem, das den PKW aber auch zum Halten bringt. Die Juristen stellen neben anderem auf die Si-

[9] Etwa die Frage nach der Haftung für Entwicklungsschäden, diejenige nach den gesetzlich vorgesehenen Haftungsbegrenzungen oder diejenige nach einem ausschließlichen europäischen Haftungskonzept, das das Nebeneinander von nationalen und europäischen Haftungsgrundlagen beendet; siehe hierzu Dritter Bericht über die Anwendung der Richtlinie des Rates zur Angleichung der Rechts- und Verwaltungsvorschriften der Mitgliedstaaten über die Haftung für fehlerhafte Produkte, KOM (2006) 496 endgültig.

cherheit ab, die die Allgemeinheit berechtigterweise erwarten darf, und unternehmen einen schwierigen Abwägungsprozess für dessen Bewältigung sie oft technische Sachverständige benötigen.[10]

Trotz der heutigen umfassenden zivilrechtlichen Herstellerhaftung nimmt die Zahl der sicherheitsrelevanten Produktfehler ständig zu.[11] Das hängt zusammen mit der sich weiter ausweitenden Massenproduktion, der Komplexität vieler moderner Massenprodukte, dem Kostendruck und der Arbeitsteilung, die den Herstellungsprozess kennzeichnen, sowie der Globalisierung. Das zivilrechtliche Produkthaftungsrecht allein scheint nicht in der Lage zu sein, Produktfehler in weitem Umfang zu vermeiden.

strafrechtliche Produktverantwortung

Mit der konsequenten Anwendung von Strafrecht wird in Deutschland seit den 80er Jahren versucht, Einzelpersonen, etwa Geschäftsführer, leitende Angestellte und sonstige Mitarbeiter in Produkthaftungsfällen zur Verantwortung zu ziehen. In spektakulären Einzelfällen wurden Freiheits- und Geldstrafen wegen Produktfehlern ausgesprochen.[12] Die Strafdrohung hält zur Einhaltung von Verkehrssicherungspflichten bei der Produktion und Vermarktung von Produkten an. Sie ist, obwohl ihr Kostendruck auf Unternehmensstrukturen relativ gering ist, wegen ihrer individuellen Wirkung auf die Mitglieder der Geschäftsleitung und die Mitarbeiter durchaus geeignet, die Zahl der Produktfehler zu senken.

Entstehen von Produktsicherheitsrecht

Über zivilrechtliche Ansprüche kann nach dem Eintritt von Schadensfällen Ausgleich erlangt werden. Sie schaffen auch generell Anreize zur Herstellung fehlerfreier Produkte. Präventiv kann Zivilrecht aber konkrete Schadensfälle nicht unmittelbar vermeiden. Zur Prävention von Produktgefahren hat sich daher ergänzend staatliches Aufsichtsrecht entwickelt. Danach können die zuständigen Aufsichtsbehörden, wenn Produkte Gefahren für Leib oder Leben bergen, diese über den Hersteller oder direkt gegebenenfalls im Wege des Rückrufs oder der Rücknahme aus dem Markt nehmen und europaweit über das System zum raschen Informationsaustausch, RAPEX,[13] vor Produktgefah-

---

10 Siehe hierzu unten Kapitel 6.3.3.

11 Nach dem Jahresbericht 2006 von RAPEX nahm die Zahl der Meldungen gefährlicher Produkte gegenüber den Vorjahren deutlich auf 924 zu. Die Meldungen betrafen vor allem Spielzeug (24%), elektrische Geräte (18 %), Automobile (14 %), Lampen u.ä. (11 %) und Kosmetik Produkte (5%). Die Produktrisiken waren vor allem Verletzungen, elektrische Schläge, Brandgefahren, Verschlucken und chemische Risiken. Über 48 % der fehlerhaften Produkte kamen aus China, der Rest der gefährlichen Produkte kam aus Staaten der ganzen Welt. Siehe hierzu European Commission, Keeping European Consumers Safe – 2006 Annual Report on the operation of the Rapid Alert System for non-food consumer products RAPEX, abrufbar unter http://ec.europa.eu/rapex.

12 Siehe unten Kapitel 9.

13 *Community Rapid Information System*, siehe hierzu unten Kapitel 6.3.

ren warnen. Mit dem auf Vorläufern beruhenden, 2004 erlassenen neuen GPSG wurden in Deutschland die insoweit bestehenden europäischen Vorgaben umgesetzt und die rechtlichen Grundlagen für vielfältige behördliche Anforderungen an Produkte und Eingriffe in die Herstellerverantwortung geschaffen.

Die blonde Plastikpuppe

Wer eine blonde Plastikpuppe, die in China mit einer Chemikalie gefertigt wurde, die aus gesundheitlichen Gründen in Spielzeug nicht enthalten sein darf, als europäischer Hersteller in Europa auf den Markt bringt, haftet zwar gegenüber geschädigten Verbrauchern aus Produkthaftung. Das zivilrechtliche Haftungsrisiko des Herstellers ist aber gering, weil es praktisch wenig geschädigte Kläger geben wird, die einen Zusammenhang zwischen späteren Erkrankungen und der blonden Plastikpuppe herstellen können und darauf Ansprüche stützen werden. Das zivilrechtliche Haftungsrisiko wird daher in Fällen wie dem Vorliegenden Hersteller nicht immer davon abhalten, fehlerhafte Produkte zu vermarkten.
Mit dem staatlichen Aufsichtsrecht kann der Produktfehler, wenn er entdeckt wird, leicht nachgewiesen und der Hersteller aufgefordert werden, das Produkt vom Markt zurückzurufen. Kommt der Hersteller der Rückrufaufforderung nicht nach, kann die Aufsichtsbehörde den Rückruf sogar selbst durchführen. Dadurch werden Verbraucher effizienter geschützt.

Die sich aus dem GPSG und daneben ggf. auch aus § 823 Abs. 1 BGB ergebende Pflicht zum Rückruf im Fall ernster Produktfehler verursacht für Unternehmen oft hohe Kosten. Die Vorsorge vor den Kostenrisiken von Produktrückrufen scheint neben der oben bereits erwähnten strafrechtlichen Drohung und der Sorge um zukünftige Gewinne durch Imageschäden einer der wichtigsten Gründe zu sein, weshalb sich Unternehmen um die Herstellung sicherer Produkte bemühen.

2.2 Begründung der Produkthaftung

Warum soll der Hersteller haften?

Seit der *Brunnensalzentscheidung* aus dem Jahr 1915 haben Rechtsprechung und Gesetzgebung in Deutschland ein Regelungsgeflecht zur Produkthaftung geschaffen, aus dem sich im Kern eine recht umfassende Herstellerhaftung für Folgeschäden ergibt. Warum aber soll der Hersteller für solche Schäden haften? Gehören die durch fehlerhafte Produkte beim Verbraucher entstehenden Schäden nicht in dessen Risikobereich mit der Folge, dass er für diese Schäden selbst einzustehen hat? Immerhin nimmt der Verbraucher am technischen Fortschritt, der durch Unternehmen und Gesellschaft geschaffen wird, teil und – so könnte argumentiert werden – er muss daher im Gegenzug die damit einhergehenden Schäden durch Produktfehler sozusagen als Nebenfolge seiner Vorteile mit tragen. Zudem könnte er diese Risiken etwa durch den Abschluss von Versicherungen kalkulierbar managen. Diese würden angeboten werden, wenn eine entsprechende Nachfrage gegeben wäre. Die historisch entstandene umfassende Herstellerhaftung ist daher nicht selbstverständlich, sie bedarf einer Begründung.

Anreiz zur Herstellung fehlerfreier Produkte

Grundlage jeder Schadensersatzhaftung ist der Gedanke, dass der verursachte Schaden ausgeglichen werden soll. Diese vorhersehbare Verantwortung des Verursachers für den Schaden ist zugleich Anreiz für jedermann, Schäden an Rechtsgütern Dritter zu vermeiden. Wenn nicht derjenige, der den Produktfehler verursacht, sondern der Verbraucher die Risiken des Produktfehlers tragen müsste, dann hätte der Hersteller keinen Anreiz, Produkte ohne Produktfehler auf den Markt zu bringen. Er würde daher auch Produkte mit Fehlern vermarkten. Wenn die Verbraucher die Produktmängel ohne weiteres erkennen könnten, dann könnten sie auf diese Fehler durch Preisabschläge reagieren. Produkte mit hohen Sicherheitsrisiken würden den Herstellern keine Gewinne mehr bringen, weil die Verbraucher deren Risiken vernünftigerweise nicht tragen wollen und sie daher nicht kaufen. Die gefährlichen Produkte würden daher weitgehend vom Markt verschwinden, ohne dass es irgendeiner gesetzlichen Regelung bedürfte. Die Verbraucher können die Fehler beim Kauf komplexer Produkte aber oft nicht entdecken und können häufig die Qualität und Sicherheit kaum beurteilen. Ihre Kaufentscheidungen werden daher vorwiegend auf der Basis des Preises getroffen. Diejenigen Hersteller, die weniger Qualität und Sicherheit bieten, können ihre Produkte billiger verkaufen und werden daher mehr Erfolg im Markt haben. Qualität und Sicherheit der Produkte sinken daher insgesamt. Als Folge werden mehr Produktfehler zu Schäden führen. Die gesamtgesellschaftlichen Kosten werden steigen. Das ist nicht erwünscht. Durch die rechtlich verankerte Haftung des Herstellers für Folgeschäden wird das Marktversagen bei Produktfehlern ausgeglichen. Sie schafft einen Anreiz für die Hersteller, ernste Produktfehler zu vermeiden. Dadurch sinken gesamtgesellschaftliche Kosten. Deshalb ist es sachgerecht, nicht dem Verbraucher die Kosten und Risiken von Produktfehlern aufzubürden. Diese überschaubare Argumentation begründet im Kern die Haftung desjenigen, der den Produktfehler verursacht hat.

Nähe zum Fehler

Ein weiterer Grund, den Hersteller für den Fehler haften zu lassen ist, dass er ihn im Vergleich zum Käufer leichter erkennen und mit weniger Aufwand vermeiden kann. Er kennt den Entwicklungs-, Herstellungs- und Vermarktungsprozess des Produkts am besten und kann die dort auftretenden Risiken am effizientesten kontrollieren.

Risikoumlage

Die Haftung des Herstellers wird schließlich auch mit einem Risikoumlagegedanken begründet. Wenn der Verbraucher die Risiken aus Produktfehlern selbst tragen muss, dann kann dies im Einzelfall neben möglichen körperlichen

Beeinträchtigungen zu seinem wirtschaftlichen Ruin führen. Wenn dagegen der Hersteller für Schäden aus Produktfehlern einstehen muss, dann kann er diese Schäden oder Versicherungsbeiträge zur Abdeckung dieser Schäden als Kosten in seine Herstellungspreise einkalkulieren und sie über die Gesamtheit der Produktkäufer verteilen. Jeder einzelne Produktkäufer wird damit über den Produktpreis mit den Produktrisiken nur minimal belastet. Die Produkthaftung des Herstellers ist danach eine sachgerechte Regelung zur Bewältigung moderner Produktgefahren.

Bedeutung der Begründung

Diese Grundgedanken rechtfertigen die grundsätzliche Haftung des Herstellers für Produktfehler, sind aber insgesamt zu grob formuliert, um aus ihnen Detailregelungen zur Produkthaftung ableiten zu können. Rechtsprechung und Gesetzgebung im Bereich der Produkthaftung verwenden diese Begründungen, um rechtliche Regelungen zu rechtfertigen. Oft entstehen im politischen Prozess aber auch Regelungen, die sich konsequent weder auf die eine noch die andere Begründung stützen lassen.[14] Die ökonomische Analyse des Rechts hat sich umfassend mit der Produkthaftung beschäftigt und ökonomische Begründungen auch für Detailregelungen erarbeitet.[15] So attraktiv diese Begründungen teilweise sind, so sind sie doch für Nichtökonomen nur schwer nachvollziehbar und haben deshalb bisher Rechtsprechung und Gesetzgebung nur begrenzt beeinflussen können.

Ein Beispiel soll die grundlegenden Begründungen der Produkthaftung erläutern:

Wasserkocher II

Im obigen Wasserkocherfall, bei dem der Käufer K durch einen Thermostatdefekt des Wasserkochers geschädigt wird, ist der Fehler im Verantwortungsbereich des Zulieferers Z entstanden und konnte vom Hersteller H nicht entdeckt werden. Zudem hatte H den Z sorgfältig ausgewählt und ständig auf seine Zuverlässigkeit überprüft.
Hier wird K seinen Schaden nicht allein zu tragen haben, sondern sich sowohl nach dem Gedanken des Anreizes zur Schadensvermeidung als auch nach dem Umlagegedanken an diejenigen wenden können, die das Produkt hergestellt haben. Hersteller und Zulieferer können den Fehler auch effizienter vermeiden als der Kunde.
Der Zulieferer Z soll haften, weil seine Haftung vor allem einen Anreiz zur Vermeidung von Produktfehlern begründen soll.
Der Hersteller hat alles richtig gemacht. Er hatte weder in seiner Produktion noch bei der Auswahl und Überwachung seines Zulieferers einen

---

14 Siehe etwa *Staudinger/Oechsler*, Einleitung zum Produkthaftungsgesetz, Rn 5-26.

15 *Schäfer/Ott*, Lehrbuch der ökonomischen Analyse des Zivilrechts, 3. Auflage 2000, 309 ff. mit weiteren Nachweisen.

Fehler gemacht. Daher lässt sich seine Haftung mit dem Gedanken des Anreizes zur fehlerfreien Produktherstellung allein nicht begründen. Er haftet hier gegenüber dem Verbraucher aber aus dem Umlagegedanken.
Wenn der Hersteller den Schaden des Kunden ausgeglichen hat, wird es sachgerecht sein, dem Hersteller Rückgriffsansprüche gegen den Zulieferer zu geben, da letzterer sonst nicht haften würde und damit Anreize zur fehlerfreien Herstellung seiner Produkte fehlen.
Soweit Hersteller und Zulieferer Produkthaftpflichtversicherungen haben, die den Schaden des Kunden erstatten, werden sich die Prämien und die Selbstbehalte dieser Versicherungen daran orientieren, inwieweit Hersteller und Zulieferer die Produktion fehlerfreier Produkte gewährleisten können. Versicherer klären diese Zusammenhänge im Rahmen von Risikoprüfungen der Hersteller. Auch das schafft Anreize zur Herstellung fehlerfreier Produkte.

2.3 Zusammenfassung

Die Haftung des Herstellers für fehlerhafte Produkte beruht nicht auf einem geschlossenen systematischen Ansatz, der von einer das gesamte Rechtgebiet tragenden Begründung ausgeht. Ihre heutigen Regelungen sind vielmehr das Ergebnis einer schrittweisen Entwicklung dieses Rechtsgebiets.

Die zivilrechtliche Verantwortlichkeit für Produkte beruht nach der historischen Entwicklung auf vier nebeneinander stehenden Säulen.

- der vertraglichen Gewährleistungshaftung des Verkäufers
- der Haftung aus einer eventuellen Herstellergarantie
- der Produzentenhaftung aus § 823 BGB und
- der eigentlichen Produkthaftung nach dem ProdHaftG

Daneben wird die Sicherheit von Produkten vor allem auch präventiv durch das Produktsicherheitsrecht überwacht und durch das Strafrecht unterstützt.

3 Gewährleistung des Verkäufers

3.1 Überblick

Ist ein Produkt fehlerhaft, können dem Käufer sowohl vertragliche Gewährleistungsansprüche als auch Ansprüche aus Produkthaftung zustehen. Diese Ansprüche sind in ihren Voraussetzungen und Rechtsfolgen nicht identisch. §§ 437 ff. BGB

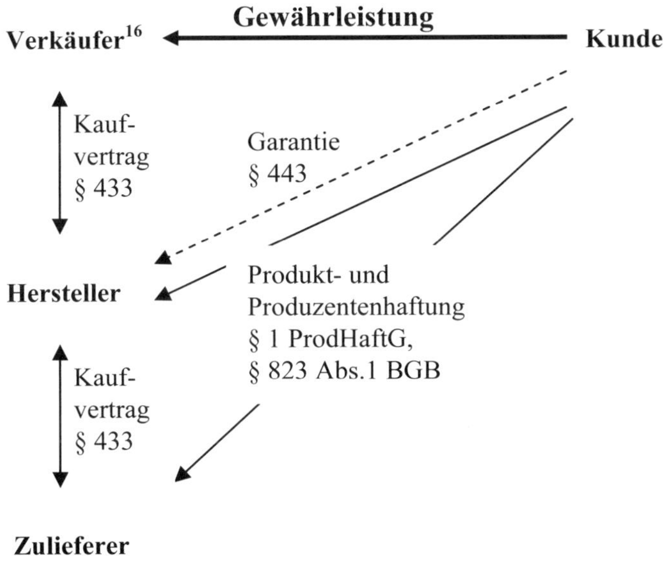

Abb. 1-1: Schaubild: Die Gewährleistung

---

16 Wenn der Kunde das fehlerhafte Produkt direkt beim Hersteller gekauft hat, richten sich die Gewährleistungsansprüche gegen den Hersteller als Verkäufer.

Sie können nebeneinander geltend gemacht werden. Bei der Prüfung, welche Ansprüche dem Käufer tatsächlich zustehen, wird üblicherweise mit den vertraglichen Gewährleistungsansprüchen gegen den Verkäufer nach §§ 437 ff. BGB begonnen. Nach diesen kann der Käufer vom Verkäufer Nacherfüllung, Rücktritt oder Minderung sowie Schadensersatz oder Aufwendungsersatz verlangen.[17] Der Anspruch auf Schadensersatz setzt regelmäßig ein Verschulden des Verkäufers voraus. Die Gewährleistungsansprüche stehen dem Käufer sowohl beim Kauf neuer als auch gebrauchter Sachen zu. Voraussetzung für das Eingreifen aller Gewährleistungsansprüche ist das Vorliegen eines Sachmangels.[18]

3.2 Sachmangel

Die vertraglichen Gewährleistungsansprüche können nur geltend gemacht werden, wenn ein Sachmangel vorhanden ist. Wann ein Sachmangel vorliegt, bestimmt sich nach § 434 BGB.

vereinbarte Beschaffenheit

Nach § 434 Abs. 1 S.1 BGB liegt ein Sachmangel vor, wenn die Sache nicht die vereinbarte Beschaffenheit hat.

Hotelwaschmaschine

Großhotelier G benötigt eine neue Waschmaschine. Er sieht sich beim Fachhändler F nach geeigneten Modellen um, wobei er F die Menge benennt, die die Waschmaschine pro Tag waschen können muss. F zeigt ihm ein entsprechendes Modell, das den Bedürfnissen von G entspräche. G kauft dieses Modell. Nachdem die Waschmaschine in der Hotelwaschküche in Betrieb genommen wird stellt sich heraus, dass diese nur zwei Drittel der täglich anfallenden Menge schafft. Folglich weist die Waschmaschine nicht die vereinbarte Beschaffenheit auf. Ein Sachmangel liegt vor.

vorausgesetzte Verwendung

Haben die Vertragsparteien keine Beschaffenheit vereinbart, liegt nach § 434 Abs. 1 S. 2 Nr. 1 BGB ein Sachmangel vor, wenn sich die Sache nicht für die nach dem Vertrag vorausgesetzte Verwendung eignet.

---

17 Auf den Anspruch auf Aufwendungsersatz wird nachfolgend nicht eingegangen, weil er in Produkthaftungsfällen praktisch nicht von Bedeutung ist.

18 Rechtsmängel einer Sache geben dem Käufer ebenfalls Gewährleistungsansprüche. Ein Rechtsmangel stellt z.B. die Verletzung von Urheberrechten dar, etwa beim Verkauf von Software-Raubkopien. In Produkthaftungsfällen spielen Rechtsmängel praktisch jedoch keine Rolle und werden daher nicht weiter behandelt.

Keine Zulassung[19]

Student S wohnt abgelegen in einem Dorf ohne Anschluss an öffentliche Verkehrsmittel. Daher erwirbt er kurz vor Aufnahme seines Studiums einen Gebrauchtwagen für 1.500 €, um an die Hochschule zu kommen. Als er den Wagen zulassen will, wird ihm die Zulassung verweigert, da die Fahrzeugidentitätsnummer nicht mit der Eintragung im KFZ-Brief übereinstimmt. Dass ein PKW zum Straßenverkehr zugelassen werden kann, gehört zu der nach dem Vertrag vorausgesetzten Verwendung (es sei denn, die Parteien vereinbaren abweichendes, z.B. beim Kauf eines Autos zum „Ausschlachten"). Folglich liegt ein Sachmangel vor.

gewöhnliche Verwendung/übliche Beschaffenheit

Wenn die Beschaffenheit der Sache nicht vereinbart und nach dem Vertrag keine bestimmte Verwendung vorausgesetzt wurde, liegt gemäß § 434 Abs. 1 S. 2 Nr. 2 BGB ein Sachmangel vor, wenn sich die Sache nicht für die gewöhnliche Verwendung eignet oder/und eine Beschaffenheit nicht aufweist, die bei Sachen der gleichen Art üblich ist und die der Käufer nach der Art der Sache erwarten kann.

Waschmaschine

K kauft beim Fachhändler F eine neue Waschmaschine. Nachdem die Waschmaschine in Betrieb genommen wird stellt sich heraus, dass diese nicht über ein Kochwaschprogramm verfügt. K und F haben beim Vertragsschluss nicht über die Waschprogramme geredet. Üblicherweise verfügen Waschmaschinen über ein Kochwaschprogramm. Die Waschmaschine weist somit nicht die Beschaffenheit auf, die bei Sachen der gleichen Art üblich ist und die der Käufer erwarten kann. Ein Sachmangel liegt vor.

öffentliche Äußerungen/Werbung

Zu der Beschaffenheit nach § 434 Abs. 1 S. 2 Nr. 2 BGB gehören auch Eigenschaften, die der Käufer nach den öffentlichen Äußerungen des Verkäufers, des Herstellers (§ 4 Abs. 1 und 2 ProdHaftG) oder seines Gehilfen insbesondere in der Werbung oder bei der Kennzeichnung über bestimmte Eigenschaften der Sache erwarten kann, § 434 Abs. 1 S. 3 BGB.[20]

---

19 Frei nach BGH, Urteil vom 10.7.1953 – I ZR 162/52, BGHZ 10, 242.

20 Dies gilt nach § 434 Abs. 1 S. 3 a.E. BGB dann nicht, wenn der Verkäufer die Äußerung nicht kannte und nicht kennen musste, wenn die Äußerung im Zeitpunkt des Vertragsschlusses in gleichwertiger Weise berichtigt war oder wenn die Äußerung die Kaufentscheidung nicht beeinflussen konnte. Beispiel: Ein PKW-Hersteller bewirbt ein neues Modell mit der Angabe „Nur 6 l auf 100 km." Einen Monat nach dieser Werbekampagne bewirbt er dasselbe Modell in denselben Medien mit dem Hinweis: „Günstige 8 l auf 100 km." Im Anschluss daran kauft sich K einen solchen Wagen. K kennt zwar die ursprüngliche Werbung mit den 6 l, nicht aber die neue mit den 8 l. Hier liegt kein Sachmangel nach § 434 Abs. 1 S. 3 BGB vor, da die Werbung im Zeitpunkt des Vertragsschlusses in gleicher Weise berichtigt war.

Kühlschrank

Hersteller H bewirbt einen neuen Kühlschrank mit dem Hinweis, dass dieser in die Energie-Effizienzklasse A fällt. K sieht diese Werbung in einer Zeitung. Daraufhin kauft er beim Fachhändler F dieses Modell; über den Verbrauch haben K und F nicht gesprochen. Einige Zeit nach dem Kauf liest K in einem Vergleichstest, dass der von ihm gekaufte Kühlschrank zur Verbrauchskategorie B gehört. Hier liegt ein Sachmangel vor, da K die Eigenschaft Energie-Effizienzklasse A erwarten konnte. F kann sich als Verkäufer nicht darauf berufen, dass er von der Werbung evtl. keine Kenntnis gehabt hat, denn als Fachhändler wird von ihm erwartet, dass er die Werbeaussagen der Hersteller der von ihm verkauften Produkte kennt und ggf. vor dem Verkauf korrigiert.

Montagefehler

Nach § 434 Abs. 2 S. 1 BGB ist ein Sachmangel auch dann gegeben, wenn die vereinbarte Montage durch den Verkäufer oder dessen Erfüllungsgehilfen unsachgemäß durchgeführt worden ist.

Küche I

K kauft sich eine neue Küche. Mit dem Verkäufer wird vereinbart, dass die Küche geliefert und montiert wird. Nach der Aufstellung der Küche durch Mitarbeiter des K stellt sich heraus, dass sich die Besteckschubladen nicht herausziehen lassen. Offensichtlich wurden diese nicht richtig montiert. Dies stellt einen Sachmangel dar.

mangelhafte Montageanleitung

Eine mangelhafte Montageanleitung führt bei einer zur Montage bestimmten Sache gemäß § 434 Abs. 2 S. 2 BGB ebenfalls zu einem Sachmangel. Dies gilt nicht, wenn die Sache trotz der fehlerhaften Montageanleitung fehlerfrei montiert worden ist.

Küche II

K kauft sich im Selbstbedienungsmöbelmarkt eine neue Küche. Transport und Montage übernimmt er selbst. Zu Hause angekommen, macht er sich an die Aufstellung der Küche. Dies will nicht gelingen, da die Montageanleitung untauglich ist. Somit liegt ein Sachmangel vor.
Gelänge es K aufgrund handwerklicher Begabung, die Küche trotz untauglicher Montageanleitung fehlerfrei aufzubauen, läge kein Sachmangel vor.

Falsch-/Zuweniglieferung

Wenn der Verkäufer eine andere Sache oder eine zu geringe Menge liefert, steht dies nach § 434 Abs. 3 BGB einem Sachmangel gleich.

Schrauben

Automobilzulieferer A bestellt beim Hersteller H 1 Mio. Schrauben mit dem Maßen 4 x 2 mm. Geliefert werden Dübel mit den Maßen 4 x 2 mm. Dies stellt einen Sachmangel dar, da eine andere Sache geliefert wird. Werden zwar Schrauben in den Maßen 4 x 2 mm geliefert, jedoch nur 0,9 Mio., stellt diese Minderlieferung ebenfalls einen Sachmangel dar.

Gefahrübergang: Übergabe
Beweislast: Käufer

Der Verkäufer haftet für einen Sachmangel, wenn dieser bei Gefahrübergang vorhanden oder zumindest angelegt war, § 434 Abs. 1 S. 1 BGB. Der Gefahrübergang erfolgt in der Regel mit der Übergabe der verkauften Sache an den Käufer.[21] Den Beweis, dass die Sache bei Gefahrübergang bereits mangelhaft war, muss der Käufer erbringen.

Maschinenstillstand

Unternehmer U kauft vom Hersteller H eine Maschine. Nach drei Monaten bleibt die Maschine plötzlich stehen, weil der Motor ausfällt.
Wer muss beweisen, dass ein Sachmangel bei Gefahrübergang vorliegt?
U muss als Käufer beweisen, dass die Ursache, die zum Motorausfall führte, bereits bei der Übergabe der Maschine an ihn vorhanden war. Gelingt ihm dieser Beweis nicht, stehen ihm keine Gewährleistungsansprüche zu. Ob die Ursache, die zum Motorausfall führte, bereits bei der Übergabe vorhanden war, wird sich im Normalfall nur durch Einschaltung eines Sachverständigen klären lassen können. Die Kosten für das Sachverständigengutachten muss zunächst U tragen.

Beweislastumkehr

Bei einem Verbrauchsgüterkauf[22] wird allerdings nach § 476 BGB vermutet, dass die Sache bereits bei Gefahrübergang mangelhaft war, wenn sich innerhalb von sechs Monaten seit Gefahrübergang ein Sachmangel zeigt. Diese Vermutung wirkt jedoch nur in zeitlicher Hinsicht; dass tatsächlich ein Sachmangel vorliegt, muss der Käufer beweisen.

Zylinderkopfdichtung[23]

Verbraucher K erwarb vom Fahrzeughändler F einen Gebrauchtwagen mit einem Kilometerstand von 159.100 km. Vier Wochen nach der Übergabe des Fahrzeugs, K hatte inzwischen 2.000 km mit dem Fahrzeug zurückgelegt, brachte er es zur Begutachtung in eine Werkstatt. Dort wurde festge-

---

21 § 446 S. 1 BGB. Die Regelungen des Gefahrübergangs beim Annahmeverzug, § 446 S. 3 BGB oder beim Versendungskauf, § 447 BGB spielen in Produkthaftungsfällen praktisch keine Rolle.

22 Ein Verbrauchsgüterkauf liegt gemäß § 474 Abs. 1 S. 1 BGB vor, wenn ein Verbraucher (§ 13 BGB) von einem Unternehmer (§ 14 BGB) eine bewegliche Sache kauft.

23 BGH, Urteil vom 18.07.2007 – VIII ZR 259/06, NJW 2007, 2621.

stellt, dass u.a. die Zylinderkopfdichtung defekt war. Der daraufhin beauftragte Sachverständige stellte drei mögliche Schadensverläufe fest, u.a. habe die Zylinderkopfdichtung bereits bei Übergabe vorgeschädigt sein können, es könne aber auch ein Fahr- oder Bedienfehler des K vorliegen.
Da es sich um einen Verbrauchsgüterkauf handelt, muss K nur beweisen, dass ein Sachmangel vorliegt. Dieser Beweis ist mit der defekten Zylinderkopfdichtung erbracht. Nach § 476 BGB wird sodann vermutet, dass dieser Sachmangel, bzw. die Ursache, die zu diesem Sachmangel führte, bereits bei Übergabe des PKW an K vorhanden war. Damit stehen K gegen F Gewährleistungsansprüche zu.

3.3 Rechte des Käufers bei Mängeln

3.3.1 Nacherfüllung

Vorrang der Nacherfüllung

Bei Lieferung einer mangelhaften Sache kann der Käufer vom Verkäufer gemäß §§ 437 Nr. 1, 439 BGB Nacherfüllung verlangen. Dieser Rechtsbehelf geht den anderen Rechtsbehelfen grundsätzlich vor, d.h. der Käufer kann erst dann vom Vertrag zurücktreten oder den Kaufpreis mindern sowie Schadensersatz statt der Leistung verlangen, wenn er dem Verkäufer eine Frist zur Nacherfüllung gesetzt hat und diese Frist fruchtlos abgelaufen ist. Man spricht insoweit auch vom Recht des Verkäufers zur zweiten Andienung.

Mehrverbrauch

K kauft bei V einen Neuwagen. Drei Monate nach der Übergabe, K ist inzwischen 4.000 km mit dem Wagen gefahren, stellt sich heraus, dass der Wagen nicht wie im Verkaufsprospekt angegeben 5 l auf 100 km, sondern 6 l auf 100 km verbraucht. Der Mehrverbrauch lässt sich technisch problemlos auf die angegebenen 5 l je 100 km reduzieren. Kann K sofort vom Kaufvertrag zurücktreten?
Es liegt ein Sachmangel nach § 434 Abs. 1 S. 3 BGB vor. K muss V zunächst eine Frist zur Mängelbeseitigung setzen. Erst wenn diese Frist fruchtlos abgelaufen, kann er vom Vertrag zurücktreten.

Wahlrecht des Käufers

Das Gesetz gibt in § 439 Abs. 1 BGB dem Käufer das Wahlrecht, ob er vom Verkäufer zum Zwecke der Nacherfüllung die Beseitigung des Mangels (Nachbesserung) oder Lieferung einer mangelfreien Sache (Nachlieferung) verlangt.[24]

---

[24] Liefert der Verkäufer dem Käufer eine mangelfreie Sache, kann er gemäß § 439 Abs. 4 BGB vom Käufer Rückgewähr der mangelhaften Sache nach §§ 346 bis 348 BGB verlangen.

Die fehlerhafte Küchenmaschine I

V verkauft an K eine Küchenmaschine des Herstellers H. Aufgrund eines Herstellungsfehlers funktioniert das Rührwerk der Küchenmaschine nicht ordentlich. Nach 14tägiger Benutzung funktioniert das Rührwerk gar nicht mehr.
Welche Rechte hat K gegen V? K hat gemäß § 439 Abs. 1 BGB nach seiner Wahl gegen V einen Anspruch auf Reparatur seiner Küchenmaschine oder Lieferung einer neuen Küchenmaschine.

Kosten der Nacherfüllung

Die für die Nacherfüllung erforderlichen Aufwendungen hat nach § 439 Abs. 2 BGB der Verkäufer zu tragen. Das Gesetz zählt beispielhaft Transport-, Wege-, Arbeits- und Materialkosten auf. Ob die Nacherfüllung am Sitz des Verkäufers oder am Belegenheitsort der Sache stattfinden muss, hat der BGH noch nicht entschieden.[25] Es empfiehlt sich, dies vertraglich zu regeln.

Eine Maschine für China

V verkauft an K eine Fräsmaschine. Sowohl V als auch K haben ihren Sitz in Deutschland. Die Übergabe der Maschine findet in Deutschland statt. K versendet, wie von vornherein beabsichtigt, die Maschine nach der Übernahme an seine Zweigniederlassung in China. Nach der Inbetriebnahme in China wird an der Fräsmaschine ein bislang verborgener Produktionsfehler entdeckt. Dieser ist durch Austausch eines Teiles behebbar. Wer trägt die Kosten der Reparatur?
Die Kosten trägt V, § 439 Abs. 2 BGB. Zum Umfang der Kostentragungspflicht: Wenn man davon ausgeht, dass die Nacherfüllung am Sitz des Verkäufers erfolgen muss, muss die Maschine auf Kosten des V an dessen Firmensitz transportiert und dort der Teileaustausch, ebenfalls auf seine Kosten vorgenommen werden. Geht man davon aus, dass die Nacherfüllung am Belegenheitsort der Sache erfolgen muss, muss V neben dem Ersatzteil selbst auch die Kosten für die Versendung des Ersatzteils nach China und die Kosten für den Einbau des Ersatzteils tragen. Kann der Einbau des Ersatzteils problemlos von Mitarbeitern des K vorgenommen werden, hat K Anspruch auf Ersatz der dafür angefallenen Kosten. Setzt der Einbau Spezialkenntnisse voraus, muss V auf seine Kosten einen Techniker nach China schicken. Entstehen V unverhältnismäßig hohe Kosten, kann er die Nacherfüllung nach § 439 Abs. 3 BGB (hierzu auf der nächsten Seite mehr) verweigern.

---

[25] Für Nacherfüllung am Sitz der Verkäufers: OLG München, Urteil vom 20.6.2007 – 20 U 2204/07, NJW 2007, 3214; für Nacherfüllung am Belegenheitsort der Sache: OLG München, Urteil vom 12.10.2005 – 15 U 2190/05, NJW 2006, 449.

ungeklärt: Kosten für den Aus- und Einbau?

Ebenfalls noch nicht vom BGH entschieden ist die Frage, ob der Verkäufer auch die Kosten für den Ausbau der mangelhaften Sache und den Einbau der mangelfreien Sache zu tragen hat. Eine Klärung dieser Frage ist in naher Zukunft zu erwarten. Bis dahin sollte dies vertraglich vereinbart werden.

Fehlerhafte Bodenfliesen[26]

K kauft im Baumarkt V Bodenfliesen des Herstellers H. Nach der Verlegung der Fliesen stellt sich heraus, dass die Glasur der Fliesen mangelhaft ist. Dies war vor und bei der Verlegung der Fliesen nicht erkennbar. K verlangt von V nach § 439 Abs. 1 BGB Lieferung von Ersatzfliesen und nach § 439 Abs. 2 BGB Kostenersatz für den Ausbau, d.h. das Herausschlagen der mangelhaften Fliesen sowie für den Einbau der mangelfreien Fliesen.
Das OLG Köln sprach dem K nur die Lieferung von Ersatzfliesen und Kostenersatz für den Ausbau zu. Die Kosten für den Einbau, d.h. die Verlegung der mangelfreien Fliesen könne K nicht nach § 439 Abs. 2 BGB geltend machen. Ersatz für den Einbau könne er nur als Schadensersatz nach §§ 437 Nr. 3, 280 Abs. 1 BGB geltend machen. Dieser Anspruch setzt jedoch ein Verschulden des V voraus, was in diesem Fall nicht gegeben sei. V muss also die Kosten für den Einbau nicht tragen.[27]

Unmöglichkeit der Nacherfüllung

Der Verkäufer kann die Nachbesserung bzw. Nachlieferung verweigern, wenn diese nach § 275 Abs. 1 BGB unmöglich sind. Ist nur eine der beiden Formen der Nacherfüllung unmöglich, bleibt er zur anderen Form der Nacherfüllung verpflichtet.

Der Wankelmotor

K kauft von V einen NSU Ro 80. Nachdem K mit dem Wagen 5.000 km gefahren ist, erleidet dieser einen totalen Motorschaden. Ein Sachverständiger stellt fest, dass der Motor schon bei der Übergabe des Wagens an K irreparabel beschädigt war.
Nachdem es sich beim Typ NSU Ro 80 um seltene Liebhaberfahrzeuge handelt, ist eine Nachlieferung nach § 275 Abs. 1 BGB unmöglich. Wenn man annimmt, dass es keinen Austauschwankelmotor für den NSU Ro 80 mehr gibt, ist auch die Nachbesserung in Form der Lieferung eines Austauschmotors nach § 275 Abs. 1 BGB unmöglich.

Nacherfüllung bei unverhältnismäßigen Kosten

Wenn die vom Käufer gewählte Art der Nacherfüllung für den Verkäufer nur mit unverhältnismäßigen Kosten möglich ist, kann er nach § 439 Abs. 3 S. 1

---

[26] OLG Köln, Urteil vom 21.12.2005 – 11 U 46/05, NJW-RR 2006, 677.

[27] Nach Ansicht des OLG Karlsruhe, Urteil vom 2.9.2004 – 12 U 144/04, MDR 2005, 135 – in diesem Urteil ging es ebenfalls um mangelhafte Bodenfliesen – gehören die Einbaukosten ebenfalls zu den Aufwendungen i.S.v. § 439 Abs. 2 BGB und wären daher von V zu tragen.

BGB diese Art der Nacherfüllung verweigern. Zu berücksichtigen sind dabei insbesondere der Wert der Sache in mangelfreiem Zustand, die Bedeutung des Mangels und die Frage, ob auf die andere Art der Nacherfüllung ohne erhebliche Nachteile für den Käufer zurückgegriffen werden könnte, § 439 Abs. 3 S. 2 BGB. Kann der Verkäufer die vom Käufer gewählte Art der Nacherfüllung danach verweigern, beschränkt sich der Nacherfüllungsanspruch des Käufers nach § 439 Abs. 3 S. 3 BGB auf die andere Art der Nacherfüllung. Ist diese für den Verkäufer ebenso nur mit unverhältnismäßigen Kosten möglich, kann er auch diese verweigern.[28] Kann der Verkäufer jede Art der Nacherfüllung verweigern, stehen dem Käufer die anderen Rechtsbehelfe wie Rücktritt oder Minderung und Schadensersatz oder Aufwendungsersatz zu.

Die kaputte Glühbirne

Als K seinen neuen Kleinwagen (Kaufpreis 15.000,-- €) beim Verkäufer abholt, stellt er fest, dass die rechte Abblendbirne (Preis 10,-- €) defekt ist. Könnte K von V unter Berufung auf sein Wahlrecht nach § 439 Abs. 1 BGB erfolgreich die Lieferung eines neuen PKW verlangen? Nein, denn V kann die Nachlieferung nach § 439 Abs. 3 S. 1 und 2 BGB verweigern und stattdessen durch Austausch der Glühbirne den Mangel beheben.

Fehlschlagen der Nacherfüllung

Abschließend sei darauf hingewiesen, dass der Käufer nicht verpflichtet ist, dem Verkäufer unendlich viele Nacherfüllungsversuche zu gewähren. Nach § 440 S. 2 BGB gilt eine Nachbesserung nach dem erfolglosen zweiten Versuch als fehlgeschlagen, wenn sich nicht insbesondere aus der Art der Sache oder des Mangels oder den sonstigen Umständen etwas anderes ergibt.

Undichtes Schiebedach

K kauft sich beim KFZ-Händler V ein neues Auto mit Schiebedach. Nach dem ersten Regen dringt massiv Wasser durch das Schiebedach ins Innere des Wagens. K bringt das Auto zu V zur Reparatur. Nach dem zweiten Regen bringt K das Auto erneut zu V, weil das Schiebedach immer noch oder wieder undicht ist. V repariert ein zweites Mal. Als beim dritten Regen wieder Wasser durch das Schiebedach ins Innere dringt, fragt K, ob er V noch einmal eine Gelegenheit zur Nacherfüllung geben muss.
Nein, denn K kann nach dem zweiten erfolglosen Nachbesserungsversuch gemäß §§ 437 Nr. 2 Alt. 1, 323 Abs. 1, 440 BGB ohne weitere Fristsetzung vom Vertrag zurücktreten.

[28] Das Recht, die Nacherfüllung nach § 275 Abs. 2 und 3 BGB zu verweigern, spielt im Kaufmängelrecht wegen § 439 Abs. 3 BGB keine praktische Rolle.

3.3.2 Rücktritt

Voraussetzungen

Wird die mangelhafte Sache vom Verkäufer nicht innerhalb der Nachfrist repariert bzw. eine neue geliefert, kann der Käufer nach §§ 437 Nr. 2 Alt. 1, 440, 323 und 326 Abs. 5 BGB vom Kaufvertrag zurücktreten.[29] Der Käufer muss den Rücktritt gegenüber dem Verkäufer erklären, § 349 BGB. Die Wirkungen des Rücktritts ergeben sich aus §§ 346 ff. BGB, wonach die Parteien grundsätzlich die empfangenen Leistungen zurückzugewähren haben. Der Käufer bekommt somit den Kaufpreis, der Verkäufer die mangelhafte Sache zurück.

Der fehlerhafte Kaffeeautomat I

V verkauft an K einen Kaffeeautomaten des Herstellers H. Aufgrund eines Herstellungsfehlers kann der Kaffeeautomat keinen Milchkaffee erzeugen. K bringt den Kaffeeautomaten zu V zurück und gibt diesem einen Monat Zeit, um den Kaffeeautomaten zu reparieren oder ihm einen neuen zu liefern. Nach einem Monat schaut K bei V vorbei und sieht, dass sein Kaffeeautomat unangerührt in einem Regal steht. Welche Rechte hat K gegen V?

K kann hier nach §§ 437 Nr. 2 Alt. 1, 323 Abs. 1 BGB vom Vertrag zurücktreten, denn V hat nicht innerhalb der gesetzten angemessenen Frist nacherfüllt. Nach Erklärung des Rücktritts kann K von V den Kaufpreis zurückverlangen.

Falls V den Kaffeeautomaten innerhalb der gesetzten Frist repariert, diese Reparatur aber fehlschlägt, kann K ebenfalls ohne weiteres zurücktreten (der Unterschied zum obigen Fall „Undichtes Schiebdach“ liegt darin, dass dort keine Frist gesetzt wurde).

3.3.3 Minderung

Voraussetzungen wie beim Rücktritt

Anstelle des Rücktritts kann der Käufer nach §§ 437 Nr. 2 Alt. 2, 441 BGB den Kaufpreis durch Erklärung gegenüber dem Verkäufer mindern. Aus der Formulierung in § 441 Abs. 1 S. 1 BGB „Statt zurückzutreten“ ergibt sich, dass für die Minderung dieselben Voraussetzungen erfüllt sein müssen wie beim Rücktritt, d.h. der Käufer muss dem Verkäufer zunächst die Möglichkeit zur Nacherfüllung geben.[30]

---

29 In den Ausnahmefällen der §§ 323 Abs. 2, 440 und 326 Abs. 5 BGB kann der Käufer auch ohne Fristsetzung zurücktreten. Bei einem unerheblichen Sachmangel ist das Rücktrittsrecht des Käufers ausgeschlossen, § 323 Abs. 5 S. 2 BGB. Allerdings wird in Produkthaftungsfällen der Sachmangel meist erheblich sein.

30 Die Minderung ist jedoch auch bei einem unerheblichen Sachmangel zulässig, § 441 Abs. 1 S. 2 BGB. Beispiel: Würde der Kaffeeautomat technisch einwandfrei funktionieren, hätte aber

Der fehlerhafte Kaffeeautomat II

Sachverhalt wie im obigen Fall Der fehlerhafte Kaffeeautomat I.
Wenn K mit einem Kaffeeautomaten, der keinen Milchkaffee erzeugen kann Vorlieb nehmen möchte (etwa weil er nur schwarzen Kaffee trinkt), kann er statt zurückzutreten nach §§ 437 Nr. 2 Alt. 2, 441 BGB den Kaufpreis mindern, denn er hat V die Gelegenheit zur Nacherfüllung gegeben.

3.3.4 Schadensersatz

Schließlich kann bei der Lieferung einer mangelhaften Sache ein Anspruch des Käufers gegen den Verkäufer auf Schadensersatz in Betracht kommen. Anspruchsgrundlagen für den Schadensersatz im Gewährleistungsrecht sind die §§ 437 Nr. 3 Alt. 1, 440, 280, 281, 283 und 311 a BGB.[31] Das Interesse des Käufers zielt hauptsächlich auf Ersatz der Schäden, die ihm durch das fehlerhafte Produkt an anderen Rechtsgütern (z.B. Körper, Gesundheit) und Rechten (z.B. Eigentum) entstanden sind.

Vertretenmüssen: Vorsatz und Fahrlässigkeit

Der Verkäufer ist nur dann verpflichtet Schadensersatz zu bezahlen, wenn er den Sachmangel zu vertreten hat. Nach § 276 Abs. 1 S. 1 Hs. 1 BGB hat der Verkäufer Vorsatz und Fahrlässigkeit zu vertreten. Anstelle von Vertretenmüssen wird auch vom Verschulden gesprochen. Unter Vorsatz wird das Wissen und Wollen des rechtswidrigen Erfolges verstanden. Der Verkäufer muss demnach wissen und wollen, dass er ein fehlerhaftes Produkt in den Verkehr bringt. Fahrlässig handelt, wer die im Verkehr erforderlich Sorgfalt außer Acht lässt, § 276 Abs. 2 BGB.

Beweislast

Der Verkäufer muss beweisen, dass er weder vorsätzlich noch fahrlässig gehandelt hat.[32] Dieser Beweis ist für einen Händler, insbesondere wenn er nur originalverpackte Ware weiterverkauft, relativ leicht zu führen. Normalerweise trifft den Händler keine Untersuchungspflicht hinsichtlich der verkauften Ware.[33]

---

das Gehäuse einen Lackschaden, könnte der Käufer wegen § 323 Abs. 5 S. 2 BGB nicht vom Kaufvertrag zurücktreten, jedoch den Kaufpreis mindern.

[31] Die unterschiedlichen Ansprüche auf Schadensersatz variieren in ihren Voraussetzungen nur leicht. Ob die vor dem Schuldrechtsmodernisierungsgesetz 2002 gebräuchliche Unterscheidung in Ersatz von Mangelschäden einerseits und Mangelfolgeschäden andererseits beibehalten werden kann, ist derzeit noch unklar. Zum Diskussionsstand vgl. Münchener Kommentar/*Ernst*, 5. Aufl. 2007, § 280 BGB Rn. 65 ff.

[32] Dies ergibt sich aus der Formulierung in § 280 Abs. 1 S. 2 BGB: „Dies gilt nicht, wenn der Schuldner die Pflichtverletzung nicht zu vertreten hat."

[33] BGH, Urteil vom 18.2.1981 – VIII ZR 14/80, NJW 1981, 1269, 1270.

Fehlerhafte Fräsmaschine

K kauft vom Maschinenhändler V eine neue Fräsmaschine des Herstellers H. Die Fräsmaschine wird im Betrieb des K installiert. Aufgrund eines Herstellungsfehlers (fehlerhafte Verkabelung) fängt die Maschine Feuer. K gelingt es durch den Einsatz seiner Feuerlöscher, den Brand zu löschen. Er kann aber nicht verhindern, dass neben der Maschine lagernde Vorräte durch das Feuer zerstört werden. K selbst muss wegen einer leichten Rauchvergiftung einen Arzt aufsuchen. Die Wiederbeschaffungskosten für die Vorräte (Eigentumsverletzung) und die Kosten für den Arztbesuch (Gesundheitsverletzung) muss V jedoch nicht ersetzen, da er den Herstellungsfehler nicht zu vertreten hat. K kann diese Kosten jedoch von H aus Produzentenhaftung, die Arztkosten auch aus Produkthaftung ersetzt verlangen.

Ausnahmsweise kann der Händler einen Sachmangel zu vertreten haben. Als Beispiele hierfür kommen eine ungenügende Untersuchung der Ware auf offenkundige Mängel, Lagerungs- und Aufbewahrungsfehler, sowie eigene Beratungs- und Instruktionsfehler in Betracht.

Fehlerhafte Wohnwagenbereifung

Wohnwagenhändler W verkauft einen drei Jahre alten, aber ungebrauchten Wohnwagen an V. Dieser Wohnwagen stand drei Jahre auf eigenen Reifen an einem ungünstigen Platz, wodurch die Reifen beschädigt wurden. Als V mit dem Wohnwagen in den Urlaub fährt, verunglückt er aufgrund der schadhaften Reifen. Ein Sachverständiger stellt fest, dass die Wohnwagenbereifung bei ordnungsmäßiger Aufstellung des Wohnwagens noch intakt gewesen und der Unfall des V dadurch vermieden worden wäre.
W handelt fahrlässig. Er hat folglich den Sachmangel (vgl. § 434 Abs. 1 S. 2 Nr. 2 BGB) nach § 276 Abs. 1 S. 1 Hs. 1 BGB zu vertreten, so dass K von W Schadensersatz verlangen kann.

Nach § 5 Abs. 3 GPSG darf ein Händler darüber hinaus keine Produkte in Verkehr bringen, von denen er weiß oder anhand ihm vorliegender Informationen oder seiner Erfahrung wissen muss, dass sie nicht sicher sind. Verletzt der Händler diese Verpflichtung, handelt er gemäß § 276 Abs. 1 und 2 BGB schuldhaft. Verkauft bspw. ein Händler ein Produkt trotz eines ihm vorliegenden Produktrückrufs weiter, handelt er schuldhaft und muss dem Käufer die durch das fehlerhafte Produkt entstehenden Schäden ersetzen.

Garantie/Zusicherung

Wie geschildert scheitern Schadensersatzansprüche des Käufers gegen den Verkäufer in Gestalt eines Händlers regelmäßig am fehlenden Verschulden des Händlers. Der Käufer wird gegen den Verkäufer einen Schadensersatzanspruch ausnahmsweise aber dann erfolgreich durchsetzen können, wenn der Verkäufer dem Käufer gegenüber das Vorhandensein einer bestimmten Eigenschaft der verkauften Sache zugesichert hat. Damit übernimmt der Verkäufer nach § 276 Abs. 1 S. 1 Hs. 2 BGB eine Garantie für das Vorhandensein dieser Eigenschaft, so dass er ohne Verschulden für das Vorhandensein dieser Eigenschaft einzustehen hat. [34] An die Übernahme einer Garantie im Sinne einer Zusicherung werden hohe Anforderungen gestellt.

(K)ein Dreischichtbetrieb

K benötigt für seinen Betrieb eine neue Maschine, die im Dreischichtbetrieb laufen können muss. Da K hinsichtlich dieser Anforderung absolute Sicherheit haben will, einigt er sich mit dem Maschinenhändler V darauf, folgenden Satz in den Kaufvertrag aufzunehmen: „V sichert K zu, dass die Maschine für den Dreischichtbetrieb geeignet ist.“ Nach der Installation der Maschine im Betrieb des K stellt sich heraus, dass die Maschine wegen regelmäßig anfallenden, zwingenden Wartungsarbeiten nur für den Zweischichtbetrieb geeignet ist. K entstehen dadurch erhebliche Produktionsausfälle. Kann K von V Schadensersatz verlangen?

Die fehlende Fähigkeit zum Dreischichtbetrieb stellt gemäß § 434 Abs. 1 S. 1 BGB einen Sachmangel dar. K bekommt für die Produktionsausfälle Schadensersatz, wenn V den Sachmangel zu vertreten hat. V hat den Sachmangel aufgrund der Zusicherung „für den Dreischichtbetrieb geeignet“ nach § 276 Abs. 1 S. 1 Hs. 2 BGB zu vertreten, da man darin die Übernahme einer Garantie wird sehen müssen. Daher kann K von V neben den sonstigen Gewährleistungsrechten auch Ersatz für seine Produktionsausfälle verlangen.

Wenn der Käufer ganz sicher gehen will, dass der Verkäufer eine Garantie in Form einer zugesicherten Eigenschaft übernimmt, empfiehlt sich folgender Wortlaut: „V übernimmt für ... (Bezeichnung der Eigenschaft) eine Garantie im Sinne von § 276 Abs. 1 S. 1 Hs. 2 BGB.“ Durch die Einräumung einer Garantie in Form der Zusicherung erhält der Käufer eine Maximalhaftung des Verkäufers für Sachmängel/Produktfehler.

[34] Von der Garantie im Sinne einer zugesicherten Eigenschaft zu unterscheiden ist die Herstellergarantie, zu letzterer siehe unten Kapitel 4.

3.4 Ausschluss der Gewährleistungsrechte

3.4.1 Kenntnis des Sachmangels

Kenntnis des Sachmangels

In bestimmten Fällen stehen dem Käufer trotz Vorhandenseins eines Sachmangels keine Gewährleistungsansprüche zu. Hat er Kenntnis von einem Sachmangel, sind seine Gewährleistungsrechte nach § 442 BGB ausgeschlossen. Nachdem in Produkthaftungsfällen für Verbraucher der Fehler regelmäßig beim Kauf nicht offen liegt, ist der Ausschluss der Mängelrechte gemäß § 442 BGB insoweit nicht bedeutsam.

3.4.2 Vertraglicher Ausschluss

vertraglicher Ausschluss

Die Gewährleistungsansprüche können auch durch vertragliche Vereinbarung zwischen Verkäufer und Käufer ausgeschlossen werden, § 444 BGB. Diese Möglichkeit eines Haftungsausschlusses erfährt jedoch vielfältige Einschränkungen: Der Verkäufer kann sich auf den Ausschluss nicht berufen, wenn er den Mangel arglistig verschwiegen oder eine Garantie für die Beschaffenheit der Sache übernommen hat. Liegt ein Verbrauchsgüterkauf gemäß § 474 BGB vor, kann nach § 475 Abs. 1, 3 BGB lediglich der Anspruch auf Schadensersatz ausgeschlossen werden; alle anderen Gewährleistungsrechte stehen dem Verbraucher zwingend zu. Liegt ein Kaufvertrag in Form Allgemeiner Geschäftsbedingungen vor, ist beim Verkauf neu hergestellter Sachen ein Haftungsausschluss nur in den engen Grenzen des § 309 Nr. 8 b BGB, d.h. praktisch nicht möglich.[35] Zusammenfassend kann festgehalten werden, dass ein vertraglicher Ausschluss der Gewährleistungsrechte in Produkthaftungsfällen selten Bedeutung erlangen dürfte.

3.4.3 Leistungsbeschreibung

Leistungsbeschreibung

Bei einer Leistungsbeschreibung handelt es sich nicht um den Fall eines Ausschlusses der Gewährleistung. Es fehlt von vornherein an einem Sachmangel nach § 434 Abs. 1 S. 1 BGB, da die Sache die vereinbarte Beschaffenheit besitzt. Da Leistungsbeschreibungen allerdings faktisch dieselbe Wirkung wie ein Ausschluss der Gewährleistungsrechte erzielen können, sollen sie aus praktischer Sicht an dieser Stelle besprochen werden.

---

[35] In AGB ist darüber hinaus auch ein Haftungsausschluss bei Verletzung von Leben, Körper und Gesundheit nach § 309 Nr. 7 BGB weitgehend unzulässig.

Der lahme Traktor

Hobbylandwirt K benötigt einen neuen Traktor. Beim örtlichen Landmaschinenhändler V sieht er ein neues Modell des Herstellers H, das ihm gefällt. Als er mit dem Verkäufer redet, stellt sich heraus, dass der Traktor aus noch ungeklärten Gründen nicht die in den Papieren angegebenen 80 km/h, sondern nur 45 km/h fährt. Daher ist der Traktor an sich nicht verkäuflich. K ist die Höchstgeschwindigkeit jedoch egal. Er einigt sich daher mit V, dass der Traktor eben nur 45 km/h fahren kann. Dafür vereinbaren sie einen Kaufpreis, der bei 30% des Neupreises liegt.
In diesem Fall lautet die Leistungsbeschreibung „Traktor mit Höchstgeschwindigkeit 45 km/h.“ Dem K stehen wegen der nicht erreichten Höchstgeschwindigkeit von 80 km/h keine Gewährleistungsansprüche zu, da kein Sachmangel nach § 434 Abs. 1 S. 1 BGB vorliegt.

Grenze der Leistungsbeschreibung

Eine Grenze für den faktischen Ausschluss der Gewährleistungsrechte durch Leistungsbeschreibungen liegt vor, wenn durch Leistungsbeschreibungen die Gewährleistungsrechte umgangen werden sollen.

Bastlerauto[36]

Autohändler V verkauft an den Privatmann K einen zwei Jahre alten Gebrauchtwagen mit dem Hinweis „Bastlerfahrzeug“. V bringt das Auto am nächsten Tag noch wie vereinbart durch den TÜV. Nach einigen Wochen kommt es zu einem Kabelbrand. K erklärt daraufhin den Rücktritt vom Kaufvertrag und will von V den Kaufpreis (abzüglich Nutzungsentgelt für die gefahrenen Kilometer) zurück. V geht darauf nicht ein, da es sich um ein „Bastlerfahrzeug“ handele, bei dem mit Mängeln gerechnet werden müsse. Das AG Marsberg sah in der Formulierung „Bastlerfahrzeug“ bei einem nur zwei Jahre alten Wagen eine unzulässige Umgehung der Gewährleitungsansprüche. Somit war der Rücktritt wirksam und K kann von V Rückzahlung des Kaufpreises verlangen.

3.4.4 Untersuchungs- und Rügepflicht

Untersuchungs- und Rügepflicht

Im kaufmännischen Verkehr verliert der Käufer nach § 377 HGB seine Gewährleistungsrechte, wenn er die Ware nicht rechtzeitig untersucht und den dabei erkennbaren Mangel mit hinreichend genauer Beschreibung rügt. Der Umfang der Untersuchungspflicht richtet sich nach der Art der Ware; bei der Lieferung größerer Warenmengen genügen Stichproben. Oftmals wird bei Produkthaftungsfällen der Mangel erst einige Zeit nach der Ablieferung be-

[36] Frei nach AG Marsberg, Urteil vom 9.10.2002 – 1 C 143/02, ZGS 2003, 119; einen ähnlichen Fall hatte das OLG Oldenburg zu entscheiden, Urteil vom 22.9.2003 – 9 W 30/03, ZGS 2004, 75.

merkbar (sog. verdeckter Mangel). Um seine Gewährleistungsansprüche zu wahren, muss der Käufer in diesen Fällen den Mangel mit hinreichend genauer Beschreibung unverzüglich nach seiner Entdeckung rügen.

Qualitätssicherungsvereinbarungen

Eine juristisch höchst umstrittene Frage ist, ob die Vertragsparteien die Anwendung von § 377 HGB ausschließen oder modifizieren können.[37] Diese Frage stellt sich insbesondere im Verhältnis Zulieferer – Hersteller im Hinblick auf sog. Qualitätssicherungsvereinbarungen. Bei Qualitätssicherungsvereinbarungen wird u.a. die Qualitätskontrolle regelmäßig in Form einer Warenausgangskontrolle auf den Zulieferer verlagert, häufig unter Verzicht auf eine Wareneingangskontrolle beim Käufer. Hier ist große Vorsicht angebracht. Man wird folgende Leitlinien aufstellen können:

- Ein vollständiger Verzicht auf eine Wareneingangskontrolle ist unzulässig.[38] Unverzichtbar sind eine grobe Untersuchung der Ware nach Ablieferung hinsichtlich Menge, Identität sowie Transportschäden und eine Überprüfung der Begleitpapiere. Dies dürfte in der Praxis ohnehin der Fall sein.
- Eine detaillierte Untersuchung der Ware auf offenkundige Mängel, meist in Form von Stichproben ist unter folgenden Voraussetzungen entbehrlich: Das implementierte Qualitätssicherungssystem führt auf Seiten des Verkäufers tatsächlich zu einer höheren Produktqualität, als es eine Wareneingangskontrolle mit Stichproben könnte. Beispiel: Mit Hilfe von Stichproben seitens des Käufers ist eine Produktqualität von 500 ppm[39] erzielbar. Mit einem herstellerübergreifenden Qualitätssicherungssystem kann dagegen eine Produktqualität zwischen 10 und 50 ppm erreicht werden. In diesem Beispiel ist das Haftungsrisiko des Verkäufers = Zulieferers durch das Qualitätssicherungssystem deutlich reduziert. Eine detaillierte Untersuchung durch den Käufer macht hier keinen Sinn mehr, der Zweck des § 377 HGB – zweifelsfreie Klärung, ob der Fehler bei Wareneingang vorhanden war und zügige Kenntnis des Verkäufers von potentiellen Mängeln der von ihm gelieferten Waren, verbunden mit der Möglichkeit zur Schadenskalkulation bzw. zur Abwehr von Mangelfolgeschäden – ist durch die Qualitätssicherungsvereinbarung erfüllt.

---

[37] Vgl. bspw. *Hopt* in: *Baumbach/Hopt*, HGB, 33. Aufl. 2008, § 377 Rn. 57 ff.; *Quittnat*, Qualitätssicherungsvereinbarungen und Produkthaftung, BB 1989, 571; *Grunewald*, Just-in-time-Geschäfte – Qualitätssicherungsvereinbarungen und Rügelast, NJW 1995, 1777.

[38] BGH, Urteil vom 19.6.1991 – VIII ZR 149/90, NJW 1991, 2633.

[39] Parts per million, d.h. hier sind 500 von 1 Mio. Teilen fehlerhaft.

3.5 Verjährung

Für die Verjährung von Gewährleistungsansprüchen gelten nicht die Vorschriften der §§ 195 ff. BGB über die regelmäßige Verjährung. Vielmehr enthält § 438 BGB eine Sondervorschrift.[40] In den meisten Gewährleistungsfällen gilt nach § 438 Abs. 1 Nr. 3, Abs. 3 BGB die zweijährige Gewährleistungsfrist ab Ablieferung der Sache.[41]

2 Jahre ab Übergabe

Die fehlerhafte Küchenmaschine II

V verkauft an K eine Küchenmaschine des Herstellers H. 25 Monate nach der Übergabe an K tritt ein Herstellungsfehler auf. Kann K gegen V noch Gewährleistungsrechte geltend machen?
Die Gewährleistungsrechte stehen K nach wie vor zu. Allerdings kann sich V auf Verjährung berufen, da seit der Ablieferung mehr als zwei Jahre verstrichen sind. Die Verjährung führt nicht zum Erlöschen eines Anspruchs. Der Schuldner, hier V, kann jedoch die Einrede der Verjährung erheben und darf dann die Erfüllung des Gewährleistungsanspruchs verweigern.

Bei einem Verbrauchsgüterkauf nach § 474 BGB beträgt die Verjährung beim Kauf neuer Sachen zwingend zwei Jahre, bei gebrauchten Sachen ist eine Verkürzung auf ein Jahr zulässig, § 475 Abs. 2 BGB. Im kaufmännischen Verkehr ist eine Verkürzung der Verjährung bei neu hergestellten Sachen auf ein Jahr zulässig. Während der Verkäufer eine Verkürzung auf ein Jahr anstrebt, will der Käufer nach Möglichkeit eine – rechtlich zulässige – Verlängerung der Verjährungsfrist auf drei Jahre erreichen. Letztendlich hängt die Länge der Verjährungsfrist zwischen Unternehmen von der Marktmacht und dem Verhandlungsgeschick der Parteien ab.

Unabhängig von der juristischen Frage der Verjährung von Gewährleistungsansprüchen wird sich ein Verkäufer – ggf. im Verbund mit dem Hersteller – überlegen, ob aus Gründen der Kulanz die Erfüllung verjährter Gewährleistungsansprüche bei wirtschaftlicher Betrachtungsweise vorteilhafter ist als die Berufung auf die Verjährung.

Kulanz

---

[40] Da juristisch zwischen Ansprüchen (wie dem Anspruch auf Nacherfüllung, auf Schadensersatz und auf Aufwendungsersatz) und Gestaltungsrechten (wie Rücktritt und Minderung) unterschieden werden muss, verweist § 438 Abs. 1 BGB nur auf § 437 Nr. 1 und 3, während § 438 Abs. 4 und 5 BGB auf § 437 Nr. 2 BGB Bezug nehmen. Im Ergebnis sind die Zeiträume für die Geltendmachung der Gewährleistungsansprüche jedoch gleich lang.

[41] Ausnahmen gelten z.B. für Bauwerke und bei der Verwendung einer Sache für ein Bauwerk, § 438 Abs. 1 Nr. 2 BGB sieht hier eine fünfjährige Verjährungsfrist vor. Hat der Verkäufer den Mangel arglistig verschwiegen, gilt nach § 438 Abs. 3 die regelmäßige Verjährungsfrist von drei Jahren, die mit Kenntnis des Sachverhalts beginnt.

Die fehlerhafte Klimaanlage

V verkauft an K einen Neuwagen des Herstellers H einer gerade neu am Markt eingeführten Bauserie. Drei Jahre nach der Übergabe an K tritt an der Klimaanlage ein Fehler auf, der auf ein mangelhaftes Teil der Klimaanlage zurückgeht. Der Mangel ist durch einfachen Austausch des mangelhaften Teils zu beheben. H veranlasst einen Rückruf der Bauserie, damit der Fehler behoben werden kann.
Die Gewährleistungsrechte des K sind hier verjährt, denn seit der Übergabe sind mehr als zwei Jahre vergangen. Allerdings werden sich V und H gut überlegen, ob sie die Kosten nicht aus Kulanzgründen übernehmen sollen; bei einer Berufung auf die Verjährung könnte der Imageschaden (mit der Konsequenz nachhaltiger Umsatzverluste) beträchtlich sein.

Wird im Zuge der Nacherfüllung eine neue Sache geliefert, wird in der Regel eine neue zweijährige Verjährungsfrist beginnen. Hinsichtlich der Verjährung bei der Nachbesserung beginnt die Verjährung nicht insgesamt neu zu laufen, sondern allenfalls hinsichtlich desselben Mangels.[42]

3.6 Rückgriff des Unternehmers

Der Verkäufer hat in einer Vertriebskette in der Regel keinen Einfluss auf die Güte der ihm gelieferten Ware. Hat er bspw. die Ware wegen eines Sachmangels vom Käufer zurücknehmen müssen, stehen ihm gegen seinen Lieferanten – dies wird oft der Hersteller sein – ebenfalls die Gewährleistungsrechte aus den §§ 437 ff. BGB zu.[43] Handelt es sich nun bei seinem Käufer um einen Verbraucher, bringen die §§ 478, 479 BGB dem Verkäufer Vorteile, sofern er Unternehmer ist und es um den Verkauf neu hergestellter Sachen geht. Wenn der Verkäufer gegenüber seinem Lieferanten ebenfalls vom Kaufvertrag zurücktreten will, braucht er dem Lieferanten gemäß § 478 Abs. 1 BGB keine Frist zur Nacherfüllung zu setzen. Für die zur Nacherfüllung getätigten Aufwendungen erhält der Verkäufer vom Lieferanten nach § 478 Abs. 2 BGB Ersatz. Darüber hinaus kann § 479 Abs. 2 BGB dazu führen, dass der Rückgriffsanspruch des Unternehmers gegen seinen Lieferanten erst nach fünf Jahren verjährt. Die Erleichterungen der §§ 478, 479 BG greifen dann nicht, wenn der Verkäufer von seinem Lieferanten hierfür einen gleichwertigen Ausgleich wie z.B. Rabatte oder Schadenspauschalen erhält.

---

[42] Das BGH-Urteil vom 5.10.2006 – VIII ZR 16/05, BGHZ 164, 196, Tz. 13-18 ist für beide Fälle nicht eindeutig.

[43] Zum Rückgriff des Herstellers auf den Zulieferer siehe unten Kapitel 7.

Der fehlerhafte Häcksler

Verbraucher K erwirbt beim örtlichen Landhandel V einen neuen Häcksler. Der Häcksler wurde 9 Monate zuvor vom Hersteller H an V geliefert. 16 Monate nach der Übergabe an K kommt es zu einem Kurzschluss mit anschließendem Motorbrand, wobei der Häcksler irreparabel beschädigt wird. Eine anschließende Untersuchung ergibt, dass die Verkabelung ab Werk fehlerhaft und dieser Fehler ursächlich für den Kurzschluss war. K tritt daher gemäß § 437 Nr. 2 BGB vom Kaufvertrag zurück. Wenn V gegenüber H ebenfalls vom Kaufvertrag zurücktreten will, stellt sich das Problem, dass H den Häcksler vor mehr als zwei Jahren an V geliefert hat, so dass für Gewährleistungsrechte im Verhältnis V – H an sich Verjährung eingetreten ist. Nachdem es sich aber um eine neu hergestellte Sache handelt, V Unternehmer und K Verbraucher ist, ist das Rücktrittsrecht des V gegen H gemäß § 479 Abs. 2 BGB noch nicht verjährt.

3.7 Übungsfälle

Kühlfach

Verbraucher K erwirbt beim Fachhändler V einen neuen Kühlschrank mit einem kleinen Gefrierfach. In das Gefrierfach legt er eine Packung Tiefkühlpizza. Als K nach zwei Monaten die Pizza aus dem Gefrierfach nimmt, ist diese nicht mehr tiefgefroren und verdorben; das Mindesthaltbarkeitsdatum der Pizza ist noch nicht erreicht. Welche Gewährleistungsrechte hat K gegen V, wenn sich herausstellt, dass sich die Gefrierleistung des Kühlfachs durch Austausch einiger Teile leicht herstellen lässt?

Um Gewährleistungsrechte gegen V geltend machen zu können, müsste bei Übergabe des Kühlschranks ein Sachmangel vorgelegen haben. Beim Kauf eines Kühlschranks ist die nach dem Vertag vorausgesetzte Verwendung, dass der Kühlschrank kühlt und das Gefrierfach die eingelagerte Ware tiefgefroren hält. Da letzteres nicht der Fall ist, liegt gemäß § 434 Abs. 1 S. 2 Nr. 1 BGB ein Sachmangel vor. Es wird vermutet, dass dieser Sachmangel bereits bei Gefahrübergang, d.h. bei Übergabe vorhanden war, § 476 BGB.

(1) K hat gegen V zunächst einen Anspruch auf Nacherfüllung gemäß §§ 437 Nr. 1, 439 BGB, d.h. er kann wählen, ob V den Mangel beseitigt oder ihm einen neuen Kühlschrank liefert. Entscheidet sich K für die Lieferung eines neuen Kühlschranks, dürfte K diese nach § 439 Abs. 3 BGB wegen unverhältnismäßig hoher Kosten verweigern können, so dass dem K „nur“ der Anspruch auf Reparatur bleibt.

(2) Um vom Kaufvertrag gemäß §§ 437 Nr. 2, 440, 323 BGB zurücktreten zu können, müsste K dem V zunächst eine angemessene Frist zur

Nacherfüllung setzen. Repariert V in dieser Frist den Kühlschrank nicht, kann K den Rücktritt erklären, § 349 BGB. Erfolgt ein Rücktritt, muss V den Kaufpreis zurückzahlen und K den Kühlschrank zurückgeben, § 346 Abs. 1 BGB. Braucht K das Gefrierfach nicht, kann er anstatt zurückzutreten auch den Kaufpreis gemäß § 441 BGB mindern.
(3) Schadensersatz für die verdorbene Pizza kann K von V unter den Voraussetzungen der §§ 437 Nr. 3, 280 Abs. I BGB verlangen. Dass das Gefrierfach nicht richtig funktioniert, hat V aber nicht zu vertreten, denn er handelt insoweit weder vorsätzlich noch fahrlässig, § 276 Abs. 1 BGB. Somit kann K von V keinen Schadensersatz für die Pizza fordern. Insoweit kann K gegen den Hersteller des Kühschranks ein Schadensersatzanspruch aus Produzenten-/Produkthaftung zustehen.

Sandwich[44]

Studentin S kaufte im Backshop der Tankstelle des T ein von H vorgefertigtes und in Plastikfolie eingeschweißtes Sandwich. Beim Verzehr biss S auf eine im Toast eingebackene 6 mm Schraubenmutter aus Metall. Hierdurch wurden fünf Zähne ihres Gebisses stark beschädigt.
Hat S gegen T aus Gewährleistung einen Anspruch auf Ersatz ihres Schadens?
T muss S ihren Schaden nicht nach §§ 437 Nr. 3, 280 Abs. 1 BGB ersetzen, da er den Sachmangel – ein Sandwich mit einer im Toast eingebackenen Schraubenmutter hat nach § 434 Abs. 1 S. 2 Nr. 2 BGB einen Sachmangel – nicht zu vertreten hat. Allerdings hat S gegen H einen Schadensersatzanspruch aus Produzenten-/Produkthaftung.

Reparatur in Stuttgart

K kaufte einen neuen PKW beim Vertragshändler V in Hamburg. Zwei Monate später zeigen sich Mängel am PKW. K, der zwischenzeitlich nach Stuttgart umgezogen ist, verlangt vom Vertragshändler N in Stuttgart die Reparatur der Mängel. Zu Recht?
Gewährleistungsansprüche stehen dem K gegen N nicht zu, weil K und N nicht Vertragspartner sind. Ob K gegen N Ansprüche auf Mängelbeseitigung aus einer eventuellen Herstellergarantie hat, ist eine andere Frage, die im folgenden Kapitel geklärt wird.

[44] OLG Köln, Urteil vom 27.2.2002 – 13 U 146/01, NJW 2004, 521.

3.8 Zusammenfassung

Der Verkäufer haftet für die Mangelfreiheit des Produkts.

Ist das Produkt mangelhaft, hat der Käufer gegen den Verkäufer vorrangig einen Anspruch auf Nacherfüllung, d.h. Reparatur oder Lieferung einer Ersatzsache. Die hierfür anfallenden Kosten trägt der Verkäufer.

Für Schäden an anderen Sachen als dem verkauften Produkt haftet der Verkäufer nur bei Verschulden; allerdings muss der Verkäufer beweisen, dass er nicht schuldhaft, also weder vorsätzlich noch fahrlässig gehandelt hat (Beweislastumkehr). Ist der Verkäufer nur Händler, handelt er regelmäßig nicht schuldhaft und haftet dem gemäß nicht auf Schadensersatz.

Haftungsausschlüsse gegenüber Verbrauchern sind praktisch nicht möglich.

Gewährleistungsansprüche verjähren in zwei Jahren ab Übergabe der Kaufsache.

3.9 Ergänzende Literaturhinweise

Bamberger/Roth, Kommentar zum BGB, 2. Aufl. 2007, §§ 433 – 479 (Bearbeiter: *Faust*).

Brox/Walker, Besonderes Schuldrecht, 32. Aufl. 2007, § 4.

4 Herstellergarantie

4.1 Überblick

Bei der Herstellergarantie übernimmt der Hersteller freiwillig zusätzlich eine Garantie für die Beschaffenheit des Produkts oder dafür, dass das Produkt für eine bestimmte Dauer eine bestimmte Beschaffenheit behält. Die Herstellergarantie tritt neben die vertraglichen Gewährleistungsansprüche des Käufers gegen den Verkäufer.

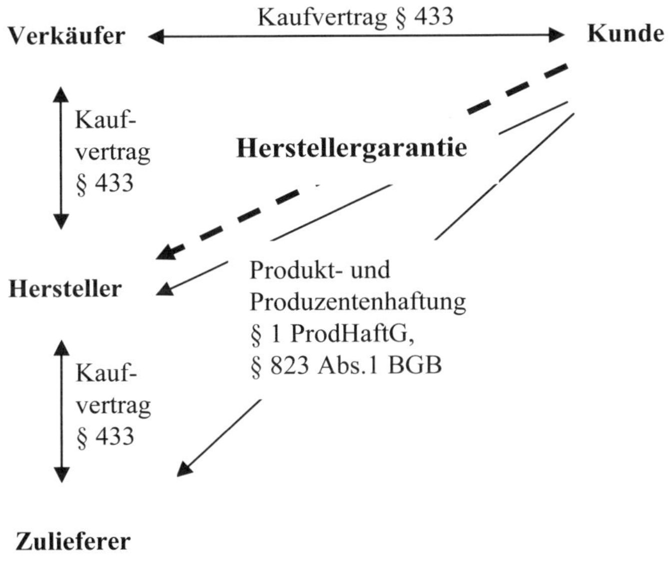

Abb. 4-1: Schaubild: Die Herstellergarantie

Der Käufer erhält damit in Gestalt des Herstellers eine weitere Person, gegen die er bei Eintritt der Garantiebedingungen Ansprüche geltend machen kann.[45]

---

[45] Wenn der Verkäufer zugleich der Hersteller ist, treffen die Gewährleistungsansprüche und die Herstellergarantie dieselbe Person.

Herstellergarantien bleiben in ihrem Umfang regelmäßig hinter den Gewährleistungsansprüchen der §§ 437 ff. BGB zurück. Ein Ausschluss der Gewährleistungsansprüche durch Gewährung einer Herstellergarantie ist nicht zulässig. Gesetzliche Regelungen zur Herstellergarantie finden sich in §§ 443 und 477 BGB.[46]

4.2 Inhalt der Garantie

Beschaffenheits-/ Haltbarkeitsgarantie

Nach § 443 Abs. 1 BGB kann der Hersteller eine Garantie für die Beschaffenheit der Sache (sog. Beschaffenheitsgarantie) oder dafür übernehmen, dass die Sache für eine bestimmte Dauer eine bestimmte Beschaffenheit aufweist (sog. Haltbarkeitsgarantie).

Durchrostung

Autohersteller H wirbt mit dem Slogan „Fünf Jahre Garantie gegen Durchrostung". Hier liegt der Fall einer Haltbarkeitsgarantie vor, § 443 Abs. 1 BGB.

konkreter Inhalt wird vom Hersteller bestimmt

Der konkrete Inhalt der Garantie wird vom Hersteller bestimmt. Dies gilt sowohl für die Voraussetzungen des Garantiefalls als auch für die Rechte des Käufers im Garantiefall. Herstellergarantien enthalten regelmäßig nur einen Anspruch auf Nacherfüllung. Alle weitergehenden Ansprüche wie Rücktritt, Minderung oder Schadensersatz werden vom Hersteller ausgeschlossen. Diese Ausschlüsse sind rechtlich wirksam, denn der Hersteller übernimmt in einer Garantie zusätzliche Verpflichtungen, die neben die gesetzliche Gewährleistungspflicht des Verkäufers treten. Daher kann der Hersteller die Reichweite der Garantie frei bestimmen, dasselbe gilt für die Bedingungen, unter denen er die Garantie gewährt.

Bügeleisen

K kauft bei Fachhändler V ein Bügeleisen des Hausgeräteherstellers H. Dem Bügeleisen sind folgende, stark verkürzt wiedergegebene Garantiebedingungen beigefügt:[47]

- Zeigt sich innerhalb von 24 Monaten nach Lieferung ein Mangel, wird dieser vom Hersteller unentgeltlich behoben. Dies gilt nicht für leicht

[46] Garantien nach § 443 BGB können nicht nur vom Hersteller, sondern auch vom Verkäufer oder von sonstigen Dritten gegeben werden. Sie haben im vorliegenden Zusammenhang keine Bedeutung und werden daher nicht weiter erwähnt.

[47] Unter dem Stichwort „Garantiebedingungen" finden Internetsuchmaschinen die Originalgarantiebedingungen namhafter Hersteller.

zerbrechliche Teile (z.B. Glas, Kunststoff) oder nicht vom Hersteller verursachte Transportschäden.

- Der Hersteller kann nach seiner Wahl das Gerät reparieren oder ein Ersatzgerät liefern.
- Weitergehende Ansprüche bestehen nicht, insbesondere gibt es keine Ansprüche auf Schadensersatz gegen den Hersteller aus der Garantie.
- Werden Garantieleistungen erbracht, führt dies weder zu einer Verlängerung der o.g. Garantiefrist noch zum in Gang setzen einer neuen Garantiefrist.
- Die Gewährleistungsansprüche des Käufers gegen den Verkäufer aus dem Kaufvertrag werden durch diese Garantie nicht eingeschränkt.

Acht Monate nach der Übergabe funktioniert die Temperaturregelung nicht mehr richtig, was zu einer starken Überhitzung führt. Als K, der dies nicht erkennen konnte, ein Hemd bügelt, bekommt dieses einen Brandfleck.

1. Ist die Herstellergarantie wirksam?
2. Welche Rechte hat K aufgrund der Herstellergarantie?
3. Welche Gewährleistungsrechte hat K?
4. Hat K anderweitige Rechte?

Zu 1.: Das Beifügen der Garantiebedingungen seitens des Herstellers stellt ein Angebot dar, das vom Käufer durch den Kauf des Bügeleisens stillschweigend angenommen wird. Somit ist ein wirksamer Garantievertrag zustande gekommen. Da der Hersteller freiwillig gesetzlich nicht vorgesehene Verpflichtungen übernimmt, kann er deren Inhalt frei bestimmen. Die Herstellergarantie ist wirksam.
Zu 2.: Aufgrund der Herstellergarantie kann K vom Hersteller Reparatur des Bügeleisens oder Lieferung eines Ersatzgerätes verlangen. Die Wahl zwischen Reparatur und Ersatzlieferung steht dem Hersteller zu. Weitere Ansprüche gegen den Hersteller aufgrund der Herstellergarantie stehen K nicht zu; insbesondere hinsichtlich des Brandflecks hat K keine Schadensersatzansprüche gegen den Hersteller.
Zu 3.: Aufgrund der Gewährleistungsrechte kann K vom Verkäufer Reparatur oder Lieferung eines Ersatzgerätes verlangen. Die Wahl zwischen Reparatur und Ersatzlieferung steht K zu. Kommt V dieser Verpflichtung nicht in der von K gesetzten Frist nach, kann K vom Vertrag zurücktreten oder den Kaufpreis mindern. Grundsätzlich könnte K nach Fristablauf auch Schadensersatz insbesondere für den Brandfleck von V verlangen, was jedoch ein Verschulden des V hinsichtlich des Sachmangels voraus-

[48] Siehe unten Kapitel 5 und 6.

setzen würde. Die Gewährleistungsrechte gehen also viel weiter als die Herstellergarantie.
Zu 4.: K könnte gegen den Hersteller insbesondere wegen des Brandflecks auf dem Hemd einen Anspruch aus Produzentenhaftung nach § 823 Abs. 1 BGB und aus Produkthaftung nach § 1 Abs. 1 ProdHaftG haben.[48]

pauschale Garantie

Enthält die Herstellergarantie keine Aussage zu den Rechten des Käufers im Garantiefall, stellt sich die Frage, welche Ansprüche der Käufer gegen den Hersteller geltend machen kann. Nach Auffassung des Gesetzgebers stehen dem Käufer in solchen – allerdings eher selteneren – Fällen die bei Sachmängeln vorgesehene Rechte zu.[49]

Uhr I

Professor G kauft eine Uhr. Dieser liegt ein Garantieschein bei mit den Worten: „Garantie: Ein Jahr ab Kaufdatum."
Welche Rechte hat Professor G, wenn die Uhr nach 10 Monaten nicht mehr funktioniert?
Professor G hat gegen den Hersteller aufgrund der Herstellergarantie alle in §§ 437 ff. BGB vorgesehene Rechte; daneben stehen ihm dieselben Rechte gegen den Verkäufer aufgrund der Gewährleistungsansprüche zu.

Beweislast

Die Beweislast für den Abschluss des Garantievertrags und das Eintreten der Garantiebedingungen, regelmäßig das Auftreten eines Mangels innerhalb der Garantiezeit, liegt beim Käufer. Nach § 443 Abs. 2 BGB wird bei einer Haltbarkeitsgarantie vermutet, dass ein während ihrer Geltungsdauer auftretender Sachmangel die Rechte aus der Garantie begründet.

Uhr II

Professor G kauft eine Uhr. Dieser liegt ein Garantieschein bei mit den Worten: „Garantie: Ein Jahr ab Kaufdatum." Was muss Professor G beweisen, wenn die Uhr nach 10 Monaten nicht mehr funktioniert und er eine neue Uhr haben möchte?
Professor G muss den Abschluss des Garantievertrags und das Auftreten des Defekts in der Garantiezeit beweisen. Dies dürfte ihm ohne weitere Probleme gelingen. Nach § 443 Abs. 2 BGB wird alsdann vermutet, dass der Defekt die Rechte aus der Garantie begründet. Kann der Hersteller diese Vermutung nicht widerlegen – bspw. durch nicht sachgemäßen Gebrauch der Uhr –, kann Professor G die Lieferung einer neuen Uhr verlangen, da ihm das Wahlrecht aus § 439 Abs. 1 BGB zusteht.

---

[49] BT-Drs. 14/6040, S. 239.

formale Anforderungen

Nach § 477 Abs. 1, 2 BGB müssen für die Garantieerklärung beim Verbrauchsgüterkauf einige ergänzende formale Voraussetzungen erfüllt werden. So muss in der Garantie ein Hinweis auf die Gewährleistungsrechte des Verbrauchers sowie darauf, dass diese nicht durch die Garantie eingeschränkt werden, und der Inhalt der Garantie enthalten sein. Allerdings wird die Wirksamkeit der Garantieverpflichtung gemäß § 477 Abs. 3 BGB nicht dadurch berührt, dass eine dieser zusätzlichen formalen Voraussetzungen nicht erfüllt wird.

Kulanz keine rechtliche Alternative zur Garantie

Während die Herstellergarantie dem Käufer einklagbare Ansprüche gegen den Hersteller gibt – wenngleich diese in der Praxis meist auf einen Nacherfüllungsanspruch nach Wahl des Herstellers begrenzt sind – hat der Käufer bei der Gewährung von Kulanz durch den Hersteller aus rechtlicher Sicht eine schlechtere Position. Bei Kulanz handelt es sich nicht wie bei der Garantie um einen einklagbaren Anspruch, sondern um ein unverbindliches Entgegenkommen aus Geschäftsinteresse.

4.3 Bedeutung der Garantie

Garantieansprüche gegen den Hersteller sind meist weniger umfangreich als die Gewährleistungsansprüche gegen den Verkäufer. Dennoch haben Sie im allgemeinen Verbraucherverständnis eine besondere Bedeutung. Letztendlich wird man sagen können, dass der „Segen“ einer Herstellergarantie darin liegt, dass der Käufer zusätzlich zu den vertraglichen Gewährleistungsansprüchen gegen den Verkäufer Ansprüche gegen den Hersteller bekommt. Dies wirkt sich u.a. dann günstig aus, wenn der Verkäufer sein Geschäft, etwa aus Altersgründen oder wegen Insolvenz aufgibt. Ein weiterer Vorteil für den Käufer liegt darin, dass er in vielen Fällen die Herstellergarantie bei jedem Vertragshändler geltend machen kann. Bei hochpreisigen Gütern gewähren einige Hersteller einen Nacherfüllungsanspruch über einen Zeitraum, der deutlich über der Verjährungsfrist für Gewährleistungsansprüche von zwei Jahren liegt. Hier sind z.B. Durchrostungsgarantien bis zu 30 Jahre von Automobilherstellern zu nennen. Allerdings wird die Gewährung derartig langlaufender Garantien an die Einhaltung besonderer Bedingungen geknüpft. Dadurch erweisen sich diese Garantien als ein Instrument der Kundenbindung, wobei der Kunde durch die Erfüllung der Bedingungen gleichsam eine „Gegenleistung“ erbringt.

4.4 Übungsfall

Durchrostungsgarantie[50]

K erwarb 2002 einen Mercedes. Für diesen erhielt K die Mercedes-Garantie „Mobilo Life", die u.a. folgenden Inhalt hatte:
„(...) garantieren wir Ihnen (...), dass keine Durchrostung von innen nach außen auftreten wird. Diese Garantie gilt für die gesamte Lebensdauer Ihres Mercedes, also bis zu 30 Jahre.
Für den außergewöhnlichen Fall, dass doch irgendwo an Karosserie oder Unterboden eine Stelle von innen nach außen durchrostet, wird die Sache ohne Berechnung von Lohn und Material durch eine Mercedes-Benz Werkstatt instandgesetzt. (...)"
Bei den Bedingungen für die Garantie stand: „mobilo-life gilt in Ergänzung zu den Gewährleistungsregelungen der Daimler-Benz-Neufahrzeug-Verkaufsbedingungen lebenslang bis 30 Jahre für alle Mercedes-Benz PKW. Immer unter der Voraussetzung, dass (...) die Wartungsdienste nach Hersteller-Vorgaben in Mercedes-Benz Werkstätten ausgeführt werden. (...)"
K ließ ab 2003 die Wartungsdienste nicht bei einer Mercedes-Benz Werkstatt, sondern bei einem anderen KFZ-Meisterbetrieb durchführen. Er verlangt von Mercedes die kostenlose, fachgerechte Reparatur der nach seiner Behauptung durchgerosteten Heckklappe.
Der Bundesgerichtshof hat entschieden, dass K keinen Anspruch gegen Mercedes auf kostenlose Reparatur der Heckklappe seines PKW aus der „mobilo-life"-Garantie hat, weil er die Bedingungen, unter denen die Garantie gewährt wird – Durchführung aller Wartungsarbeiten in Mercedes-Benz Werkstätten –, nicht erfüllt hat. Mit derartigen Klauseln werde in zulässiger Weise eine Bindung des Kunden an bestimmte Werkstätten bezweckt.

4.5 Zusammenfassung

Bei der Herstellergarantie hat der Käufer einen Anspruch gegen den Hersteller.

Der Anspruch gegen den Hersteller ist regelmäßig auf Nacherfüllung nach Wahl des Herstellers beschränkt. Weitergehende Ansprüche gegen den Her-

[50] BGH, Urteil vom 12.12.2007 – VIII ZR 187/06, NJW 2008, 843.

steller, insbesondere auf Schadensersatz für Folgeschäden sind in der Herstellergarantie in der Regel ausgeschlossen.

Die Garantiezeit beträgt für Standardgüter (wie Computer, Haushaltselektronik, -geräte) regelmäßig 12 bis 24 Monate nach Lieferung. Kommt es in der Garantiezeit zur Nacherfüllung durch den Hersteller, führt dies weder zu einer Verlängerung noch zu einem Neubeginn der Garantiefrist.

Durch die Herstellergarantie können die Gewährleistungsansprüche des Käufers gegen den Verkäufer nicht ausgeschlossen werden.

Der Käufer kann sich aussuchen, ob er Ansprüche gegen den Verkäufer aus Gewährleistung oder gegen den Hersteller aus der Garantie geltend macht.

4.6 Ergänzende Literaturhinweise

Bamberger/Roth, Kommentar zum BGB, 2. Aufl. 2007, §§ 443, 477 (Bearbeiter: *Faust*).

Brox/Walker, Besonderes Schuldrecht, 32. Aufl. 2007, § 4 IX.

5 Produzentenhaftung

5.1 Überblick

Unter dem Begriff „Produzentenhaftung“ wird die außervertragliche, deliktische Verschuldenshaftung zusammengefasst. Mögliche Haftungsgrundlagen ergeben sich insbesondere aus § 823 Abs. 1 BGB (Schadensersatzpflicht), § 823 Abs. 2 BGB (Verstoß gegen ein Schutzgesetz) und § 826 BGB (vorsätzliche sittenwidrige Schädigung). Im Vordergrund steht dabei die Haftung nach § 823 Abs. 1 BGB, als der nach wie vor praktisch bedeutsamsten Anspruchsgrundlage in Produkthaftpflichtfällen. Verschuldenshaftung

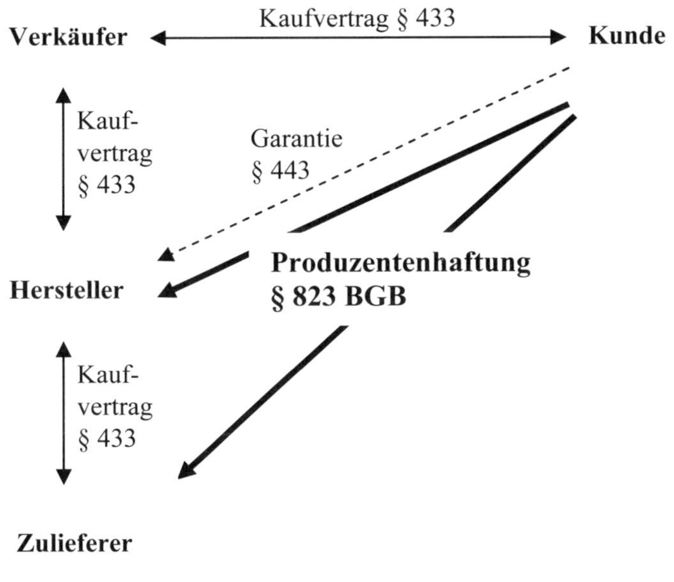

Abb. 5-1: Schaubild: Die Produzentenhaftung

Die Produzentenhaftung nach § 823 Abs. 1 BGB ist wesentlich durch die hierzu ergangene, umfangreiche Rechtsprechung geprägt. Diese hat einen umfassenden Kanon von Verkehrspflichten (sog. herstellerspezifische Verkehrssicherungspflichten) statuiert, die für die Bereiche Konstruktion, Fabrikation, Instruktion und Produktbeobachtung konkretisiert wurden. Ein Schwerpunkt dieses Kapitels wird sein, die hierbei von den Herstellern zu beachtenden Sorgfaltsanforderungen im Rahmen der Herstellung und des Inverkehrbringens ihrer Produkte herauszuarbeiten und darzustellen.

5.2 Haftung nach § 823 Abs. 1 BGB

5.2.1 Überblick

Haftungsvoraussetzungen

Die Haftung nach § 823 Abs. 1 BGB setzt voraus, dass eines der dort genannten Rechte oder Rechtsgüter durch eine widerrechtliche Verletzungshandlung vorsätzlich oder fahrlässig verletzt wurde und dadurch ein Schaden entstanden ist.

Die wichtigsten Haftungsvoraussetzungen des § 823 Abs. 1 BGB sind:

(1) Rechtsgutsverletzung

(2) widerrechtliche Verletzungshandlung (pflichtwidriges Verhalten)

(3) Verschulden

(4) Schaden

Kausalzusammenhänge

Dabei muss die Rechtsgutsverletzung zurechenbar kausal auf dem pflichtwidrigen Verhalten beruhen (sog. haftungsbegründende Kausalität), der Schaden zurechenbar kausal auf der Rechtsgutsverletzung (sog. haftungsausfüllende Kausalität). Diese Kausalzusammenhänge zwischen pflichtwidrigem Verhalten, Rechtsgutsverletzung und Schaden sind in Produkthaftpflichtfällen regelmäßig unproblematisch. Sie werden daher in der weiteren Darstellung vernachlässigt.

Beweislast

Nach den allgemeinen Beweislastregeln muss derjenige, der einen Anspruch geltend macht, alle für ihn günstigen Voraussetzungen der betreffenden Anspruchsgrundlage darlegen und beweisen. Will ein durch ein Produkt Geschädigter also Schadensersatzansprüche gegen einen Hersteller durchsetzen, müsste er vor Gericht grundsätzlich darlegen und beweisen, dass eines seiner Rechtsgüter durch ein pflichtwidriges Verhalten des Herstellers verletzt wurde, der Hersteller hierbei schuldhaft gehandelt hat und ihm dadurch ein Schaden entstanden ist. In Produkthaftpflichtfällen gewährt die Rechtsprechung dem Geschädigten jedoch teilweise Beweiserleichterungen und verlagert die Beweislast auf den Hersteller. Wie sich die Beweislast hinsichtlich der jeweiligen

Anspruchsvoraussetzungen in Produkthaftpflichtfällen im Einzelnen darstellt, wird unter 5.2.6 erläutert.

Gliederung

Nachfolgend werden die einzelnen Anspruchsvoraussetzungen des § 823 Abs. 1 BGB – Rechtsgutsverletzung, pflichtwidriges Verhalten, Verschulden, Schaden – sowie die Beweislast erläutert. Anschließend erfolgt ein Blick auf die neben dem Hersteller möglichen weiteren Pflichtenträger (z.B. Zulieferer, Quasihersteller, Händler, Importeure). Im Mittelpunkt dieses Kapitels steht die Haftungsvoraussetzung „pflichtwidriges Verhalten" bzw. welche Anforderungen die Rechtsordnung und die Rechtsprechung an ein pflichtgemäßes Verhalten der Hersteller (die herstellerspezifischen Verkehrssicherungspflichten) stellen. Dabei wird zunächst der allgemeine Pflichtenmaßstab im Rahmen der Verkehrssicherungspflichten und der herstellerspezifischen Verkehrssicherungspflichten erläutert. Anschließend werden die konkreten Sorgfaltspflichten im Rahmen von Konstruktion, Fabrikation und Instruktion sowie im Rahmen der Produktbeobachtung dargestellt.

5.2.2 Rechtsgutsverletzung

Rechtsgutsverletzung

Ein Schadensersatzanspruch nach § 823 Abs. 1 BGB kommt nur in Betracht, wenn eines der in § 823 Abs. 1 BGB genannten Rechte oder Rechtsgüter verletzt wurde und daraus ein Schaden entstanden ist. Die von § 823 Abs. 1 BGB geschützten Rechtsgüter sind das Leben, Körper/Gesundheit, Freiheit, Eigentum und sonstige Rechte.

Leben, Körper, Gesundheit, Freiheit

Eine Verletzung des Lebens ist der Tod. Schadensersatzansprüche sind dann noch, vor allem in Form von entgangenen Unterhaltszahlungen, für Hinterbliebene von Bedeutung.

Eine Köper- oder Gesundheitsverletzung stellt einen Eingriff in die körperliche Integrität/Unversehrtheit oder eine Störung der inneren Lebensvorgänge dar und entspricht damit in etwa dem, was auch umgangssprachlich unter einer Körperverletzung verstanden wird (z.B. Fleischwunden, Brüche, Verbrennungen, Verlust von Gliedmaßen, Störung von Organfunktionen, Infektionen). Geschützt ist dabei auch das noch ungeborene Leben (Leibesfrucht).

Eine Verletzung der Freiheit ist insbesondere ein Eingriff in die körperliche Bewegungsfreiheit (Freiheitsberaubung) und für Produkthaftungsfälle damit nur in Sonderfällen[51] relevant.

Eigentum

Eine Eigentumsverletzung ist jede Beschädigung, Verunstaltung oder Zerstörung einer Sache (Substanzverletzung), deren Entzug sowie eine Beeinträchtigung des bestimmungsgemäßen Gebrauchs einer Sache.

---

51 Z.B. Produkthaftung in Zusammenhang mit Aufzügen, U-Bahnen.

Substanzverletzung

Motorkolben[52]

Ein Eigentümer eines Lastwagens ließ in einer Reparaturwerkstätte neue Kolben einbauen. Die Kolben waren konstruktionsbedingt fehlerhaft und führten daher zu Schäden an den Zylindern des Motors des Lastwagens. Damit lag eine Eigentumsverletzung am Motor des Lastwagens vor.

Beeinträchtigung des bestimmungsgemäßen Gebrauchs

Gewindeschneidemittel I und II[53]

Ein Installationsbetrieb verwendete zum Zuschneiden von Gewinden für Rohrverbindungen, die später in Neubauten verlegt wurden, ein Gewindeschneidmittel des Herstellers H, welches nicht geschmacks- und geruchsneutral war und schwer lösliche Rückstände an den bearbeiteten Rohren hinterließ. Das Wasser, das nach dem Einbau durch diese Rohre geleitet wurde, wies einen ekelerregenden Geruch und Geschmack auf, der erst nach aufwändigen Spülungen der Rohrleitungen mit Chemikalien verschwand. Damit lag eine Eigentumsverletzung an den Rohrleitungen des Installationsbetriebes in Form einer nicht unerheblichen Beeinträchtigung des bestimmungsgemäßen Gebrauchs vor.

Produktionsschäden

Wie insbesondere die beiden zuletzt angeführten Fälle verdeutlichen, kann die Verbindung mangelfreier Teilprodukte mit einem mangelhaften Teilprodukt zu einer neuen Sache zu einer Eigentumsverletzung an den bislang unversehrten Teilprodukten oder am Endprodukt führen (sog. Produktionsschäden)[54].

„Weiterfresserschäden“

Umstritten ist die Frage, ob eine Eigentumsverletzung auch dann vorliegt, wenn die verkaufte Sache zunächst fehlerfrei war, aber im Laufe der Zeit ein Fehler an einem meist kleinen Teil zur Zerstörung der gesamten Kaufsache führt, der zunächst kleine Fehler sich also in der Kaufsache „weiterfrisst“.

Kompressor [55]

K erwarb vom Hersteller V einen Kompressor. Zwei Jahre später entstanden erhebliche Schäden am Dieselmotor, der den Kompressor antrieb. Ursache des Motorschadens war ein Ölverlust, der auf einer infolge eines Konstruktionsfehlers unzureichenden Befestigung des Ölablassrohrs beruhte. Der Schaden hätte durch eine nur geringe Kosten verursachende weitere Abstützung des Ölablassrohres vermieden werden können. Die

52 OLG Bremen, Beschluss vom 11.10.1951 – 2 W 208/51, NJW 1952, 145 (Motorkolben).

53 BGH, Urteil vom 07.12.1993 – VI ZR 74/93, NJW 1994, 517 (Gewindeschneidemittel I; BGH, Urteil vom 06.12.1994 – VI ZR 229/93, NJW-RR 1995, 342 (Gewindeschneidemittel II).

54 Vgl. dazu auch BGH, Urteil vom 12.2.1992 – VIII ZR 276/90, NJW 1992, 1225 (Kondensatoren); BGH, Urteil vom 31.3.1998 – VI ZR 109/97, NJW 1998, 1942 (Transistoren).

55 BGH, Urteil vom 14.05.1985 – VI ZR 168/83, NJW 1985, 240 (Kompressor).

Gewährleistungsansprüche des K gegen V waren verjährt. Hat K von V Ansprüche aus § 823 Abs. 1 BGB?

Ausgangspunkt zur Lösung des Problems ist, dass nach traditioneller Auffassung bei Schäden an der gekauften Sache eine Eigentumsverletzung grundsätzlich immer nur dann vorliegt, wenn eine andere Sache, als die gekaufte, beschädigt wird. Würde dies anders entschieden, dann läge bei jedem verschuldeten Produktfehler immer zugleich eine Eigentumsverletzung vor, mit der Folge, dass der Käufer neben Ansprüchen aus Gewährleistung auch solche aus § 823 Abs. 1 BGB hätte. Damit würden die Verjährungsfristen des Gewährleistungsrechts weitgehend umgangen, was nicht dem Sinn und Zweck der gesetzlichen Regelungen entsprechen kann. Im Kompressorfall würde es nach der traditionellen Auffassung demgemäß an einer Eigentumsverletzung fehlen, weil keine andere Sache als der Kompressor beschädigt war.

Dieses Grundprinzip hat der Bundesgerichtshof aus Gerechtigkeitserwägungen durchbrochen. Es erschien ihm insbesondere auch mit Blick auf die bis zum Jahr 2002 maßgebliche kurze, sechsmonatige Verjährung in bestimmten Einzelfällen unangemessen, dem Käufer keinerlei Ansprüche für die zerstörte Kaufsache zuzubilligen. Schwierigkeiten ergaben sich bei der Bestimmung, wann, obwohl keine andere Sache als die Kaufsache zerstört war, dennoch eine Eigentumsverletzung vorlag. Vereinfacht stellt der BGH darauf ab, ob der Fehler an einem abgrenzbaren Teil der Kaufsache seinen Ursprung nahm und ob dieses Teil im Wert wesentlich unter dem Wert der Gesamtsache bleibt.[56]

Kompressor Lösung

Der BGH nahm im Kompressorfall eine Eigentumsverletzung an. Der Fehler bezog sich zunächst nur auf einen kleinen Teil der Gesamtsache, der ohne große Schwierigkeiten hätte beseitigt werden können. Berücksichtigt wurde auch, dass die Kosten der Mängelbeseitigung im Verhält-

---

[56] Der BGH differenziert nach der unterschiedlichen Schutzrichtung von Deliktsrecht (Integritätsinteresse) und Gewährleistungsrecht (Äquivalenzinteresse). Das Integritätsinteresse schützt den unbeeinträchtigten Fortbestand des bereits vorhandenen Eigentums, während das Äquivalenzinteresse die Gleichwertigkeit von Leistung und Gegenleistung schützt, also das Interesse des Käufers, für den vereinbarten Kaufpreis auch die vertraglich vereinbarte (mangelfreie) Ware zu erhalten. Ist nur das Äquivalenzinteresse verletzt, gibt es nur vertragliche Gewährleistungsansprüche. Ist das Integritätsinteresse verletzt, dann liegt eine Eigentumsverletzung vor. Die Rechtsprechung nimmt die Abgrenzung zwischen einer Verletzung des Integritätsinteresses und des Äquivalenzinteresses anhand des Kriteriums der Stoffgleichheit vor (BGH, Urteil vom 18.1.1983 – VI ZR 310/79, NJW 1983, 810 (Gaszug)). Nur das Äquivalenzinteresse ist betroffen, wenn sich der infolge des Mangels ergebende Unwert der Sache bei Erwerb mit dem später eingetretenen Schaden deckt (Stoffgleichheit). Stoffgleichheit ist damit in der Regel gegeben, wenn der Fehler von Anfang an die Gesamtsache ergreift und dazu führt, dass die Gesamtsache bereits bei Erwerb nicht oder kaum für den vorgesehenen Zweck verwendbar war. In diesem Fall hat der Geschädigte allenfalls Gewährleistungsansprüche, nicht aber deliktische Ansprüche aus Produzentenhaftung.

nis zum später eingetretenen Schaden am Dieselmotor wesentlich geringer waren. Eine Eigentumsverletzung am Kompressor wurde damit bejaht.

Die Rechtsprechung hat damit den Begriff der Eigentumsverletzung weit ausgedehnt. Bei komplexen und langlebigen Produkten der modernen Industriegesellschaft dürfte daher in vielen Fällen eine Eigentumsverletzung am fehlerhaften Produkt selbst zu bejahen sein.

sonstige absolute Rechte

§ 823 Abs. 1 BGB schützt auch sonstige absolute Rechte. In Produkthaftungsfällen ist hier allenfalls das Recht am eingerichteten und ausgeübten Gewerbebetrieb relevant, und auch das nur in sehr seltenen Fällen. Letztlich kann ein Eingriff in den eingerichteten und ausgeübten Gewerbebetrieb nur bejaht werden, wenn der Betrieb durch ein fehlerhaft hergestelltes Produkt grundlegend gefährdet oder dessen betriebliche Tätigkeit für längere Zeit stillgelegt wird. Dies wurde bspw. im oben geschilderten Hebebühnenfall verneint, da lediglich eine einzelne Maschine betroffen war, die aber nicht den gesamten Betrieb zum Erliegen brachte.[57]

5.2.3 Pflichtwidriges Verhalten

Verletzung von Verkehrssicherungspflichten

Ausgangspunkt für die Bestimmung des pflichtwidrigen Verhaltens bei der Haftung für fehlerhafte Produkte ist das Rechtsprinzip, dass derjenige, der eine Gefahrenquelle schafft oder unterhält die allgemeine Rechtspflicht hat, alle erforderlichen und zumutbaren Maßnahmen zu treffen, um Schädigungen anderer durch diese Gefahrenquelle möglichst zu verhindern (Verkehrssicherungspflicht).[58] Aus diesem Rechtsprinzip folgt für die Produzentenhaftung, dass der Produktverantwortliche, in der Regel der Hersteller,[59] die Verkehrssicherungspflicht hat, alle erforderlichen und zumutbaren Maßnahmen zu ergreifen, um Schädigungen anderer durch sein Produkt zu verhindern. Verletzt ein Hersteller diese Pflicht, handelt er zugleich rechtswidrig und objektiv sorgfaltswidrig und erfüllt damit die entsprechenden Voraussetzungen des § 823 Abs. 1 BGB.

---

57 Ausnahmsweise bejaht in BGH, Beschluss vom 24.04.1990 – VI ZR 358/89, NJW 1992, 41 (Baustromverteiler).

58 BGH, Urteil vom 15.07.2003 – VI ZR 155/02, NJW-RR 2003, 1459.

59 Zu den sonstigen Verantwortlichen siehe unten Kapitel 5.2.7.

Allgemeiner Sorgfaltsmaßstab

erforderlich und zumutbar

Der Hersteller eines Produkts hat also diejenigen Maßnahmen zu ergreifen, die erforderlich und zumutbar sind um Schädigungen von Dritten abzuwenden. Die konkreten Maßnahmen ergeben sich dabei aus dem Sorgfaltsmaßstab des § 276 Abs. 1 und 2 BGB, also aus der im Verkehr erforderlichen Sorgfalt. Die Bestimmung des Umfangs der sich daraus ergebenden Verkehrssicherungspflichten stellt eines der zentralen Probleme der Produzentenhaftung dar.

Evolution des maßgeblichen Sicherheitsstandards

Die Schwierigkeiten bei der Bestimmung des Umfangs der Verkehrssicherungspflichten rühren daher, dass es sich bei den Begriffen „erforderlich" und „zumutbar" um unbestimmte, auslegungsbedürftige Rechtsbegriffe handelt, der für die Anwendung auf den Einzelfall konkretisiert werden müssen. Mangels spezialgesetzlicher Normierung der Produkthaftung über lange Zeit hat deshalb zunächst die Rechtsprechung die Bestimmung des Umfangs der Verkehrssicherungspflichten anhand der allgemeinen Schadensersatznormen, insbesondere § 823 Abs. 1 BGB, übernommen. Zunehmend haben sich dann auch die Gesetzgebung[60] – etwa durch das GPSG – und die Ingenieurwissenschaften des Themas angenommen. Dennoch ist der konkrete Umfang der Verkehrssicherungspflichten und damit der maßgebliche Sicherheitsstandard schwer greifbar geblieben. Da die für die Produkthaftung grundlegenden Gerichtsentscheidungen vielfach in der Zeit vor der zunehmenden gesetzlichen Fixierung des maßgeblichen Sicherheitsstandards ergangen sind, sind die in den Gerichtsentscheidungen verwendeten Kriterien und Begriffe kritisch unter Berücksichtigung nachfolgender gesetzgeberischer und technischer Entwicklungen zu sehen. Der sich hiernach ergebende Umfang der Verkehrssicherungspflichten soll nachfolgend in seinen Kernaspekten ohne Anspruch auf Vollständigkeit vorgestellt werden.

keine absolute Sicherheit

Einigkeit besteht darüber, dass ein Hersteller ein Produkt nicht nur dann vermarkten darf, wenn es absolut sicher ist, d.h. jede Gefahr für andere Rechtsgüter ausschließt. Letztlich würde das Erfordernis absoluter Sicherheit bedeuten, dass die meisten Produkte aus dem Verkehr gezogen werden müssten und technischer Fortschritt kaum mehr stattfinden würde. Die dem Hersteller obliegenden Verkehrssicherungspflichten stellen daher darauf ab, Produkte so sicher wie erforderlich und zumutbar zu machen. Die maßgeblichen Bewertungskriterien ergeben sich aus den nachfolgenden Überlegungen.

Abhängigkeit von der Gefährlichkeit des Produkts

Die vom Hersteller einzuhaltenden Pflichten orientieren sich an der Gefährlichkeit des Produkts. Je höher das von dem Produkt ausgehende Gefahrenpotential ist, umso umfassendere Pflichten treffen den Hersteller bei dessen Vermarktung. Wer danach eine Teetasse, die wenige Produktgefahren birgt, herstellt und vertreibt, hat weniger Pflichten, als derjenige, der ein neuartiges

[60] Siehe dazu unten Kapitel 6.3.

Fahrerassistenzsystem für PKW in den Markt bringt. Aus dieser Überlegung folgt, dass jeder Hersteller, bevor er ein Produkt in Verkehr bringt, eine Analyse der Risiken erstellen muss, die von seinem Produkt ausgehen. Unterlässt er dies, dann kann er schon deshalb haften müssen.

Anforderungen im Überblick

Die dem Hersteller im Rahmen der Verkehrssicherungspflicht abverlangten erforderlichen Maßnahmen orientieren sich an den zwingend einzuhaltenden gesetzlichen Regelungen, den nicht zwingenden gesetzlichen Regelungen, Normen und Standards, dem Stand von Wissenschaft und Technik und den Sicherheitserwartungen, die die Allgemeinheit berechtigterweise erwarten kann. Diese Anforderungen werden nachfolgend im Einzelnen erläutert.

Öffentliches Sicherheitsrecht/Normkonformität

Der Gesetzgeber, Normungsinstitutionen, Ingenieursvereinigungen und Industrieverbände haben Rechtsvorschriften, Normen und Standards zur Produktsicherheit entwickelt. Manche dieser Regelungen stellen verbindliche Mindeststandards dar, andere sind zusammengefasstes Erfahrungswissen. Der Hersteller eines Produkts muss selbstverständlich die gesetzlich zwingenden Mindestsicherheitsstandards einhalten. Er muss sich auch an dem vorhandenen Erfahrungswissen orientieren, darf aber von diesem abweichen, wenn das von ihm hergestellte Produkt vergleichbare Sicherheitsstandards einhält. Die Beachtung des normierten Erfahrenswissens schließt aber eine Verkehrssicherungspflichtverletzung nicht aus, weil das Erfahrungswissen technisch überholt sein kann.

Allgemeine Regeln der Technik, Stand der Technik, Stand von Wissenschaft und Technik

Oft findet sich der Hinweis, die Sicherheit eines Produkts müsse dem Stand der Technik entsprechen. Diese Aussage ist missverständlich. Um Klarheit herzustellen ist zunächst der Begriff „Stand der Technik“ zu erläutern. Zu unterscheiden sind die Begriffe „allgemein anerkannte Regeln der Technik“, „Stand der Technik“, und „Stand von Wissenschaft und Technik“. „Allgemeine Regeln der Technik“ sollen vorliegen, wenn die Mehrheit der Fachleute diese anerkennt, sie wissenschaftlich begründet und praktisch erprobt sind und sich ausreichend bewährt haben.[61] Der „Stand der Technik“ unterscheidet sich davon lediglich dadurch, dass die „allgemeinen Regeln der Technik“ regelmäßig in einem Regelwerk ihren Niederschlag gefunden haben, während der „Stand der Technik“ noch nicht normiert sein muss. Es muss sich insoweit lediglich um für Fachleute verfügbares Fachwissen handeln. Unter dem „Stand von Wissenschaft und Technik“ soll das neueste Wissen und die neueste Technik verstanden werden, die wissenschaftlich begründet und technisch als durchführbar erwiesen ist. Sie kann bisher jedoch ohne praktische Bewährung geblieben sein, muss aber öffentlich zugänglich und ohne räumliche Begrenzung verfügbar sein.[62] Die Aussage, die Sicherheit eines Produkts müsse dem

---

61 Dazu gehören DIN, EN oder ISO Normen sowie viele branchenspezifische Normen.

62 Beschluss des Bundesverfassungsgerichts vom 8. August 1978 – BvL 8/77, BVerfGE 49, 89.

Stand der Technik entsprechen, besagt demgemäß nur, dass ein Produkt die im vorangegangenen Absatz genannten Anforderungen erfüllen muss. Mit dieser Aussage wird der absolute Minimalstandard für die Sicherheit eines Produkts angesprochen. Bei der Bestimmung des Umfangs der Verkehrssicherungspflichten sind in der Regel zusätzlich noch der Stand von Wissenschaft und Technik und die berechtigten Sicherheitserwartungen der Allgemeinheit zu berücksichtigen.

Stand von Wissenschaft und Technik

Aus Art. 3 Abs. 3 der Europäischen Richtlinie über die allgemeine Produktsicherheit ergibt sich, dass bei der Beurteilung, ob ein Produkt sicher ist, der Stand von Wissenschaft und Technik zu berücksichtigen ist. Diese Wertung ist auch im Rahmen von § 823 Abs. 1 BGB maßgeblich.

Fraglich ist dabei zunächst, ob der Hersteller den Stand von Wissenschaft und Technik in jedem Fall zu ermitteln hat, oder ob er dies nur dann tun muss, wenn sein Produkt ein gewisses Gefahrenpotential birgt. Schon in den offenen Wortlaut der Richtlinie über die allgemeine Produktsicherheit kann man hineininterpretieren, dass jeder Hersteller den Stand von Wissenschaft und Technik, insbesondere für Konstruktion und Fertigung, nur dann ermitteln muss, wenn ihm dies zumutbar ist. In jedem Fall steht der Umfang der Verkehrssicherungspflichten im Rahmen des § 823 Abs. 1 BGB unter dem Vorbehalt der Zumutbarkeit, da der Hersteller immer nur das Erforderliche und Zumutbare zur Gefahrenabwehr unternehmen muss. Wenn sich der Stand von Wissenschaft und Technik daher nur schwer ermitteln lässt und das Produkt kaum Risiken birgt, wird die Ermittlung des Standes von Wissenschaft und Technik nicht zumutbar sein.

Hat der Hersteller den Stand von Wissenschaft und Technik ermittelt und ergibt sich, dass der Stand von Wissenschaft und Technik für die Sicherheit seines konkreten, innovativen Produkts keine weiterführenden Erkenntnisse bereithält, folgen aus dem Erfordernis der Berücksichtigung des Standes von Wissenschaft und Technik keine weiteren Handlungspflichten.

Ergibt aber eine Gefahrenanalyse, dass von einem Produkt erhebliche Risikopotentiale ausgehen und hält der Stand von Wissenschaft und Technik sinnvolle Lösungen bereit, die die Sicherheit des Produkts deutlich erhöhen, dann muss das Produkt des Herstellers dem Stand von Wissenschaft und Technik entsprechen.

Sicherheit, die die Allgemeinheit berechtigterweise erwarten kann

Als sehr hilfreich erwiesen hat es sich, bei der Festlegung des Umfangs der Verkehrssicherungspflichten zusätzlich auf die Sicherheit abzustellen, die die Allgemeinheit berechtigterweise erwarten kann. Die Formulierung stellt auf einen objektivierten Maßstab einer Gesellschaft ab, die technischen Fortschritt und die Verbesserung ihrer Lebensbedingungen haben möchte und dafür begrenzte Risiken in Kauf nimmt. Bei der Bestimmung der Sicherheit, die die

Allgemeinheit berechtigterweise erwarten kann, können folgende Erwägungen eine Rolle spielen:

Regelmäßig erwartet die Allgemeinheit nicht, dass ein Produkt immer der neuesten Sicherheitstechnologie entspricht. Es muss aber eine Basissicherheit haben.

Die Sicherheit des Produkts muss sich an den Verwendern orientieren. Maßgeblich ist der durchschnittliche Verwender der angesprochenen Verkehrskreise. Zu berücksichtigen ist aber auch, dass das Produkt manche Verwender, bspw. ältere Manschen oder Behinderte, bei der Benutzung einer größeren Gefahr aussetzen kann.

An teure Produkte werden in manchen Produktkategorien regelmäßig höhere Sicherheitsanforderungen zu stellen sein, als an preiswerte Produkte. Bei einem PKW der Luxusklasse wird ein Hersteller umfassendere Sicherheitsstandards einzuhalten haben, als bei einem preisgünstigen Kleinwagen, der aber auch eine Basissicherheit haben muss.

Der Hersteller muss sich bei der Bestimmung seiner Verkehrssicherungspflichten an der Sicherheit von Wettbewerbsprodukten orientieren. Sein Produkt darf bei vergleichbarem Preis nicht wesentlich unsicherer als Wettbewerbsprodukte sein. Andererseits entlastet ihn der Hinweis darauf, dass auch die Wettbewerbsprodukte denselben Standards entsprechen, in der Regel nicht.

Gefahren, die typischerweise mit der Benutzung eines Produkts verbunden sind und von den Benutzern erkannt und grundsätzlich in Kauf genommen werden, müssen nicht abgewendet werden. Der Hersteller eines scharfen Küchenmessers wird – abgesehen von einer Sicherung während des Transports bis zu seinem Bestimmungsort in der Küche – daher keine Maßnahmen ergreifen müssen, die verhindern, dass sich der Benutzer an der scharfen Schneide verletzt.

Die Allgemeinheit wird einzelne Schadensfälle mit einem Produkt abhängig von seinem Nutzen möglicherweise tolerieren können. Führt ein Produkt aber zu mehreren ernsten Rechtsgutsverletzungen, wird es nicht die erforderliche Sicherheit haben. Maßgeblich sind die Umstände des Einzelfalles.

Schließlich ist auch ein naheliegender erwartungsgemäßer Fehlgebrauch des Produkts bei der Festlegung der maßgeblichen Sicherheitsstandards zu berücksichtigen.

Der Sicherheitsstandard, der von der Allgemeinheit gefordert wird, wird begrenzt durch das Korrektiv der Zumutbarkeit. Abhängig von den ausgehenden Gefahren wird immer zu fragen sein, ob die Maßnahmen einem Hersteller auch zumutbar sind. Geht es um ernste Gefahren, hat also ein Produktfehler zu schweren Verletzungen oder gar Todesfällen geführt, wird sich der Hersteller aber kaum damit entlasten können, dass eine Maßnahme nicht zumutbar war.

Zusammenfassung allgemeiner Sorgfaltsmaßstab

Zusammengefasst ergibt sich daraus, dass der Hersteller

- die zwingenden gesetzlichen Regeln einhalten muss,
- von den nicht zwingenden Rechtsvorschriften, Normen und Standards nur in begründeten Fällen abweichen kann,
- sich im Regelfall am Stand von Wissenschaft und Technik orientieren muss,
- und im Übrigen sein Produkt so herstellen und vermarkten muss, dass es die berechtigten Sicherheitserwartungen der Allgemeinheit erfüllt.

Von den aufgeführten Erwägungen sind im konkreten Einzelfall meist nur wenige relevant:

Pferdebox[63]

Ein Hersteller von Pferdeboxen vertrieb Boxen, deren oberer Abschluss der seitlichen Trennwände aus Eisen mit nach oben offenen U-Profilen bestand. Ein in einer solchen Box untergebrachtes Pferd blieb beim Aufbäumen mit dem Vorderhuf an dem oberen Rand des U-Eisens hängen und verletzte sich an der Sehne der Vorderhand. Beim Verkauf des Pferdes hatte der Eigentümer deshalb erhebliche Einbußen erlitten. Er verlangte daraufhin Schadensersatz vom Hersteller der Pferdebox. Ein hinzugezogener Sachverständiger wies darauf hin, dass Hersteller von Pferdeboxen mit langer Erfahrung ihre Konstruktionen dahin geändert hätten, dass sie nunmehr eindeutig oben geschlossene U Profile verwendeten.
Der BGH stellte fest, dass von der Konstruktion der Trennwände eine Gefahr für Rechtsgüter Dritter ausgehe. Demgemäß habe der Hersteller diejenigen Maßnahmen zu treffen, die nach der Verkehrserwartung notwendig seien. Dabei seien die Sicherheitsstandards von Wettbewerbsprodukten und der Preis der Produkte zu berücksichtigen. Weil im vorliegenden Fall ein Änderung der Konstruktion für den Hersteller wirtschaftlich zumutbar und weil die Konstruktionsänderungen der führenden Wettbewerber nicht berücksichtigt wurden, hafte der Hersteller für die entstandenen Schäden. Der Hinweis des Herstellers, dass fast 40 % aller Wettbewerber ebenfalls offene U-Profile verwendeten, entschuldigte den Hersteller nicht.

Konstruktion, Fabrikation, Instruktion, Produktbeobachtung

Verkehrssicherungspflichten des Herstellers bestehen in allen Phasen der Produktherstellung, von der Konstruktion über die Fabrikation, die Instruktion der Verwender bis zur Produktbeobachtung nach der Auslieferung. Diese einzel-

[63] BGH, Urteil vom 17.10.1989 – VI ZR 258/88, NJW 1990, 906 (Pferdebox).

nen Phasen lassen sich voneinander abgrenzen, so dass die jeweils bestehenden Verkehrssicherungspflichten in den einzelnen Phasen typisiert und weiter konkretisiert werden können. Der Inhalt der Verkehrssicherungspflichten in den einzelnen Phasen der Produkterstellung wird nachfolgend im Einzelnen erläutert.

Pflichten im Konstruktionsbereich (Konstruktionsfehler)

Konstruktionsfehler

Am Beginn des Produktionsprozesses steht in der Regel die Planung und Entwicklung des Produkts. Fehler in diesem Stadium wirken sich bei Massengütern auf die ganze Produktserie aus.

Sorgfaltsmaßstab im Konstruktionsbereich

Auch im Konstruktionsbereich gilt, dass der Hersteller diejenigen Maßnahmen zu ergreifen hat, die erforderlich und zumutbar sind um Schädigungen von Dritten abzuwenden. Wie sich aus dem allgemeinen Sorgfaltsmaßstab ergibt, muss er sich dazu im Konstruktionsbereich an die zwingenden gesetzlichen Bestimmungen halten, sich an den einschlägigen nicht zwingenden Rechtsvorschriften, technischen Normen und Standards orientieren, in der Regel den Stand von Wissenschaft und Technik berücksichtigen und sicherstellen, dass die gewählte Konstruktion die Sicherheit hat, die die Allgemeinheit berechtigterweise erwarten kann. Die konkret einzuhaltenden Verkehrssicherungspflichten orientieren sich an den Gefahren, die von dem Produkt ausgehen. Maßgeblicher Zeitpunkt ist hierbei der Zeitpunkt des Inverkehrbringens des Produkts.

Schnellspannvorrichtung[64]

Ein Radfahrer war durch einen Unfall mit einem Mountain-Bike schwer verletzt worden und verlangte Schadensersatz. Zum Unfall kam es, weil sich das Vorderrad während der Fahrt aus der Gabel löste. Die Besonderheit des Rades bestand darin, dass es mit einer Schnellspannvorrichtung ausgerüstet war, die ohne Werkzeug durch einfaches Umlegen des Spannhebels einen schnellen Aus- und Wiedereinbau des Vorderrades ermöglichte.

Das Gericht prüfte zunächst, ob der Hersteller seine Pflichten im Konstruktionsbereich verletzt habe. Das Fahrrad habe die nach der Straßenverkehrszulassungsverordnung vorgesehene Ausrüstung besessen und die Spannvorrichtung sei nach der einschlägigen DIN 79100 zulässig gewesen. Zwar müsse der Hersteller über die DIN hinausgehende technische Sicherheitsstandards einhalten, wenn die Entwicklung über die DIN hinausgegangen ist und sich bei der Benutzung eines Produkts Gefahren ergeben haben, die beim Erlass der DIN noch nicht berücksichtigt worden seien. Im vorliegenden Fall sei aber nicht dargelegt worden, dass es über

64 OLG Düsseldorf, Urteil vom 29.11.1996 – 22 U 72/96, NJW 1997, 2333.

die DIN hinausgehende Sicherheitsstandards gegeben hätte. Das Gericht stellte also fest, dass die Konstruktion den maßgeblichen Normen entsprach. Aus dem Umstand, dass Wettbewerber Spannvorrichtungen mit Ausfallsicherung hätten, könne nicht ohne Weiteres auf einen Konstruktionsfehler geschlossen werden. Zu berücksichtigen sei auch, dass bisher vergleichbare Unfälle nicht bekannt geworden seien. Mit den beiden zuletzt genannten Gründen bringt das Gericht zum Ausdruck, dass das Produkt auch die Sicherheit hat, die die Allgemeinheit berechtigerweise erwarten kann und stellt demgemäß fest, dass der Unfall nicht auf einen Konstruktionsfehler des Vorderrades zurückzuführen sei.[65]

Besonderheiten

Folgende Besonderheiten im Konstruktionsbereich sind ausdrücklich zu erwähnen:

keine Entlastung durch Warnhinweise

Konstruktionsfehler können durch Warnhinweise nicht ausgeglichen werden.

Vereinbarte Sicherheitsrisiken

Der Hersteller einer Presse vereinbart mit dem Käufer, dass dieser sein Personal im sicheren Umgang mit der Presse umfassend schult und bringt anstelle der vorgeschriebenen Schutzvorrichtung ein großes Warnschild an, um vor den Verletzungsgefahren im laufenden Betrieb zu warnen. Hier haftet der Hersteller, weil ein konstruktiver Sicherheitsmangel, der zumutbar behoben werden kann, nicht durch einen Warnhinweis ausgeglichen werden kann.

Zulieferteile

Die Konstruktionspflichten erstrecken sich in gewissem Umfang auch auf Zulieferteile, die der Hersteller des Endprodukts von Zulieferunternehmen bezieht. Grundsätzlich ist der Hersteller des Endprodukts nicht für die Konstruktion des Zulieferteils verantwortlich. Ihn treffen aber Verkehrssicherungspflichten im Hinblick darauf, ob das Zulieferteil den Anforderungen genügt, die für die Sicherheit des Endprodukts erforderlich sind. Gleichfalls muss er sicherstellen, dass das Zulieferteil nach Einbau bzw. im Zusammenwirken mit dem Endprodukt keine vermeidbaren Gefahren birgt.

Schwimmschalter[66]

Hier fing eine Reinigungs- und Entfettungsanlagen des Herstellers H Feuer, weil ein Schwimmschalter des englischen Zulieferers Z Heizdrähte nicht rechtzeitig abgeschaltet hatte und sich diese überhitzten. Durch den

[65] Im Ergebnis wurde in dem Fall aber eine Haftung des Herstellers wegen fehlender Warnhinweise angenommen.

[66] BGH, Urteil vom 24.11.1976 – VIII ZR 135/75, NJW 1977, 379 (Schwimmschalter).

Brand entstand ein erheblicher Sachschaden, u.a. an der Anlage selbst[67]. Das Gericht führte hinsichtlich der Verkehrssicherungspflichten des H im Konstruktionsbereich aus, dass ein Konstruktionsfehler des H auch bzw. gerade dann vorliege, wenn der von einer englischen Zulieferfirma bezogene Schwimmschalter, der für den Brand ursächlich war, zwar an sich fehlerfrei war, aber in seiner Leistung für die Anlage zu schwach oder sonst ungeeignet war.

Lässt der Hersteller des Endproduktes die Zulieferteile nach von ihm ausgegebenen konkreten Zielvorgaben entwickeln und herstellen, treffen ihn intensivere Kontrollpflichten hinsichtlich des Sicherheitsniveaus des Zulieferteils und der erforderlichen Sachkunde des Zulieferers.[68] Dann muss ggf. der Hersteller des Endproduktes das Zulieferteil eigenständig im Hinblick auf seine sicherheitsgerechte Konstruktion überprüfen. Dieser Bereich überschneidet sich mit der Thematik der Qualitätssicherungsvereinbarungen, die vorrangig im Bereich der Fabrikationsfehler diskutiert und deshalb dort intensiver aufgegriffen wird.

Prüfpflicht

Die Konstruktionspflichten erfordern auch, neu entwickelte Produkte einer ihrer bestimmungsgemäßen Verwendung entsprechenden Prüfung zu unterziehen. Die an das Prüfverfahren zu stellenden Anforderungen hängen in ihrem Umfang von den vom Produkt ausgehenden Gefahren ab. Das Prüfverfahren muss dabei die späteren Einsatzmöglichkeiten so realistisch wie möglich nachbilden, so dass die Eigenarten des Produkts bei bestimmungsgemäßem und/oder erwartetem Gebrauch sowie etwaige „Nebenwirkungen" erkannt werden können. Eine Prüfpflicht besteht nicht nur für das eigene Produkt, sondern kann sich auch auf Auswirkungen von Zubehör auf das eigene Produkt erstrecken.

Lenkerverkleidung (Honda)[69]

Das Motorrad des Herstellers H war vom Voreigentümer des Motorrades mit einer Lenkerverkleidung des Herstellers Z versehen worden. Die Verkleidung führte dazu, dass das Motorrad bei höheren Geschwindigkeiten instabil wurde und dadurch ins Schleudern geraten konnte. Hersteller H hat keine Empfehlung für die Lenkerverkleidung als Zubehör ausgesprochen. Die Lenkerverkleidung hatte eine allgemeine Betriebserlaubnis. Der Eigentümer des Motorrads war bei einem Unfall zu Tode gekommen, der auf die durch die Lenkerverkleidung verursachte Instabilität zurückzuführen war.

---

67 Es handelt sich hierbei also wiederum um einen Fall eines sog. Weiterfresserschadens.

68 BGH, Urteil vom 3.6.1975 – VI ZR 192/73, NJW 1975, 1827, 1828 (Spannkupplung).

69 BGH, Urteil vom 9.12.1986 – VI ZR 65/86, NJW 1987, 1009 (Lenkerverkleidung).

Das Gericht hat im vorliegenden Fall festgestellt, dass eine Prüfpflicht des Herstellers H im Hinblick auf Auswirkungen von Zubehörteilen nicht nur für von ihm selbst empfohlenes Zubehör besteht. Vielmehr hat der Hersteller von maschinell betriebenen Geräten eine Prüfpflicht hinsichtlich allen Zubehörs, das erforderlich ist, um das Gerät funktionstüchtig zu machen, dessen Verwendung er durch das Anbringen von Halterungen etc. ermöglicht oder dessen Verwendung so allgemein gebräuchlich ist, dass bei einer etwaigen Unverträglichkeit ein risikoloser Einsatz des eigenen Produkts nicht mehr möglich ist. Dies gilt insbesondere, wenn, wie bei Motorrädern, die Gefährdung von Leben und Gesundheit im Vordergrund steht, Zubehörteile in größerem Umfang auf den Markt kommen und konkreter Anlass zu der Annahme besteht, dass diese Art von Zubehör Einfluss auf die Fahrsicherheit des Produkts haben kann.

behördliche Zulassung, TÜV-Abnahme, Prüf- und Gütesiegel

Die Prüfpflicht wird dem Hersteller auch nicht dadurch erlassen, dass er eine behördliche Zulassung für sein Produkt, eine TÜV-Abnahme oder ein sonstiges Prüf- oder Gütesiegel vorweisen kann. Das Gericht hat im obigen Fall ausgeführt, dass eine behördliche Zulassung lediglich besage, dass die Kontrollstelle nichts Vorschriftswidriges gefunden habe. Sie begründe aber keine Vermutung für die ordnungsgemäße Beschaffenheit des Produkts.

Entwicklungsfehler

Konstruktionsfehler, die im Zeitpunkt des Inverkehrbringens nicht erkennbar waren oder nicht vermeidbar waren, sog. Entwicklungsfehler, führen nicht zu einer Haftung. Produzentenhaftung bedeutet nicht objektive Haftung für Produktfehler, sondern Haftung für pflichtwidriges Verhalten. Hat der Hersteller zum Zeitpunkt des Inverkehrbringens des Produktes die herstellerspezifischen Verkehrsicherungspflichten eingehalten und haben erst später neue Erkenntnisse und Handlungsmöglichkeiten die Gefährlichkeit des Produkts ergeben, ist dem Hersteller jedenfalls im Konstruktionsbereich sorgfaltswidriges Verhalten nicht vorzuwerfen. [70]

Pflichten im Fabrikationsbereich (Fabrikationsfehler)

Fabrikationsfehler

Ein ordnungsgemäß entwickeltes Produkt muss anschließend tatsächlich auch ohne haftungsrechtlich relevante Fehler hergestellt und in den Verkehr gebracht werden. Fehler im Fabrikationsbereich können sich ebenfalls auf die gesamte Produktion beziehen, bspw. wenn eine Produktionsmaschine falsch eingestellt ist. Meist treten Fabrikationsfehler aber nur bei einzelnen Stücken einer Produktion auf: Das Produkt ist zwar ordnungsgemäß konstruiert; im Rahmen der Fertigung schleichen sich aber im Einzelfall negative Abweichungen vom geplanten Sicherheitsniveau ein. Typische Pflichtverletzungen im

[70] OLG Düsseldorf, Urteil vom 7.6.1990 – 13 U 177/89, NJW-RR 1992, 284.

Fabrikationsbereich sind die Auswahl eines unzuverlässigen Zulieferers, die fehlende Eingangskontrolle oder fehlende Qualitätssicherungsvereinbarungen, die fehlerhafte Einstellung von Maschinen, fehlende oder fehlerhafte Qualitätskontrollen, die Verletzung von Arbeitsanweisungen und menschliches Fehlverhalten.

Sorgfaltsmaßstab in der Fabrikation

Auch im Fabrikationsbereich gilt, dass der Hersteller diejenigen Maßnahmen zu ergreifen hat, die erforderlich und zumutbar sind um Schädigungen von Dritten abzuwenden. Wie sich aus den allgemeinen Sorgfaltsmaßstab ergibt, muss er sich dazu auch im Fabrikationsbereich an die zwingenden gesetzlichen Bestimmungen halten, sich an den einschlägigen nicht zwingenden Rechtsvorschriften, technischen Normen und Standards orientieren, in der Regel den Stand von Wissenschaft und Technik berücksichtigen und sicherstellen, dass die gewählten Fertigungsverfahren die Sicherheit bieten, die die Allgemeinheit berechtigterweise erwarten kann. Die konkret einzuhaltenden Verkehrssicherungspflichten orientieren sich an den Gefahren, die von dem Produkt ausgehen.

Besonderheiten

Folgende Besonderheiten im Fabrikationsbereich sind ausdrücklich zu erwähnen:

Wareneingangskontrolle

Es obliegt der Entscheidungsfreiheit des Herstellers, wie er im Fabrikationsbereich den geforderten Sicherheitsstandard seiner Produkte erreicht. Eine Wareneingangskontrolle in gewissem Umfang, insbesondere auf offensichtliche Abweichungen der Lieferung von der Bestellung (Identität, Menge) oder solche Punkte, die der Zulieferer im Rahmen seiner Ausgangskontrolle nicht erfassen kann (z.B. Transportschäden), dürfte in jedem Fall erforderlich sein. Art und Intensität der Kontrolle von Zulieferprodukten, die der Hersteller verwendet, hängt von den jeweiligen Gegebenheiten ab. Entscheidend hierbei sind insbesondere wiederum die Schwere der drohenden Schäden und die Zumutbarkeit von Kontrollmaßnahmen. Dies wird an nachfolgendem Fall verdeutlicht.

Septummeißel[71]

Patient P unterzog sich im Krankenhaus K einer Nasenscheidewand-Operation. Im Rahmen dieser Operation wurde ein Septummeißel verwendet, den Hersteller H dem Krankenhaus geliefert hatte. Hersteller H wiederum bezog Rohlinge zur Fertigung der Septummeißel von Zulieferer Z. Während der Operation brach die Spitze des Meißels ab. Sie musste anschließend operativ durch Öffnung des Brustkorbs aus der Lunge des Patienten entfernt werden.
Das Gericht hat hierzu festgestellt, dass Hersteller von medizinischen Operationsinstrumenten verpflichtet sind, mit größter Sorgfalt sicherzu-

---

71 OLG Köln, Urteil vom 15.3.1989 – 13 U 70/87, NJW-RR 1990, 414 (Septummeißel).

stellen, dass die in den Verkehr gebrachten Instrumente fehlerfrei sind. Dies umfasse eine so eingehende Prüfung der zur Weiterverarbeitung von Zulieferer Z gelieferten Werkstücke, dass ein Materialfehler nicht verborgen bleiben kann. Dies kann auch eine sehr kostenintensive Kontrolle durch Röntgenstrahlen oder Ultraschall erfordern. Angesichts der von fehlerhaften Operationsinstrumenten ausgehenden Gefahren dürfen Kontrollen zur Vermeidung von Fabrikationsfehlern nicht unterbleiben, um die Produktionskosten möglichst gering zu halten. Auf eine ausreichende Ausgangskontrolle von Zulieferer Z hätte sich H allenfalls verlassen dürfen, wenn Z dies durch besondere Vereinbarung übernommen hätte und H sich davon vergewissert hätte, dass die Ausgangskontrolle bei Z ordnungsgemäß durchgeführt wird. Eine solche Vereinbarung (zu Qualitätssicherungsvereinbarungen siehe sogleich) gab es jedoch zwischen H und Z nicht.

Warenausgangskontrolle/ Qualitätskontrolle

Ob der Hersteller seine Schwerpunkte der Qualitätskontrolle mehr auf den eigentlichen Fertigungsprozess oder die Produktendkontrolle legt, bleibt grundsätzlich ihm überlassen. Unabhängig vom Sicherheitsgrad der Fehlervermeidung im eigentlichen Fertigungsprozess dürfte aber eine Produktend- bzw. Warenausgangskontrolle/Qualitätskontrolle in gewissem Umfang regelmäßig unerlässlich sein. Art und Umfang dieser Kontrollen richten sich wiederum nach den technischen Möglichkeiten, der Schwere der drohenden Schäden und der Zumutbarkeit. Demnach kann im Einzelfall eine Sichtprüfung des Endproduktes genügen, während in anderen Fällen aufwändige Untersuchungen nicht nur des Endproduktes, sondern den Fabrikationsprozess fortlaufend begleitende Kontrollen der einzelnen Produktionsstufen erforderlich sein können. Dies ist insbesondere anzunehmen für sicherheitsrelevante Teile von Produkten, die Gefahren für Leib und Leben mit sich bringen, wie bspw. Bremsen oder Achsschenkel von Kraftfahrzeugen.

Schubstrebe[72]

Kunde K erwarb einen von Hersteller H hergestellten PKW. Auf einer Fahrt geriet der Wagen plötzlich ins Schleudern und überschlug sich. Kunde K wurde schwer verletzt.
Der Unfall ereignete sich, weil der Wagen auf gerader Strecke ohne besondere Beanspruchung infolge eines Bruchs der hinteren Schubstrebe plötzlich wegsackte. Die Schubstrebe war Hersteller H von Zulieferer Z geliefert worden. Dort wurde sie bei zu niedriger Temperatur geschmiedet. Dieser Mangel hätte durch eine sog. magnetische Flutung des geschmiedeten Stücks erkannt werden können.
Das Gericht hat in diesem Fall festgestellt, dass Kraftfahrzeughersteller

[72] BGH, Urteil vom 17.10.1967 – VI ZR 70/66, NJW 1968, 247 (Schubstrebe).

bei geschmiedeten Einbauteilen, deren Fehlerhaftigkeit erhebliche Gefahren bergen können, eine Prüfung durch eine magnetische Flutung vornehmen müssen, um auch kleinste Mängel dieser Teile zu erkennen. Es genügt nicht, lediglich das fertige Endprodukt zu prüfen. Sicherheitsrelevante Teile müssen auch schon für sich vor ihrem Einbau in das Endprodukt selbständig geprüft werden.

Stichproben

Ob sich die Qualitätskontrolle auf Stichproben beschränken darf oder jedes einzelne Stück umfassen muss, beurteilt sich nach der Schwere der drohenden Schäden und der Repräsentativität der Stichprobe. Voraussetzung für die Zulässigkeit von Stichproben ist aber jedenfalls, dass die geprüften Stücke unter exakt denselben Bedingungen gefertigt wurden, wie die nicht geprüften Stücke. Dies dürfte regelmäßig nur bei vollautomatischer industrieller Fertigung vorliegen.

Limonadenflasche[73]

Eine Herstellerin von kohlensäurehaltiger Limonade füllte diese in neue und bereits gebrauchte Einheits-Mehrwegglasflaschen ab. Ein Kunde erwarb bei einem Getränkehändler einen Kasten dieser Limonade. Als er kurz darauf eine Flasche aus dem Kasten entnehmen wollte, zerbarst diese. Der Kunde erlitt schwerste Augenverletzungen.
Ein Sachverständigengutachten ergab, dass das Zerbersten der Flasche entweder auf einem zu hohen Innendruck infolge zu geringer Befüllung der Flasche beruhte oder ein bereits vorhandener Riss im Glas, der durch eine geringe Erhöhung des Innendrucks infolge der Bewegung des Füllguts bei der Entnahme der Flasche aus dem Kasten zum Bersten der Flasche geführt hat.
Das Gericht hat zunächst allgemein festgestellt, dass Getränkehersteller angesichts der Schwere der drohenden Schäden verpflichtet sind, im Rahmen des Zumutbaren und technisch Möglichen solche spezifischen Gefahren mit ihren schweren Verletzungen, wie sie sich in diesem Fall verwirklicht haben, möglichst auszuschalten. Konkret hat das Gericht dann weiter ausgeführt, dass den Getränkehersteller die Prüfpflicht treffe, den Zustand des Glases jeder Flasche vor ihrem Inverkehrbringen auf seine Berstsicherheit hin zu ermitteln und sich darüber zu vergewissern, dass nur unbeschädigte Flaschen den Herstellerbetrieb verlassen.

Befundsicherungspflicht

Im oben angesprochenen Limonadenfall ließ sich nicht mehr aufklären, ob die Flaschen bereits beim Inverkehrbringen durch den Hersteller beschädigt waren oder ob die Beschädigungen erst danach, bspw. auf dem Transportweg oder beim Zwischenhändler verursacht wurden. Nach der unter Kapitel 5.2.6 näher

---

73 BGH, Urteil vom 7.6.1988 – VI ZR 91/87, NJW 1988, 2611 (Limonadenflasche).

erläuterten Beweislastverteilung geht dies grundsätzlich zu Lasten des Geschädigten. Dieser muss darlegen und beweisen, dass das Produkt beim Inverkehrbringen fehlerhaft war und deshalb zu einer Rechtsgutsverletzung geführt hat.

Allerdings trifft den Hersteller über die Warenendkontrolle hinaus in bestimmten Fällen eine Befundsicherungs- bzw. Statussicherungspflicht, deren Verletzung hinsichtlich der Fehlerhaftigkeit des Produkts bei Inverkehrgabe zu einer Beweislastumkehr zugunsten des Geschädigten führen kann. Dies hat der BGH über die Limonadenfall-Entscheidung hinaus auch in der Mineralwasserflaschen-Entscheidung bestätigt.

Mineralwasserflasche[74]

Hersteller H füllt Mineralwasser in Mehrwegglasflaschen ab. Kunde K wurde erheblich an den Beinen verletzt, als eine Mineralwasserflasche des Herstellers H in seinem Keller explodierte.
Kunde K führte den Unfall darauf zurück, dass die Flasche den Betrieb von H infolge mangelnder Vorsorge fehlerhaft, vermutlich mit feinen Rissen oder vergleichbaren Fehlern, verlassen habe.
Hersteller H trug demgegenüber vor, er habe durch eine Reihe von Maßnahmen einen einwandfreien Zustand der von ihm neu zu befüllenden Flaschen erreicht. Nach einer umfangreichen Reinigung würden die Flaschen mit Hilfe einer aufwändigen elektronischen Inspektionsmaschine und einer Durchleuchtungsstation auf Beschädigung und andere Mängel untersucht, wobei fehlerhafte Flaschen ausgeschleust würden; die Funktionsfähigkeit der Inspektionsmaschine werde täglich mehrfach mit präparierten Flaschen geprüft und darüber Protokoll geführt. Zusätzlich finde eine visuelle Kontrolle durch Fachpersonal statt, das nach höchstens einer halben Stunde abgelöst werde. Im Anschluss an diese Kontrollvorgänge würden die Flaschen mit einem Vorspanndruck bis zu 6 bar geprüft.
Kunde K bestritt, dass diese Maßnahmen ausreichend seien und wollte dies von einem Sachverständigen überprüft haben.
Das Gericht hat hierzu ausgeführt, dass den Hersteller über die Warenendkontrolle hinaus eine besondere Befundsicherungspflicht treffe, wenn er ein Produkt herstellt, „das erhebliche Risiken für den Verbraucher in sich trägt, die in der Herstellung geradezu angelegt sind und deren Beherrschung deshalb einen Schwerpunkt des Produktionsvorganges darstellt, so dass über die Warenendkontrolle hinaus besondere Befunderhebungen des Herstellers erforderlich sind, weil dieser den Verbraucher nicht sehenden Auges solchen Gefahren seiner Produktionsentscheidung

[74] BGH, Urteil vom 8.12.1992 – VI ZR 24/92, NJW 1993, 528 (Mineralwasserflasche); noch strenger BGH, Urteil vom 9.5.1995 – VI ZR 158/94, NJW 1995, 2162 (Mineralwasserflasche II).

aussetzen darf". Ein solches Produkt sah das Gericht in Mehrwegflaschen für kohlensäurehaltige Getränke, da der Hersteller in diesem Fall ein besonderes Berstrisiko der unter starkem Innendruck stehenden mehrfach verwendeten Glasbehälter zum Mittelpunkt seiner Herstellung macht.
Die Befundsicherungspflicht erfordert nicht eine Dokumentation im Sinne einer Auflistung der Prüfergebnisse für jedes einzelne Produkt. Befundsicherung bedeutet die Sicherstellung eines Kontrollverfahrens, durch das der Zustand eines jeden Produkts ermittelt und gewährleistet wird, dass, soweit technisch möglich, alle nicht einwandfreien Produkte von der Inverkehrgabe ausgeschlossen werden.
Im Mineralwasserflaschenfall genügte das Vorbringen von Hersteller H nicht. Der Hersteller muss im Rahmen der Befundsicherung das Kontrollverfahren im gerichtlichen Verfahren so konkret darlegen, dass es vom Geschädigten, zumindest sachverständig beraten, nachvollzogen werden kann. Dies gelang dem Hersteller H nicht, so dass ihm vorgeworfen wurde, nicht alles technisch Mögliche und Zumutbare zur Gefahrvermeidung getan zu haben.

Genügt der Hersteller seiner Befundsicherungspflicht nicht, führt dies zu einer Beweislastumkehr zugunsten des Geschädigten dergestalt, dass der Hersteller beweisen muss, dass der Produktfehler nicht in seinem Verantwortungsbereich entstanden ist.

Ausreißer

Beachtet der Hersteller im Fabrikationsbereich seine herstellerspezifischen Verkehrssicherungspflichten, hat er also seine Produktionsverfahren so organisiert, dass die Schädigung der Verwender durch fehlerhafte Produkte soweit als möglich und zumutbar verhindert wird, haftet er nicht für sog. Ausreißer, also Produkte, deren fehlerhafte Herstellung sich trotz aller gebotenen Sorgfalt nicht vermeiden lässt.[75]

Qualitätssicherungsvereinbarungen

Oben wurde bereits auf die Verkehrssicherungspflichten des Endherstellers in Bezug auf Zulieferprodukte eingegangen. Die Sorgfaltspflichten von Endhersteller und Zulieferer sind häufig jedoch geregelt in und Gegenstand von Qualitätssicherungsvereinbarungen. Qualitätssicherungsvereinbarungen sind Regelwerke, in denen i.d.R. insbesondere der einzuhaltende Qualitätsstandard, die hierfür erforderlichen Voraussetzungen des Fertigungsprozesses, die durchzuführenden Qualitätskontrollen und die Schnittstellen definiert werden. In Bezug auf die Produkthaftung geht es konkret darum, den Endhersteller von der Pflicht zur Wareneingangskontrolle zu entlasten und diese auf den Zulieferer als Pflicht zur Warenausgangs-/Qualitätsendkontrolle zu verlagern. Produkthaftungsrechtlich von Bedeutung ist die Frage, ob und inwiefern der End-

75 Der Hersteller wird aber in diesen Fällen meist nach § 1 ProdHaftG haften müssen. Siehe dazu unten Kapitel 6.2.

hersteller durch Qualitätssicherungsvereinbarungen einer Haftung entgehen und diese auf den Zulieferer abwälzen kann.

Diese Frage wurde in der einschlägigen Rechtsprechung bislang kaum erörtert. Dem rechtswissenschaftlichen Schrifttum hierzu lässt sich folgende Linie entnehmen, die aber wie ausgeführt, letztlich erst einer Bestätigung durch die Gerichte bedarf:

Verwendet der Endhersteller Zulieferprodukte von beliebigen Zulieferern, d.h. zwischen Endhersteller und Zulieferer besteht mehr oder weniger eine reine Handelsbeziehung, erstrecken sich die auf den Fabrikationsbereich beziehenden Verkehrssicherungspflichten des Endherstellers in vollem Umfang auch auf die Zulieferprodukte. D.h. der Endhersteller muss sie im Rahmen des technisch Möglichen und wirtschaftlich Zumutbaren eingehend auf sicherheitsrelevante Mängel untersuchen.

Wählt der Endhersteller den Zulieferer jedoch in Bezug auf das betreffende Zulieferprodukt sorgfältig aus, kann er zumindest teilweise von der Pflicht zur eingehenden Wareneingangskontrolle befreit sein. Entscheidend hierfür dürfte sein, dass der Endhersteller den Zulieferer im Hinblick auf dessen Sicherheitsgewähr sorgfältig auswählt und überwacht. Dabei muss er insbesondere sicherstellen, dass der Zulieferer eine entsprechend ordnungsgemäße Organisation aufweist, die erforderliche Fachkenntnis einschließlich der hierfür erforderlichen Produktionsausstattung nachweisen kann und selbst sorgfältig ausgesuchte, fachkundige und zuverlässige Mitarbeiter beschäftigt. Ist in diesem Sinne die Qualitätskontrolle auf den Zulieferer übertragen worden, dürfte sich die Pflicht des Endherstellers zur Wareneingangskontrolle in der Regel auf eine Untersuchung auf Mengenidentität sowie Transportschäden beschränken. Entscheidend für die Haftungsentlastung des Endherstellers ist dabei nicht die vertragliche Vereinbarung, sondern die tatsächliche Durchführung der Qualitätskontrolle beim Zulieferer. Ergeben sich Anhaltspunkte für eine nicht ordnungsgemäße Durchführung der Qualitätskontrolle durch den Zulieferer, was der Endhersteller regelmäßig prüfen muss, lebt die originäre Verkehrssicherungspflicht des Endherstellers wieder in vollem Umfang auf.

Pflichten im Instruktionsbereich (Instruktionsfehler)

Instruktionsfehler

Die von einem Produkt ausgehenden Gefahren hängen nicht nur von Konstruktion und Fabrikation des Produkts, sondern auch vom Umgang mit dem Produkt ab. Daher ist der Hersteller verpflichtet, die Verwender des Produkts über Gefahren, die von der Verwendung des Produkts ausgehen können, zu informieren. Die Instruktionspflicht soll die Verwender zur selbstverantwortlichen Gefahrensteuerung befähigen.

Sorgfaltsmaßstab im Instruktionsbereich

Auch im Instruktionsbereich gilt, dass der Hersteller diejenigen Maßnahmen zu ergreifen hat, die erforderlich und zumutbar sind um Schädigungen von Dritten abzuwenden. Wie sich aus den allgemeinen Sorgfaltsmaßstab ergibt, muss er sich dazu auch im Instruktionsbereich an die zwingenden gesetzlichen Bestimmungen halten, sich an den einschlägigen nicht zwingenden Rechtsvorschriften, technischen Normen und Standards orientieren, in der Regel den Stand von Wissenschaft und Technik berücksichtigen und sicherstellen, dass die gewählten Instruktionen die Sicherheit bieten, die die Allgemeinheit berechtigterweise erwarten kann. Die konkret einzuhaltenden Verkehrssicherungspflichten orientieren sich an den Gefahren, die von dem Produkt ausgehen.

zwingende gesetzliche Bestimmungen

Als zwingende gesetzliche Bestimmungen sind bei der Instruktionspflicht u.a. folgende Regelungen zu beachten:

Der Hersteller hat nach § 4 Abs. 4 Nr. 2 GPSG jedem Produkt eine Gebrauchsanleitung in deutscher Sprache beizufügen, wenn dies zur Sicherheit und Gesundheit der Nutzer erforderlich ist. Ausnahmen gelten nur wenn dies in den Verordnungen zum GPSG vorgesehen ist.

Bei Verbraucherprodukten ist darüber hinaus nach § 5 Abs. 1 Nr. 1 a) GPSG sicherzustellen, dass der Verwender die erforderlichen Informationen erhält, damit dieser die Gefahren, die von dem Verbraucherprodukt während der üblichen und vorhersehbaren Gebrauchsdauer ausgehen und die ohne entsprechenden Hinweis nicht unmittelbar erkennbar sind, beurteilen und sich dagegen schützen kann. Ergänzende zwingende Regelungen können sich auch aus den Verordnungen zum GPSG ergeben.

Normen und Standards

Diese zwingenden Regelungen werden ergänzt durch Normen und Standards zur Instruktion, von denen nur in begründeten Fällen abgewichen werden darf. Heranzuziehen sind hier beispielsweise die Entschließung des Rates vom 17. Dezember 1998 über Gebrauchsanweisungen für technische Konsumgüter (98/C 411/1), die Europäische Norm EN 62079, oder die Maschinenrichtlinie, die für in ihren Anwendungsbereich fallende Produkte Vorgaben für Bedienungsanleitungen enthält.

Sicherheit, die die Allgemeinheit berechtigterweise erwarten kann

Im Übrigen müssen Instruktionen die Sicherheit bieten, die die Allgemeinheit berechtigterweise erwarten kann. Auch im Instruktionsbereich hat der Hersteller seinen Verkehrspflichten daher nicht schon dadurch genügt, dass er diejenigen Gefahrenhinweise und Gefahrenkennzeichnungen aufnimmt, die durch Gesetz oder Rechtsverordnung vorgeschrieben sind. Er muss zudem auch vor darüber hinausgehenden Risiken seines Produkts warnen. Dies wurde im Zinkspray-Fall[76] deutlich, in dem der Hersteller alle ihm durch öffentlichrechtliche

76 BGH, Urteil vom 7.10.1986 – VI ZR 187/85, NJW 1987, 372 (Zinkspray)

Regelungen vorgeschriebenen Gefahrenhinweise auf der Spraydose angebracht hatte. Dies ließ das Gericht aber nicht genügen, da damit noch nicht über alle Risiken, die sich aus der Verwendung des Zinksprays ergeben konnten, aufgeklärt war.

Rechtsprechung

Die Gerichte haben sich in vielen Entscheidungen mit der Instruktionspflicht auseinandergesetzt. Teils haben sie die sich aus den oben genannten Gesetzen, Normen und Standards ergebenden Verpflichtungen bestätigt, teils konkretisiert. Nachfolgend werden einige in der Rechtsprechung als wichtig anerkannte Grundsätze dargestellt.

Die Instruktionen des Herstellers müssen objektiv, deutlich und auch vollständig sein. Allein ein Hinweis auf die Gefahren des Produktes genügt vielfach nicht. Der Verwender muss darüber informiert werden, wie das Produkt sachgerecht zu verwenden ist, welche Gefahren die Verwendung mit sich bringt und wie diese Gefahren vermieden werden können. Je nach Schwere der drohenden Schäden genügt es also nicht, lediglich auf die mit der Verwendung des Produkts verbundenen Gefahren hinzuweisen. Es muss gegebenenfalls auch deutlich auf die Schadensfolgen hingewiesen werden.

ESTIL[77]

Patientin P musste sich im Oktober 1961 in einem Krankenhaus einem kleinen gynäkologischen Eingriff unterziehen. Zu dessen Vorbereitung wurde ihr das Kurznarkosemittel ESTIL des Herstellers H in die Ellenbeuge des linken Armes injiziert. Das zur intravenösen Anwendung vorgesehene Mittel geriet dabei versehentlich in eine Arterie. Infolge der hierdurch ausgelösten heftigen Gefäßreaktion musste der Patientin der Oberarm amputiert werden.
Das Kurznarkosemittel ESTIL kam im April 1961 nach klinischer Erprobung und behördlicher Zulassung auf den Markt. Bereits während der klinischen Erprobung musste einer Patientin nach einer versehentlichen intraarteriellen Injektion ein Arm amputiert werden. Nach Inverkehrgabe des Mittels kam es vor Patientin P bei weiteren neun Patienten zu ähnlichen Komplikationen, meist mit Verlust des ganzen Armes. Packungsbeilage und Ärzteprospekt enthielten deshalb unter dem Abschnitt „Kontraindikationen" den Satz: „Eine intraarterielle Injektion muss mit Sicherheit vermieden werden."
Das Gericht führte zunächst aus, dass eine wirksame Warnung vor spezifischen Gefahren, die von einem in den Verkehr gebrachten Erzeugnis ausgehen, zu den Verkehrspflichten des Herstellers gehöre. Dies umso mehr, als das Erzeugnis mit erheblichen Gefahren für Leib und Leben verbunden ist. Das Gericht bezeichnet es als „selbstverständliche Ver-

77 BGH, Urteil vom 11.7.1972 – VI ZR 194/70, NJW 1972, 2217 (ESTIL).

kehrspflicht“, dass der Hersteller die Verwender seiner Produkte über dessen spezifische Gefährlichkeit voll aufzuklären und sie davor nachdrücklich zu warnen habe.
Eine allgemeine Warnung vor intraarterieller Injektion, wie sie auch für zahlreiche andere Mittel zu finden ist, genügte angesichts der Schwere der drohenden Schäden nicht. Vielmehr mussten die Folgen einer intraarteriellen Injektion (Amputation der Extremität) klar und unverblümt bezeichnet werden, damit der behandelnde Arzt angehalten wird, bei Anwendung des Mittels größtmögliche Sorgfalt walten zu lassen. Darüber hinaus musste der Verwender darauf hingewiesen werden, dass die in der Praxis ganz allgemein geübte Injektion in die Ellenbeuge bei ESTIL zu unterbleiben habe, weil hier wegen der Besonderheit der anatomischen Verhältnisse die Gefahr einer Fehlinjektion stark erhöht ist.

bestimmungsgemäßer Gebrauch/Fehlgebrauch

Die Instruktionspflichten des Herstellers beziehen sich zunächst auf den bestimmungsgemäßen Gebrauch des Produkts. Sie umfassen aber wiederum auch den nicht ganz fernliegenden Fehlgebrauch, der sich noch innerhalb des allgemeinen Verwendungszwecks des Produkts bewegt.

Kindertee[78]

Hersteller H produziert zuckerhaltige Kindertees und vertreibt Plastiktrinkflaschen für diese Getränke (sog. Saug- oder Nuckelflaschen). Nach einem Bericht in einer zahnmedizinischen Fachzeitschrift über Milchzahnkaries bei Kleinkindern infolge von Dauernuckeln mit gesüßtem Kindertee nahm H im November 1981 in die Banderole der Teeverpackung unter der Überschrift „Zubereitung“ folgenden Hinweis auf: „Flasche selbst halten und nicht dem Kind als Nuckelfläschchen überlassen; häufiges oder andauerndes Umspülen der Zähne, z.B. vor dem Einschlafen, kann Karies verursachen.“ Ab Dezember 1982 wurde der Text aus den Zubereitungshinweisen herausgenommen und unter die Überschrift „Wichtige Hinweise“ gestellt und schwarz umrandet. Der 1979 geborene Kunde K hat von November 1979 bis Juni 1983 den zuckerhaltigen Kindertee von Hersteller H in den von diesem vertriebenen Nuckelfläschchen am Tag als Einschlafhilfe, in der Nacht als Wiedereinschlafhilfe eingenommen. 1985 mussten K einige Zähne infolge starken Kariesbefalls gezogen werden.
Das Gericht bestätigt zunächst, dass der Hersteller die Verwender seiner Produkte vor von dem Produkt ausgehenden Gefahren warnen muss. Dies umfasst auch die Warnung vor Gefahren, die ein Fehlgebrauch des Produktes hervorrufen kann, sofern sich der Fehlgebrauch noch im Rahmen

[78] BGH, Urteil vom 12.11.1991 – VI ZR 7/91, NJW 1992, 560 (Kindertee I); BGH, Urteil vom 31.1.1995 – VI ZR 27/94, NJW 1995, 1286 (Kindertee III); vgl. auch BGH, Urteil vom 11.1.1994 – VI ZR 41/93, NJW 1994, 932 (Kindertee II).

des allgemeinen Verwendungszwecks bewegt. Die Verwendung der Kinderteeflaschen zum Dauernuckeln mag übermäßig sein, stelle aber einen Gebrauch dar, der sich noch im Rahmen der allgemeinen Zweckbestimmung von Flasche und Tee bewege. Eine grundsätzliche Warnpflicht war daher gegeben.

Das Gericht sah diese Warnpflicht hinsichtlich K auch als verletzt an. In der Zeit bis November 1981 erfolgten überhaupt keine Warnhinweise auf Tee und Flasche, obwohl der Hersteller die Gefahr des Dauernuckelns hätte prüfen und auf diese Gefahr hinweisen müssen. Der ab November 1981 angebrachte Warnhinweis genügte den Instruktionspflichten des Herstellers H nicht. Der Warnhinweis musste deutlich erfolgen und durfte nicht in den „Zubereitungshinweisen" versteckt werden. Dies schon deshalb, weil mit dem Produkt vertraute Verbraucher, die die Tees bereits seit längerem verwendeten, die Zubereitung kannten und daher keinen Anlass hatten, erneut die Zubereitungshinweise zu lesen. Auch der ab Dezember 1982 verwendete Warnhinweis war jedenfalls gegenüber mit dem Produkt vertrauten Verbrauchern nicht deutlich genug von der bisherigen Gestaltung der Packungsbanderole unterscheidbar, so dass eine Kenntnisnahme der Verwender nicht erwartet werden konnte. Darüber hinaus fehlten Warnhinweise auf der Plastikflasche selbst.

Nicht mehr von den Instruktionspflichten umfasst ist jedoch der bewusste Missbrauch eines Produkts. So muss beispielsweise nicht vor dem sogenannten „sniffing", also dem Inhalieren von Klebstoffdämpfen und ähnlichen Substanzen zur Berauschung, gewarnt werden.[79]

Benutzerkreise

Schließlich bestimmt sich die Intensität der Instruktionspflichten an den angesprochenen Verkehrskreisen. Von einem Fachpublikum darf ein höheres Risikobewusstsein erwartet werden als von „Otto Normalverbraucher". Hier sind verschiedene Aspekte in die Überlegungen mit einzubeziehen.

allgemeines Erfahrungswissen

Vor Gefahren, die offensichtlich sind oder zum allgemeinen Erfahrungswissen des Durchschnittsverwenders gehören, muss nicht gewarnt werden. Hersteller von Süßigkeiten[80], Alkohol[81] oder Zigaretten[82] müssen daher nicht davor warnen, dass übermäßiger Konsum ihrer Produkte zu Übergewicht bzw. Suchtgefahr mit entsprechenden Gesundheitsschäden führen kann.

---

79 BGH, Urteil vom 7.7.1981 – VI ZR 62/80, NJW 1981, 2514 (Kältemittel); OLG Karlsruhe, Urteil vom 29.3.2001 – 4 U 22/00, NJW-RR 2001, 1174 (Feuerzeuggas).

80 OLG Düsseldorf, Urteil vom 20.12.2002 – 14 U 99/02, VersR 2003, 912 (Mars).

81 OLG Hamm, Beschluss vom 14.2.2001 – 9 W 23/00, NJW 2001, 1654 (Warsteiner).

82 OLG Hamm, Beschluss vom 14.7.2004 – 3 U 16/04, NJW 2005, 295 (Ernte 23).

Fachkreise

Wendet sich der Hersteller ausschließlich an Fachpublikum, reduzieren sich die Instruktionspflichten auf diejenigen Informationen, die über das als bekannt vorauszusetzende Fachwissen der betreffenden Anwender hinausgehen.

Überrollbügel[83]

Hersteller H stellt Überrollbügel für landwirtschaftliche Zugmaschinen her. Landwirt L ließ einen solchen Überrollbügel durch einen Landmaschinenfachbetrieb an seinem Schlepper anbringen. Später kippte der Schlepper an einem Hang um. Dabei knickte der Überrollbügel infolge fehlerhafter Montage ein. Landwirt L wurde eingeklemmt und getötet. Die auf Schadensersatz klagende Witwe des L trug vor, die Montageanleitung sei fehlerhaft gewesen, weshalb der Landmaschinenfachbetrieb den Überrollbügel fehlerhaft montiert habe.
Das Gericht lehnte eine Haftung des Herstellers wegen einer fehlerhaften Montageanleitung ab. Der Hersteller müsse grundsätzlich in den seinen Produkten beigefügten Gebrauchsanleitungen unter klarer Bezeichnung der spezifischen Gefahren und ihrer Folgen einen eindeutigen, sinnvollen und unmissverständlichen Hinweis auf den vollen Umfang des Risikos geben. Dies gelte in dieser Form aber nur, wenn der Hersteller damit rechnen muss, dass sein Produkt in die Hände von Personen gelangt, die mit dem Produkt nicht vertraut sind, da die Instruktionspflicht nur im Rahmen der Verbrauchererwartung besteht. Hier musste dem Monteur auch ohne besonderen Hinweis klar sein, dass der Überrollbügel seine Funktion in vollem Umfang nur ausüben konnte, wenn er so montiert wird, wie es in der Anbauanleitung vorgesehen war. Ein besonderer Hinweis oder eine besondere Verdeutlichung der Funktionszusammenhänge und der mit einer fehlerhaften Montage verbunden Risiken war aufgrund des vorhandenen Fachwissens entbehrlich.

schwächste Benutzergruppe

Wendet sich der Hersteller an unterschiedliche Abnehmerkreise, hat er seine Instruktionspflichten an der schwächsten Benutzergruppe auszurichten. Dies hat der BGH im oben erwähnten Kindertee II-Fall[84] festgestellt. Zu berücksichtigen ist dabei aber die Anleitungsmöglichkeit von Dritten, insb. Eltern und Ausbildern.

Zubehör

Die Instruktionspflichten des Herstellers beziehen sich nicht nur auf das eigene, selbst hergestellte Produkt. Von der Instruktionspflicht ist auch die Kombination mit anderen Produkten, also vor allem Zubehör mit umfasst. So hat der BGH im oben geschilderten Lenkerverkleidung-Fall[85] eine Instruktionspflicht

83 BGH, Urteil vom 4.2.1986 – VI ZR 179/84, NJW 1986, 1863 (Überrollbügel).

84 BGH, Urteil vom 11.1.1994 – VI ZR 41/93, NJW 1994, 932 (Kindertee II).

85 BGH, Urteil vom 9.12.1986 – VI ZR 65/86, NJW 1987, 1009 (Lenkerverkleidung).

des Herstellers des Motorrads dahingehend bejaht, dass die Fahreigenschaften des Motorrads durch Zubehörteile anderer Hersteller negativ beeinflusst werden können. Ebenso hat der BGH im Kindertee II-Fall festgestellt, dass der Hersteller der Nuckelfläschchen Verwender auch vor der Gefahr warnen muss, die sich daraus ergibt, dass mit der Nuckelflasche zuckerhaltige Getränke anderer Hersteller verabreicht werden.

Grundsätzlich erstrecken sich die Instruktionspflichten auf alles Zubehör, also auch das fremder Hersteller, das erforderlich ist, um das Gerät funktionstüchtig zu machen, dessen Verwendung er durch das Anbringen von Halterungen etc. ermöglicht oder dessen Verwendung so allgemein gebräuchlich ist, dass bei einer etwaigen Unverträglichkeit ein risikoloser Einsatz des eigenen Produkts nicht mehr möglich ist. Keine Warnpflichten bestehen selbstverständlich für Gefahren, die sich nicht aus der Kombination mit dem eigenen Produkt ergeben, sondern nur von dem Zubehörteil selbst ausgehen.

optische Darstellung

Die Produktinformationen und Warnhinweise müssen übersichtlich, klar und verständlich und plausibel sein. Sie müssen den Verwender deutlich auf die potentiellen Gefahren hinweisen und in geeigneter Weise darüber aufklären, wie das Produkt gefahrlos gehandhabt werden kann. Die Darstellung und äußere Gestaltung der Produktinformation und Warnhinweise im Einzelnen hängt wiederum entscheidend von der Schwere der drohenden Schäden ab.

Transparenzgebot

Der Hersteller muss seine Gefahrenhinweise transparent gestalten. Erforderlich ist also eine Gestaltung, die dem Verwender die mit dem Produkt verbundenen Gefahren klar vor Augen führt. Die gebotene Deutlichkeit hängt wiederum von der Schwere der drohenden Schäden ab. Birgt die Verwendung des Produkts erhebliche Gesundheitsgefahren, muss der Gefahrenhinweis optisch deutlich hervorgehoben werden und darf keinesfalls in Gebrauchsanleitungen oder Werbetexten versteckt werden. So war der erste Warnhinweis im Kindertee-Fall vom November 1981, der sich lediglich in den Zubereitungshinweisen befand, unzureichend. Zur Transparenz der Instruktion gehört auch, dass sie den Verwender nicht mit Informationen erschlägt. Ein Übermaß an Informationen wirkt dann kontraproduktiv. Die wirklich wichtigen Informationen werden nicht wahrgenommen. Dies hat der BGH im Zinkspray-Fall[86] festgestellt.

Sprache, Symbole

Die Instruktionen für ein in Deutschland vertriebenes Produkt müssen in deutscher Sprache abgefasst sein.[87] Ist mit Verwendern zu rechnen, die der deutschen Sprache nicht mächtig sind, müssen außerdem möglichst allgemeinver-

86 BGH, Urteil vom 7.10.1986 – VI ZR 187/85, NJW 1987, 372 (Zinkspray).

87 OLG Bremen, Urteil vom 6.12.2002 – 4 U 15/01, VersR 2004, 207 (Faltschachtelverpackungsanlage).

ständliche, bekannte und aussagekräftige Gefahrensymbole verwendet werden.[88]

Verfügbarkeit

Der Hersteller muss sicherstellen, dass seine Instruktionen den Verwender seiner Produkte erreichen. Daher kann es im Einzelfall nicht ausreichend sein, die Instruktionen nur auf der Verpackung, einem beigelegten Informationsblatt oder gar nur in den Händlerhinweisen unterzubringen. Vielmehr kann ein Hinweis auf dem Produkt selbst erforderlich sein[89]. Dies kann beispielsweise der Fall sein, wenn sich der Warnhinweis nur in der Gebrauchsanweisung findet, diese aber regelmäßig nur bei erstmaliger Ingebrauchnahme herangezogen wird, dennoch aber Gefahren verbleiben, die sich erst durch längeren Gebrauch ergeben können, z.B. durch Verschleiß. Gleiches kann gelten, wenn das Produkt üblicherweise gebraucht gehandelt wird, da in solchen Fällen die Ware häufig ohne die entsprechenden Gebrauchsanweisungen und Produktinformationen weitergegeben wird.

Produktbeobachtungspflicht

Produktbeobachtungsfehler

Die Verkehrssicherungspflichten des Herstellers enden nicht mit dem Zeitpunkt des Inverkehrbringens des Produktes. Auch danach trifft ihn noch eine sog. Produktbeobachtungspflicht: Der Hersteller hat mit seinem Produkt eine „dauernde Gefahrenquelle“ in den Verkehr gebracht und muss daher fortlaufend prüfen, ob sich aus der praktischen Handhabung des Produktes bislang unbekannte Gefahren ergeben und gegebenenfalls hierauf reagieren. Die Produktbeobachtungspflicht setzt sich also aus einer Beobachtungspflicht und Handlungspflichten zusammen.

Sorgfaltsmaßstab im Produktbeobachtungsbereich

Auch im Produktbeobachtungsbereich gilt, dass der Hersteller diejenigen Maßnahmen zu ergreifen hat, die erforderlich und zumutbar sind um Schädigungen von Dritten abzuwenden. Wie sich aus den allgemeinen Sorgfaltsmaßstab ergibt, muss er sich dazu auch hier an die zwingenden gesetzlichen Bestimmungen halten, sich an den einschlägigen, nicht zwingenden Rechtsvorschriften, technischen Normen und Standards orientieren, in der Regel den Stand von Wissenschaft und Technik berücksichtigen und sicherstellen, dass die gewählten Produktbeobachtungsmaßnahmen die Sicherheit bieten, die die Allgemeinheit berechtigterweise erwarten kann. Die konkret einzuhaltenden Verkehrssicherungspflichten orientieren sich an den Gefahren, die von dem Produkt ausgehen.

zwingende gesetzliche Bestimmungen

Nach § 5 Abs. 1 Nr. 2 GPSG hat der Hersteller von Verbraucherprodukten abhängig vom Grad der von ihnen ausgehenden Gefahr und der Möglichkeit,

---

88 BGH, Urteil vom 7.10.1986 – VI ZR 187/85, NJW 1987, 372 (Zinkspray).

89 OLG Hamm, Urteil vom 29.1.1993 – 9 U 249/91, NZV 1993, 310 (Anhänger).

diese abzuwehren, gebotene Stichproben durchzuführen, Beschwerden zu prüfen und erforderlichenfalls ein Beschwerdebuch zu führen sowie die Händler über weitere das Verbraucherprodukt betreffende Maßnahmen zu unterrichten.

passive Beobachtungspflicht

Der BGH legt dem Hersteller eine generelle Pflicht zur passiven Produktbeobachtung auf. Der Hersteller muss Beschwerden, die ihm von Kunden, Zwischenhändlern etc. zugeleitet werden, sammeln und auswerten. Eine solche Pflicht hatte der BGH schon vor Erlass des GPSG in den Gewindeschneidemittel-Fällen festgestellt.[90]

aktive Beobachtungspflicht

Darüber hinaus hat der Hersteller die Pflicht zur aktiven Produktbeobachtung, wenn die von dem Produkt ausgehenden Gefahren dies erfordern. Der Hersteller hat abhängig von den von seinem Produkt drohenden Gefahren, eine Organisation vorzuhalten, die sich aktiv Informationen über die Bewährung des Produkts in der Praxis z.B. durch Stichproben beschafft, das einschlägige fachwissenschaftliche, gegebenenfalls auch internationale, Schrifttum, Ergebnisse fachwissenschaftlicher Kongresse und vergleichbarer Veranstaltungen sowie Testberichte auswertet und die Erfahrungen seiner Konkurrenten analysiert. Eine aktive Produktbeobachtungspflicht, die sich heute aus dem GPSG ergibt, hat der BGH schon im Benomyl (Apfelschorf)-Fall[91] angenommen. Dort war darüber gestritten worden, ob der Hersteller sein Produkt Benomyl, ein wegen Resistenzbildung unwirksames Spritzmittel gegen Apfelschorf, ausreichend im Markt beobachtet hatte.

Handlungspflichten/ Reaktionspflichten

Allein mit der Beachtung der Beobachtungspflichten ist dem gefährdeten Verwender betreffender Produkte noch nicht geholfen. Zu seinem Schutz müssen aus den mit der Beobachtung gewonnenen Erkenntnissen auch Handlungspflichten abgeleitet werden.

Das GPSG verlangt in § 5 Abs. 1 Nr. 1c) vom Hersteller nur, dass er über eine geeignete Organisation verfügt, um auf beobachtete Produktgefahren angemessen reagieren zu können. Es enthält selbst aber keine Regelungen, wie diese Reaktionen auszusehen haben. Insoweit knüpft es an die von der Rechtsprechung und Praxis entwickelten nachfolgend darzustellenden Handlungspflichten an.

Grundsatz

Erkennt der Hersteller durch seine Produktbeobachtung, dass von seinem Produkt Gefahren ausgehen können, muss er im Grundsatz im Rahmen des Möglichen und Zumutbaren dafür sorgen, dass Verwender und Dritte möglichst nicht geschädigt werden. Er kann zur Gefahrenabwehr seine Konstruktion,

---

90 Vgl. oben 5.2.2; BGH, Urteil vom 07.12.1993 – VI ZR 74/93, NJW 1994, 517 (Gewindeschneidemittel I; BGH, Urteil vom 06.12.1994 – VI ZR 229/93, NJW-RR 1995, 342 (Gewindeschneidemittel II).

91 BGH, Urteil vom 17.3.1981 – VI ZR 286/78, NJW 1981, 1606 (Benomyl/Apfelschorf).

Fertigung und Instruktionen ändern, öffentliche Warnhinweise verbreiten, die Behörden einschalten, und sein Produkt offen oder verdeckt zurückrufen. Welche Maßnahmen er ergreift, hängt von den vom Produkt ausgehenden Gefahren ab.

ungeklärte Gefahrenlage

Diese Gefahrabwendungspflicht kann, vor allem wenn Gefahren für Leib und Leben drohen, schon bestehen, bevor mit Sicherheit geklärt ist, dass ein bestimmtes Produkt entsprechende Gefahren birgt bzw. bei bereits eingetretenen Schäden, bevor geklärt ist, ob der Schaden auch von diesem Produkt verursacht wurde.

Polizeipistole[92]

Der Polizeibeamte P trug als Dienstwaffe eine Pistole Walther P5. Bei einem Einsatz rutsche dem Polizeibeamten die Pistole aus dem Holster und fiel zu Boden. Dabei löste sich ein Schuss, der den Polizeibeamten tötete. Bereits einige Jahre zuvor waren Fälle aus Holland mit derselben Waffe bekannt geworden, in denen sich aus der Pistole ebenfalls Schüsse lösten, nachdem diese zu Boden fiel. Dabei wurde allerdings niemand verletzt.

Das Gericht ging zunächst davon aus, dass die der Waffe beigefügten Instruktionen nicht angemessen waren.

Weiterhin stellt das Gericht fest, dass der Hersteller auch seine Produktbeobachtungspflicht verletzt habe. Durch die Vorfälle in Holland sei dem Hersteller bekannt gewesen, dass das mit der Waffe verbundene Restrisiko des Fallenlassens doch größer war, als ursprünglich angenommen. Er hätte daher seine Abnehmer sofort vor dieser Gefahr warnen müssen. Angesichts der außerordentlich großen Gefahr die von der Waffe ausging, durfte der Hersteller nicht abwarten, bis die Ursachen restlos geklärt sind, sondern musste umgehend reagieren. Wenn durch ein Produkt die Gesundheit oder körperliche Unversehrtheit von Menschen bedroht ist, muss schon dann eine Warnung ausgesprochen werden, wenn aufgrund eines zwar nicht dringenden, aber ernstzunehmenden Verdachts zu befürchten ist, dass Gesundheitsschäden entstehen können.

Der Hersteller muss auch dann reagieren, wenn er erkennt, dass die Gefahren von einem Fehlgebrauch seines Produkts oder von Zubehörteilen ausgehen.

Konstruktions-/ Fabrikations-/ Instruktionsänderungen

Ergibt die Produktbeobachtung, dass das Produkt Gefahren birgt, muss der Hersteller je nach Gefahrenursache für die künftige Produktion seine Konstruktion, Fabrikation oder Instruktionen ändern. Diese Pflicht besteht auch dann, wenn andere Hersteller dennoch auf die herkömmliche Art weiterproduzieren, wie der BGH im oben geschilderten Pferdeboxfall festgestellt hat. Ge-

92 OLG Karlsruhe, Urteil vom 27.3.1996 – 7 U 61/94, VersR 1998, 63 (Polizeipistole).

gebenenfalls muss er entsprechend auf seine Zulieferer einwirken. Kann das Produkt nicht entsprechend geändert werden, muss die Produktion gegebenenfalls sogar eingestellt werden. Bei Änderung der Instruktionen muss der Hersteller beachten, dass Benutzer, die das Produkt bereits längere Zeit verwenden und mit diesem vertraut sind, besonders deutlich auf die geänderte Gefahrenlage hingewiesen werden muss, damit sie von diesen Benutzern überhaupt wahrgenommen wird.

In Bezug auf bereits ausgelieferte Produkte hat der Hersteller jedenfalls die Pflicht, die Verwender seiner Produkte vor den nunmehr bekannt gewordenen Gefahren zu warnen bzw. zusätzliche Hinweise zu geben, wie diese Gefahren vermieden werden können. Welches Medium er dazu benutzt, hängt wiederum von der Schwere der drohenden Schäden sowie der Erreichbarkeit der Verwender ab. Der Hersteller ist also nicht in jedem Fall gezwungen, sich über Massenmedien an die Verwender zu wenden. Warnhinweise

Weitere mögliche Handlungspflicht des Herstellers kann ein Rückruf gefährlicher Produkte sein. Unter Rückruf fällt die Gefahrenbeseitigung durch Rücknahme, Reparatur oder Austausch gegen ein einwandfreies Produkt. Inwieweit den Hersteller eine solche Pflicht trifft und vor allem auch, wer die dabei anfallenden Kosten zu tragen hat, ist äußerst umstritten und vom BGH bislang noch nicht geklärt. Rückruf

Bei der Frage, ob der Hersteller zum Rückruf verpflichtet ist, werden die Auffassungen vertreten, dass dies generell nicht der Fall sei, dass er diese Pflicht weitgehend habe, oder dass die Rückrufverpflichtung von der vom Produkt ausgehenden Gefahr, von der Art des Fehlers, von der Art des Produkts und von der Zumutbarkeit für den Hersteller abhängig sei. Auch wird § 8 Abs. 4 GPSG berücksichtigt, der die Behörde zum Rückruf unsicherer Produkte ermächtigt. Bei der Frage, ob der Hersteller die Kosten des Rückrufs übernehmen muss, wird teilweise dahin argumentiert, dass dies immer dann der Fall sei, wenn er zum Rückruf verpflichtet ist, teilweise wird versucht zu differenzieren, um was für eine Art Fehler es sich handelt. Eine intensivere Auseinandersetzung mit dieser hochaktuellen Streitfrage ist im Rahmen der vorliegenden Darstellung nicht möglich. Verbreitet ist die Auffassung, dass der Hersteller auf seine Kosten zum Rückruf verpflichtet sei.[93] Zunehmend gibt es aber auch Zweifel an der Richtigkeit dieser Auffassung.[94]

Ausgangspunkt der Überlegungen zur Lösung dieser Fragen ist, dass der Hersteller diejenigen Maßnahmen ergreifen muss, die erforderlich und zumutbar sind, um Produktgefahren abzuwenden. Die Maßnahmen müssen der Gefahr

[93] Siehe hierzu nur Münchner Kommentar/ *Wagner*, § 823 Rn 603 ff.

[94] OLG Hamm, Urteil vom 16.5.2007 – 8 U 4/06; LG Frankfurt, Urteil vom 1.8.2006 – AZ 2-19 O 429/04.

angepasst sein. Auch bei einer ernsten Bedrohung von Leib oder Leben durch ein Produkt kann eine Warnung ausreichend sein, wenn dadurch die Gefahr beseitigt wird. Reicht eine Warnung ausnahmsweise nicht aus, müssen weitergehende Maßnahmen ergriffen werden. Dann kann ein Rückruf ohne Kostenübernahme das geeignete Mittel sein. Reicht auch der nicht aus, um die Gefahr zu beseitigen, dann kann der Hersteller verpflichtet sein, das Produkt unter Übernahme der Reparaturkosten oder Rückzahlung des Kaufpreises zurückzurufen. Die Rückerstattung der Rückrufkosten hängt also maßgeblich von den Umständen des Einzelfalles ab. Zu berücksichtigen ist auch, dass bei ernsten Gefahren eine Warnung unter Beteiligung der Behörden eine sachgerechte Maßnahme sein kann. So erscheint es beispielsweise kaum denkbar, dass im Automobilbereich Rückruffälle eine Kostenübernahme durch den Hersteller erfordern, weil über das Kraftfahrtbundesamt PKW, bei denen eine Reaktion auf einen Rückruf ohne Kostenübernahme nicht erfolgt, stillgelegt werden können und damit die von ihnen ausgehende Gefahr ausreichend beseitigt werden kann. Auch bei Haushaltsgeräten, von denen ernste Gefahren für die Nutzer oder Dritte ausgehen, wird eine Warnung zur Gefahrenabwehr meist ausreichend sein. Würde man anders argumentieren und behaupten, ein Rückruf mit Kostenübernahme sei erforderlich, damit der Kunde sich selbst und Dritte einer ihm durch die Warnung bekannten Gefahr nicht aussetzt, würde die Rechtsordnung Nachlässigkeit des Kunden unangemessen belohnen. Dass Hersteller aus Imagegründen den Weg des Rückrufs ohne Kostenerstattung nicht gehen wollen ist nachvollziehbar, im Rahmen von § 823 Abs. 1 BGB aber nicht maßgeblich. Um die Wertungen des Gewährleistungsrechts und das Verschuldenserfordernis im Deliktsrecht nicht auszuhebeln, wird der Hersteller bei Entwicklungsfehlern, also Fehlern, die nach dem Stand von Wissenschaft und Technik beim Inverkehrbringen des Produkts nicht vermeidbar waren, im Regelfall keine Pflicht zum Rückruf haben. Die Folgen solcher Fehler trägt die Allgemeinheit. Der Hersteller muss die zuständigen Behörden informieren und diese haben die geeigneten Maßnahmen zu ergreifen um die von diesen Produkten ausgehenden Gefahren zu beseitigen. Auch dieses Ergebnis mag nicht den Marketinginteressen eines Herstellers entsprechen. Letztere werden aber im vorliegenden Zusammenhang nicht geschützt.

5.2.4 Verschulden

Verschulden

Der Hersteller muss seine Verkehrssicherungspflichten vorsätzlich oder fahrlässig verletzt haben.

Vorsatz

Vorsätzliches Verhalten, also wissentliche und willentliche Rechtsgutsverletzung, dürfte bei der Produzentenhaftung eher die Ausnahme sein und meist wohl nur in Form des sog. bedingten Vorsatzes vorkommen. Dieser liegt vor, wenn die Verletzung von Rechten oder Rechtsgütern Dritter als möglich erkannt wurde, jedoch billigend in Kauf genommen wird.

Fahrlässigkeit

In den meisten Fällen wird es eher um fahrlässiges Verhalten gehen. Fahrlässig handelt nach § 276 Abs. 1 und 2 BGB, wer die im Verkehr erforderliche Sorgfalt außer acht lässt. Die herstellerspezifischen Verkehrssicherungspflichten stellen hierbei den Sorgfaltsmaßstab dar. Pflichtwidriges Verhalten wird hierbei als Verstoß gegen die äußere Sorgfalt bezeichnet, während es beim Verschulden um einen Verstoß gegen die sog. innere Sorgfalt gehen soll. Die Unterscheidung ist in Rechtsprechung und Rechtswissenschaft nicht ganz klar. Letztlich geht es im Rahmen des Verschuldens darum, ob der Hersteller seine Verkehrsicherungspflichten erkennen konnte und sich demgemäß pflichtgemäß hätte verhalten können, ob also die Rechtsgutsverletzung für den Hersteller erkennbar und vermeidbar war. Nach der Rechtsprechung wird das Verschulden des Herstellers vermutet.[95] Der Hersteller muss sich also entlasten und darlegen und beweisen, dass ihn an der Rechtsgutsverletzung kein Verschulden trifft. Wurde pflichtwidriges Verhalten bejaht, dürfte ihm dies kaum jemals möglich sein. In der Regel kann damit davon ausgegangen werden, dass mit der Feststellung pflichtwidrigen Verhaltens auch das Verschulden vorliegt.

5.2.5 Schaden

Schaden

Schließlich ist der Hersteller nur haftbar, wenn das pflichtwidrige Verhalten zu einem Schaden geführt hat. Das Schadensrecht ist in den §§ 249 ff. und §§ 842 ff. BGB geregelt. Es muss festgestellt werden, ob und in welcher Höhe ein Schaden entstanden ist und inwieweit der Schaden kausal und zurechenbar auf der Rechtsgutsverletzung beruht (sog. haftungsausfüllende Kausalität). Schadensmindernd wird ein mögliches Mitverschulden des Geschädigten berücksichtigt.

Ersatzfähig sind, sofern sie auf einer Rechtsgutsverletzung beruhen, grundsätzlich unmittelbare und mittelbare materielle Schäden (Vermögensschäden: z.B. ärztliche Behandlungskosten, Kosten für Krankenhausaufenthalte, Reparaturkosten, Wiederbeschaffungskosten, Kosten für die Miete einer Ersatzsache, entgangene Verdienstmöglichkeiten, entgangener Gewinn, Unterhalt für Hinterbliebene) und immaterielle Schäden (Schmerzensgeld).

Mitverschulden

Hat ein Verhalten des Geschädigten mit zur Entstehung des Schadens beigetragen oder hat der Geschädigte nicht das ihm Zumutbare unternommen, um den Schaden möglichst gering zu halten, trifft ihn nach § 254 BGB ein Mitverschulden.[96] Er erhält dann nicht den vollen Schaden erstattet, sondern muss in Höhe seines Mitverschuldens einen Teil des Schadens selbst tragen.

---

[95] BGH, Urteil vom 26.11.1968 – VI ZR 212/66, NJW 1969, 269 (Hühnerpest).

[96] BGH, Urteil vom 18.10.1960 – VI ZR 8/60, VersR 1960, 1095 (Kühlanlage).

Der fehlerhafte Airbag

Bei einem Auffahrunfall funktioniert der Airbag nicht richtig, wodurch der Fahrer F schwer verletzt wird. Es stellt sich heraus, dass der Airbag von H fehlerhaft eingebaut war und dass F eine Warnlampe im Armaturenbrett, die auf Probleme mit dem Airbag hinwies, nicht beachtet hatte. Hier wurde der Schaden des F sowohl durch einen Fabrikationsfehler des H als auch durch ein Mitverschulden des F verursacht. Der Schaden ist daher von H nur entsprechend seinem Verursachungs- und Verschuldensbeitrag zu ersetzen. Ob H in einem Fall wie dem vorliegenden einen Teil des Schadens oder gar nichts zu ersetzen hat, hängt von den genauen Umständen des Einzelfalls ab.

5.2.6 Beweislast

Grundsatz

Nach den allgemeinen Beweislastregeln muss derjenige, der einen Anspruch geltend macht, alle für ihn günstigen Voraussetzungen der betreffenden Anspruchsgrundlage darlegen und beweisen. Will ein Geschädigter also deliktische Schadensersatzansprüche durchsetzen, muss er vor Gericht grundsätzlich sämtliche Voraussetzungen von § 823 Abs. 1 BGB darlegen und beweisen. In Produzentenhaftungsfällen gewährt die Rechtsprechung seit der Hühnerpestentscheidung[97] dem Geschädigten jedoch teilweise Beweiserleichterungen und verlagert die Beweislast auf den Hersteller, da es dem Geschädigten vielfach nicht möglich ist, die entsprechenden, in der Sphäre des Herstellers liegenden Voraussetzungen zu ermitteln und zu beweisen.

Beweislast in Produkthaftpflichtfällen

Generell muss der Geschädigte auch bei der Produzentenhaftung darlegen und beweisen, dass ein objektiv fehlerhaftes Produkt eines seiner in § 823 Abs. 1 BGB genannten Rechtsgüter verletzt hat. Er muss damit die Rechtsgutsverletzung, die objektive Fehlerhaftigkeit des Produkts beim Inverkehrbringen, also die objektive Gefährlichkeit bzw. Wirkungslosigkeit des Produkts sowie den Ursachenzusammenhang zwischen beiden darlegen und beweisen.

Konstruktions-/ Fabrikationsfehler

Ist dem Geschädigten der Beweis der gerade genannten Anspruchsvoraussetzungen gelungen, obliegt im Falle von Konstruktions- und Fabrikationsfehlern dem Hersteller der Beweis, dass er seine herstellerspezifischen Verkehrssicherungspflichten im Hinblick auf die Konstruktion und Fabrikation des Produktes nicht verletzt hat, dass er also sowohl die sog. äußere als auch innere Sorgfalt beachtet hat. Dieser Entlastungsbeweis erstreckt sich auf den kompletten Konstruktions- und den kompletten Herstellungsprozess, also auf die ordnungsgemäße Organisation der Produktentwicklung, die eingeschalteten Mitarbeiter, die angewendeten Verfahren etc. Die Rechtsprechung stellt an diesen

[97] Siehe dazu oben Kapitel 2.1.

Entlastungsbeweis hohe Anforderungen. Eine Entlastung kann daher allenfalls gelingen, wenn die ordnungsgemäße Organisation von Produktentwicklung, Wareneingangskontrolle, Herstellungsverfahren und Qualitätsendkontrolle entsprechend sorgfältig dokumentiert ist.

Eine weitergehende Beweislastumkehr gilt, wenn der Hersteller seine Befundsicherungspflicht verletzt hat. Dann obliegt es dem Hersteller darzulegen und zu beweisen, dass das Produkt beim Inverkehrbringen noch fehlerfrei war.

Instruktionsfehler

Im Falle eines Instruktionsfehler muss der Geschädigte darlegen und beweisen, dass ein Gefahren- oder Gebrauchshinweis hinsichtlich der mit der Verwendung des betreffenden Produkts verbundenen Gefahren objektiv erforderlich war, vom Hersteller aber unterlassen wurde. Dem Hersteller obliegt es dann, zu beweisen, dass er durch die fehlende Instruktion keine Verkehrssicherhungspflichten verletzt hat oder die Gefahr für ihn nicht erkennbar war.[98] Dies dürfte freilich nur sehr selten gelingen.

Produktbeobachtung

Anders als bei Konstruktions-, Fabrikations- und Instruktionsfehlern findet bei der Produktbeobachtungspflicht eine Beweislastumkehr nicht statt. Der Geschädigte bleibt hier in vollem Umfang beweispflichtig. Der Geschädigte muss also darlegen und beweisen, dass nach dem Inverkehrbringen des Produkts Erkenntnisse entstanden sind, die den Hersteller zu einer Reaktion hätten veranlassen müssen.

5.2.7 Pflichtenträger

Endhersteller

Die herstellerspezifischen Verkehrssicherungspflichten treffen in erster Linie den Hersteller des Endproduktes.

Quasihersteller

Den sog. Quasihersteller, der auf dem Produkt lediglich seinen Namen anbringt, es aber nicht tatsächlich selbst herstellt, treffen grundsätzlich keine Konstruktions- und Fabrikationspflichten. Anderes gilt nur, wenn der Quasihersteller auf den Konstruktions- oder Fabrikationsprozess einwirkt. Dann trifft ihn im Maße seiner Einflussnahme auch eine Mitverantwortung. Den Quasihersteller treffen aber neben dem Hersteller Instruktionspflichten und, zumindest passive, Produktbeobachtungspflichten.[99] Zudem kann er nach § 1 ProdHaftG schadensersatzpflichtig sein.[100]

Zulieferer

Der Zulieferer ist selbstverständlich für die ordnungsgemäße Konstruktion und Fabrikation des von ihm entwickelten Zulieferteils in gleichem Maße verant-

---

[98] BGH, Urteil vom 12.11.1991 – IV ZR 7/91, NJW 1992, 560 (Kindertee I).

[99] BGH, Urteil vom 7.10.1986 – VI ZR 187/85, NJW 1987, 372 (Zinkspray).

[100] Siehe dazu unten Kapitel 6.2.4.

wortlich wie der Hersteller des Endproduktes für dieses. Der Zulieferer trägt damit die Verantwortung dafür, dass sein Zulieferprodukt für den nach Art der Bewerbung und Beschreibung des Produkts und für einen Verwender entsprechend dessen Kenntnis im Rahmen seines Fachgebiets bei sachgemäßer Betrachtung erkennbar in Frage kommenden bestimmungsgemäßen Gebrauch geeignet ist. Dabei muss sich der Zulieferer an dem gesamten, sich aus seinen konkreten eigenen Angaben in Produktbeschreibung, Bedienungsanleitung, Werbung, Beratung etc. ergebenden Einsatzspektrum festhalten lassen.[101] Etwas anderes gilt nur, wenn der Zulieferer das Zulieferteil nach Konstruktionsvorgaben des Endherstellers fertigt (sog. Auftragsfertigung). In diesem Fall ist der Zulieferer für Konstruktionsmängel nicht verantwortlich. Allerdings muss der Zulieferer auch in diesem Fall auf Sicherheitsrisiken, die das Zulieferteil birgt und die für ihn erkennbar sind, hinweisen und ggf. die Fertigung sogar ablehnen.

Expander[102]

Kundin K erwarb bei Verkäufer V einen Expander des Herstellers H. Sie benutzte diesen so, dass sie ihren rechten Fuß in einen Expandergriff stellte und mit dem rechten angewinkelten Arm den anderen Griff nach oben zog. Dabei brach der untere Griff und der Expander schnellte nach oben. Die Kundin wurde so unglücklich am Auge getroffen, dass sie auf diesem Auge erblindet ist.
Hersteller H ließ die Kunststoffgriffe für die Expander von Zulieferer Z fertigen. Dabei wurden Z die entsprechenden Formen zur Herstellung der Griffe im Spritzgussverfahren von H zur Verfügung gestellt. Der Expander trug ein vom TÜV vergebenes GS-Zeichen.
Ein gerichtliches Beweissicherungsverfahren ergab, dass (stark vereinfacht) eine zur Aufnahme der äußeren Kabel durch die Gussformen gebildete Kerbstelle eine vermeidbare Schwachstelle war. In vielen Veröffentlichungen war auf die Schwächen vergleichbarer Konstruktionen hingewiesen worden.
Das Gericht hat zunächst festgestellt, dass bei einer sog. Auftragsfertigung grundsätzlich der Endhersteller die Bestimmungsgewalt über die Konstruktion einschließlich der Materialauswahl habe und den Auftragsfertiger daher regelmäßig nur noch die Fabrikationsverantwortung treffe. Könne er allerdings die Gefährlichkeit der Konstruktion erkennen, müsse er den Endhersteller darauf hinweisen. Im konkreten Fall wurde eine solche Verantwortlichkeit des Zulieferers Z jedoch verneint, da nicht bewiesen war, dass die Bedeutung der Schwachstelle „Kerbe" für Expander für Z erkennbar war. Zudem habe Z auch keine besondere Veranlas-

[101] BGH, Urteil vom 14.5.1996 – VI ZR 158/95, NJW 1996, 2224 (Grim'sches Leitrad).

[102] BGH, Urteil vom 9.1.1990 – VI ZR 103/89, NJW-RR 1990, 406 (Expander).

sung gehabt, die Konstruktion der Expandergriffe zu überprüfen, da der TÜV das Gerät geprüft und gebilligt hatte. Anders als der eigentlichen Hersteller und Konstrukteur könne sich der Zulieferer darauf verlassen.

Instruktionspflichten hat der Zulieferer regelmäßig nur beschränkt im Hinblick auf den unmittelbaren Verwender seines Zulieferprodukts. Produktbeobachtungspflichtig ist der Zulieferer gleichfalls nur im Hinblick auf sein Zulieferteil.

Die in den Vertrieb eingeschalteten Personen (Händler, Importeure) treffen grundsätzlich keine Konstruktions- oder Fabrikationspflichten. Eine Überprüfungspflicht der vertriebenen Produkte besteht nur, wenn besondere Anhaltspunkte das Vorhandensein von Produktfehlern nahelegen. Allerdings trifft den Importeur, der Waren aus nicht EU-Staaten importiert, die Pflicht zur Übereinstimmung der Waren auf Übereinstimmung mit den deutschen Sicherheitsstandards. Vertrieb

Darüber hinaus müssen die in den Vertrieb eingeschalteten Personen regelmäßig dafür sorgen, dass die Herstellerinstruktionen den Verwender auch tatsächlich erreichen. Dies hat das Gericht im Kindertee III-Fall festgestellt.

Nochmals Kindertee[103]

In einem der Kindertee-Fälle ging es um die Frage, ob der Hersteller des Tees auch für Schäden verantwortlich ist, die daher rühren, dass die geschädigten Kinder aus den von ihm bloß vertriebenen Nuckelfläschchen nicht den von ihm hergestellten Tee, sondern Fruchtsaft tranken. Ein Sachverständigengutachten ergab, dass der Kariesbefall jeweils durch das Dauernuckeln zuckerhaltigen Tees oder von Fruchtsäften verursacht wurde.

Das Gericht stellte fest, dass den Hersteller H eine Instruktionspflicht traf, auch wenn er die Nuckelfläschchen nicht selbst hergestellt, sondern lediglich vertrieben hat. Jeder Händler, auch Einzelhändler, muss dafür sorgen, dass der Käufer die richtige Bedienungsanleitung und etwa erforderliche Warnhinweise erhält. Der Alleinvertreiber hat noch weitergehende Verkehrspflichten. Er muss wie der Hersteller durch entsprechende Warnhinweise darauf hinwirken, dass durch die Produktverwendung keine Gefahren für die Benutzer entstehen. Da die Nuckelfläschchen für das Dauernuckeln konstruiert waren, hätte H auch als bloßer Vertreiber der Nuckelfläschchen veranlassen müssen, dass diese mit entsprechenden Warnhinweisen versehen werden.

103 BGH, Urteil vom 31.1.1995 – VI ZR 27/94, NJW 1995, 1286 (Kindertee III).

Weitere Pflichten des Händlers, insbesondere passive Produktbeobachtungspflichten, ergeben sich aus § 5 Abs. 3 GPSG.

Sind mehrere an der Produktion Beteiligte, also z.B. Endhersteller und Zulieferer, für einen Produktfehler und den daraus folgenden Schaden verantwortlich, haften sie dem Geschädigten nach § 840 BGB als Gesamtschuldner.[104]

5.3 Haftung nach § 823 Abs. 2 BGB

Eine Haftung für fehlerhafte Produkte kann sich auch aus § 823 Abs. 2 BGB – Verletzung eines Schutzgesetzes – ergeben. Voraussetzung dieser Haftungsgrundlage ist ein widerrechtlicher, schuldhafter Verstoß gegen ein Schutzgesetz. Schutzgesetze sind Vorschriften, die zumindest auch (neben dem Schutz der Allgemeinheit) dem Schutz des Einzelnen dienen. Für die Produkthaftung kommen hier insbesondere die öffentlich-rechtlichen Vorschriften im Bereich der Produktsicherheit in Betracht. Da die herstellerspezifischen Verkehrssicherungspflichten sich an den Anforderungen des öffentlich-rechtlichen Produktsicherheitsrechts orientieren, ist regelmäßig bereits die Haftung aus § 823 Abs. 1 BGB begründet, so dass § 823 Abs. 2 BGB nur ergänzende Bedeutung beigemessen wird.

Schutzgesetze

Schutzgesetze finden sich im für die Produkthaftung relevanten Bereich z.B. im GPSG, im Medizinproduktegesetz, im Gesetz über elektromagnetische Verträglichkeit von Geräten, im Lebensmittel- und Bedarfsgegenständegesetz, im Futtermittelgesetz und der Futtermittelverordnung, und im Pflanzenschutzgesetz. Keine Schutzgesetze mangels Gesetzesqualität sind Regelwerke von Verbänden, z.B. DIN-Normen, VDE-Bestimmungen.

Schutzbereich

Die Haftung wegen Verstoßes gegen ein Schutzgesetz reicht aber nur soweit, als der Schutzbereich der betreffenden Norm reicht. Beispielsweise beschränkt sich der Schutzbereich der Normen des GPSG regelmäßig auf den Schutz von Leib und Leben. Eine Haftung für Sach- und Vermögensschäden kann damit nicht auf eine Verletzung von Normen des GPSG gestützt werden. Im Rahmen der Haftung wegen Verstoßes gegen ein Schutzgesetz muss also immer der persönliche Schutzbereich (welcher Personenkreis ist geschützt; das können beispielsweise auch nur Verbraucher sein) und der sachliche Schutzbereich (was wird geschützt; nur Personenschäden und/oder auch Sach- und Vermögensschäden) geklärt werden. Eine Haftung kommt nur in Betracht, wenn der konkrete Schaden vom Schutzbereich des betreffenden Schutzgesetzes umfasst

---

104 BGH, Urteil vom 14.5.1996 – VI ZR 158/95, NJW 1996, 2224 (Grim'sches Leitrad).

wird. Dies hat der BGH beispielweise im bereits bekannten Hebebühnenfall festgestellt.

Hebebühne[105]

Eine Kfz-Reparaturwerkstätte erwarb eine Hebebühne. Bereist beim erstmaligen Benutzen der Hebebühne sackte diese ab und ein auf der Hebebühne befindliches Fahrzeug stürzte herunter. Die Hebebühne wies einen Konstruktions- oder Fabrikationsfehler auf, der dazu führte, dass die Hebebühne von Anfang an für den bestimmungsgemäßen Einsatz nicht geeignet war. Der Inhaber der Kfz-Werkstätte erlitt daraufhin Umsatzausfälle und musste dem Eigentümer des abgestürzten Wagens Ersatz leisten. Eine Haftung des Herstellers der Hebebühne aus § 823 Abs. 1 BGB schied mangels Rechtsgutsverletzung aus. Eine Haftung aus § 823 Abs. 2 BGB wegen Verletzung von § 3 des Gesetztes über technische Arbeitsmittel (GtA; heute im GPSG geregelt) entfiel, da § 3 GtA gegen Gefahren für Leben und Gesundheit schützte, im vorliegenden Fall aber nur ein Vermögensschaden vorlag.

schuldhafte Verletzung

Die Haftung nach § 823 Abs. 2 BGB kommt nur in Betracht, wenn das Schutzgesetz widerrechtlich und schuldhaft, also vorsätzlich oder fahrlässig, verletzt wurde. Steht allerdings objektiv ein Verstoß gegen ein Schutzgesetz fest, wird das Vorliegen von Widerrechtlichkeit und Verschulden vermutet.

5.4 Haftung nach § 826 BGB

Haftbar ist nach § 826 BGB auch, wer einen anderen vorsätzlich sittenwidrig schädigt. Diese Haftungsnorm kommt gelegentlich auch in Produkthaftungsfällen zur Anwendung. Voraussetzungen einer Haftung nach § 826 BGB ist eine vorsätzlich begangene, sittenwidrige Schädigung eines anderen.

Sittenwidrigkeit

Sittenwidrig ist eine, nach Anschauung des anständigen Durchschnittsmenschen, unbillige und moralisch verwerfliche Handlung. Im Produkthaftungsbereich kann Sittenwidrigkeit vor allem in Betracht kommen, wenn ein Hersteller einen für den Benutzer oder Dritte gefährlichen Produktfehler erkannt hat und dennoch das Produkt ohne weiteres vertreibt.

---

[105] Abgewandelt nach BGH, Urteil vom 18.01.1983 – VI ZR 270/80, NJW 1983, 812 (Hebebühne).

vorsätzliche Schädigung

Der Hersteller muss dabei vorsätzlich in Bezug auf die Sittenwidrigkeit als auch in Bezug auf die Schädigung gehandelt haben. D.h. er muss die Umstände gekannt haben, die zur Sittenwidrigkeit führen und er muss die Schädigung des Benutzers oder Dritter zumindest billigend in Kauf genommen haben.

Fugendichtungsmasse[106]

Die Glaserei G erwarb 1980 über den Baustoffhandel Fugendichtungsmasse „S-1a" des Herstellers H und verwendete diese zur Versiegelung der Glasfalze bei Fenstern. Die Versiegelung löste sich jedoch an der Glaskantenseite, was G zu umfangreichen Nachbesserungsarbeiten an verschiedenen Bauten zwang. Hersteller H war die mangelnde Haftfähigkeit der Fugendichtungsmasse bereits seit 1978 bekannt. H hat jedoch darauf hingewirkt, dass der Eignungsmangel nicht nach außen hin bekannt wurde und den Vertrieb des Produktes weiterhin zugelassen und gefördert.
Eine Haftung des Herstellers H aus § 823 Abs. 1 BGB entfiel mangels Rechtsgutsverletzung bei G. Dieser hatte durch die Nachbesserungsarbeiten lediglich einen Vermögensschaden erlitten. Eine Haftung aus § 826 BGB ist demgegenüber zu bejahen, da H durch die Kenntnis der mangelnden Eignung und die Aufrechterhaltung des Vertriebs des Produktes, der noch besonders gefördert wurde, anstößig und moralisch verwerflich gehandelt und dabei die Schädigung der Verwender des Produktes bewusst in Kauf genommen hat.

5.5 Verjährung

Regelverjährung 3 Jahre

Ansprüche aus Produzentenhaftung verjähren nach den allgemeinen Verjährungsvorschriften, §§ 195 ff. BGB. Danach verjähren Ansprüche aus Produzentenhaftung regelmäßig innerhalb von 3 Jahren, § 195 BGB. Die Frist beginnt mit dem Schluss des Jahres, in dem der Anspruch entstanden ist und der Geschädigte Kenntnis von den anspruchsbegründenden Umständen und der Person des Schädigers erlangt hat oder ohne grobe Fahrlässigkeit hätte erlangen müssen, § 199 Abs. 1 BGB. Die 3-Jahresfrist beginnt also erst am Schluss des Jahres zu laufen, in dem der Geschädigte erfahren hat, dass er durch ein fehlerhaftes Produkt einen Schaden erlitten hat und ihm der Hersteller des betreffenden Produkts mit ladungsfähiger Anschrift bekannt ist. Die Frist beginnt ohne tatsächliche Kenntnis dieser Umstände auch dann zu laufen, wenn der Geschädigte diese Informationen infolge grober Fahrlässigkeit nicht erlangt hat, sie sich also ohne langwierige Nachforschungen hätte besorgen kön-

---

106 Angelehnt an BGH, Urteil vom 11.10.1988 – XI ZR 1/88, NJW 1989, 1029 (Fugendichtungsmasse).

nen. Im Übrigen verjähren Schadensersatzansprüche aus Produzentenhaftung spätestens 30 Jahre nach dem Inverkehrbringen des fehlerhaften Produkts. Einzelheiten ergeben sich aus § 199 Abs. 2 und 3 BGB. Höchstfristen

5.6 Übungsfall

Die Fa. H stellt Abschälmaschinen des Typs AS 331 her. Diese Maschinen ermöglichen das Ablösen von auf Doppelbodenplatten aufgebrachten Belägen. Dazu werden die zu bearbeitenden Platten jeweils auf die Maschinen gelegt, die diese durch Einzugsrollen automatisch einzieht und abschält. Einzugsrollen und Schälmesser haben keinerlei Abdeckung oder Verkleidung. Die Betriebsanleitungen der Maschinen enthielten folgenden Hinweis:
„Verklemmt sich eine Platte während des Abschälvorganges unter dem Messer, Maschine sofort still setzen (Not-Aus). Maschine auf Handbetrieb schalten, Messerlift hochnehmen ... Sicherheitshinweise: Betätigen Sie bei jeder Unregelmäßigkeit während des Abschälens sofort den Not-Aus-Schalter. Dieser setzt die Maschine sofort still. Greifen Sie niemals in die laufende Maschine! Quetschgefahr!“
Raumausstatter R erwarb 2004 eine solche, gleichfalls 2004 hergestellte Maschine von Maschinenhändler V. Mitarbeiter M des R versuchte im Februar 2006, eine Platte, die klemmte, durch manuellen Druck in die Einzugsrolle hineinzubekommen und geriet dabei mit den Fingern selbst in die Einzugsrolle. Durch den Anpressdruck wurden ihm sämtliche Finger der rechten Hand gebrochen.[107]
Hinweis: Nach der 9. Maschinenverordnung zum GPSG müssen bewegliche Teile einer Maschine so konzipiert sein, dass Gefahren vermieden werden oder sie muss mit Schutzvorrichtungen in der Weise versehen sein, dass jedes Risiko durch Erreichen der Gefahrenstelle, das zu Unfällen führen kann, ausgeschlossen wird. Nach § 5 der Unfallverhütungsvorschrift VBG 5 müssen an Gefahrenstellen an Antrieben kraftbetriebener Maschinen Verkleidungen verwendet werden.

Ist Hersteller H gegenüber M schadensersatzpflichtig?

Mögliche Schadensersatzansprüche von M können sich zunächst auf § 823 Abs. 1 BGB gründen. Dazu müsste H schuldhaft ein durch § 823 Abs. 1 BGB geschütztes Rechtsgut des M durch ein pflichtwidriges Verhalten verletzt haben.

[107] Angelehnt an LG Düsseldorf, Urteil vom 30.11.2005 – 10 O 144/04, NJW-RR 2006, 1033.

1. M hat eine Körperverletzung erlitten.
2. H könnte dies durch eine Verletzung seiner herstellerspezifischen Verkehrsicherungspflichten verursacht haben. Dies wäre der Fall, wenn H die im Verkehr erforderliche Sorgfalt missachtet hat, also nicht alles Erforderliche und Zumutbare getan hat, um Gefahren zu vermeiden, die von seinen Produkten ausgehen. D.h. er muss den Herstellungsprozess so organisieren, dass Konstruktions-, Fabrikations- und Instruktionsfehler so weit als möglich verhindert werden. Wie der Vorfall zeigte, war die Maschine objektiv gefährlich. Eine Haftung vermeiden kann H daher nur noch, wenn er beweisen kann, dass er die erforderliche Sorgfalt angewendet hat. Im Rahmen des Erforderlichen stellt das öffentliche Sicherheitsrecht einen Mindeststandard dar, dessen Verletzung regelmäßig einen Sorgfaltspflichtverstoß begründet. Die Konstruktion der Abschälmaschine verstieß sowohl gegen die genannte Maschinenverordnung, als auch gegen die einschlägige Unfallverhütungsvorschrift. Damit beruhte die Konstruktion nicht auf dem aktuellen Stand der Technik und bot damit nicht die Sicherheit, die die Benutzer berechtigterweise erwarten durften. H hätte die Maschine mit einer Schutzklappe versehen müssen, ohne deren Herunterklappen die Maschine nicht in Gang gesetzt werden kann bzw. bei deren Öffnen die Maschine sofort stoppt.
   Eine andere Beurteilung ergibt sich auch nicht daraus, dass das manuelle Nachdrücken der Platte sich nicht im Rahmen der vorgesehenen Verwendung der Maschine bewegt. Dieses stellt allenfalls einen nicht ganz fernliegenden Fehlgebrauch dar, den H im Rahmen der Konstruktion beachten musste. Eine andere Deutung würde die genannten Regelungen der 9. Maschinenverordnung und der UVV überflüssig machen.
   H kann sich auch nicht damit entlasten, dass sie in ihren Benutzerhinweisen auf diese Gefahr hingewiesen habe. Eine unsichere Konstruktion kann nicht durch weitgehende Warnhinweise ausgeglichen werden.
3. Ein Verschulden von H liegt vor. H müsste darlegen und beweisen, dass der Sorgfaltspflichtverstoß für sie nicht erkennbar und vermeidbar war. Dies kann ihr nicht gelingen.
4. M ist ein Schaden entstanden. Er kann die ärztlichen Behandlungskosten und sonstige Krankheitskosten, Verdienstausfall und Schmerzensgeld verlangen. Allerdings wird er sich ein Mitverschulden, § 254 BGB, anrechnen lassen müssen.
   Darüber hinaus bestehen Schadensersatzansprüche auch aufgrund von § 823 Abs. 2 BGB i.V.m. der 9. Maschinenverordnung (UVV sind demgegenüber keine Schutzgesetze) und aufgrund von § 1 Abs. 1 ProdHaftG.

5.7 Zusammenfassung

Eine zentrale Haftungsnorm für Schäden durch fehlerhafte Produkte ist § 823 Abs. 1 BGB.

Danach haftet der Hersteller, wenn er durch ein schuldhaftes pflichtwidriges Verhalten eines der in § 823 Abs. 1 BGB genannten Rechtsgüter eines anderen verletzt und diesem dadurch ein Schaden entsteht. Geschütze Rechtsgüter sind vor allem Leben, Körper, Gesundheit und das Eigentum. Ein schuldhaftes pflichtwidriges Verhalten des Herstellers liegt vor, wenn er im Rahmen des Herstellungsprozesses nicht die im Verkehr erforderliche Sorgfalt beachtet.

Der Hersteller muss daher alle erforderlichen und zumutbaren Maßnahmen ergreifen, um Produktfehler im Bereich der Konstruktion, Fabrikation, Instruktion und Produktbeobachtung zu vermeiden. Er muss dazu die zwingenden gesetzlichen Regeln einhalten, darf von den nicht zwingenden Rechtsvorschriften, Normen und Standards nur in begründeten Fällen abweichen, muss sich im Regelfall am Stand von Wissenschaft und Technik orientieren, und im Übrigen sein Produkt so herstellen und vermarkten, dass es die berechtigten Sicherheitserwartungen der Allgemeinheit erfüllt.

Ist durch die Verkehrssicherungspflichtverletzung ein Schaden entstanden, dann muss der Hersteller beweisen, dass er nicht schuldhaft gehandelt hat.

5.8 Ergänzende Literaturhinweise

Münchener Kommentar zum BGB, Band 5, 4. Auflage 2004, § 823 BGB Rn. 546 – 623 (Bearbeiter: *Wagner*).

Soergel, Kommentar zum BGB, Band 12, Stand Sommer 2005, Anhang III zu § 823 BGB Rn. 1 – 52 (Bearbeiter: *Krause*).

Bamberger/Roth, Kommentar zum BGB, 2. Auflage 2008, § 823 BGB Rn. 478 – 567 (Bearbeiter: *Spindler*).

6 Produkthaftung und GPSG

6.1 Überblick

6.1.1 Allgemeines

verschuldensunabhängige Herstellerhaftung

Neben der Haftung aus § 823 BGB kann der Hersteller eines fehlerhaften Produkts für daraus resultierende Schäden auch nach dem Produkthaftungsgesetz in Anspruch genommen werden. Das Produkthaftungsgesetz beruht auf der Europäischen Produkthaftungsrichtlinie aus dem Jahr 1985.[108] Bei der Umsetzung der europäischen Vorgaben in nationales Recht hat der deutsche Gesetzgeber kein einheitliches Haftungsrecht geschaffen, sondern das Nebeneinander von Ansprüchen aus § 823 BGB und § 1 ProdHaftG bewusst in Kauf genommen. Der Grund dafür liegt in der unterschiedlichen Grundstruktur beider Regelungen. Die Haftung aus § 823 BGB knüpft am Verschulden an, die Haftung aus § 1 Produkthaftungsgesetz ist in erster Linie eine verschuldensunabhängige Gefährdungshaftung: hier haftet der Hersteller schon deshalb, weil er ein unsicheres Produkt in Verkehr bringt. Ein Zusammenführen beider Regelungsmodelle in einem einheitlichen deutschen Produkthaftungsrecht wäre rechtstechnisch schwierig, wenn nicht unmöglich gewesen.

keine wesentliche Haftungsverschärfung

Das 1990 in Kraft getretene Produkthaftungsgesetz hat in Deutschland im Ergebnis nicht zu einer wesentlichen Haftungsverschärfung für die Hersteller geführt. Es spielte bis zum Jahr 2002 praktisch keine Rolle, weil die Haftung nach diesem Gesetz in den meisten Fällen weniger weitgehend war, als diejenige nach § 823 Abs. 1 BGB. Seit mit der Einführung des § 8 Satz 2 ProdHaftG im Jahr 2002 auch nach dem Produkthaftungsgesetz Schmerzensgeld verlangt werden kann, nimmt die Zahl der Entscheidungen zu diesem Gesetz aber zu.

---

[108] Richtlinie des Rates vom 25. Juli 1985 zur Angleichung der Rechts- und Veraltungsvorschriften der Mitgliedstaaten über die Haftung für fehlerhafte Produkte (85/374/EWG).

Nach § 1 ProdHaftG ist der Hersteller schadensersatzpflichtig, wenn durch den Fehler eines Produkts jemand getötet, sein Körper oder seine Gesundheit verletzt oder eine Sache beschädigt wird.

Das nachfolgende Schaubild illustriert vereinfacht die Zusammenhänge.

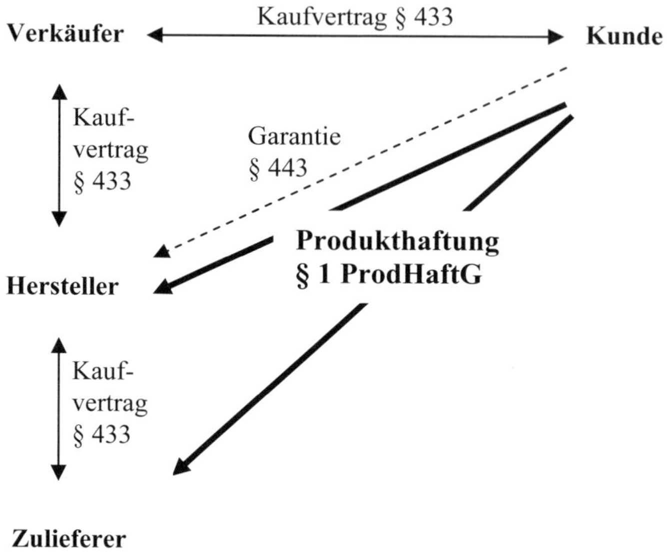

Abb. 6-1: Schaubild: Produkthaftung

ProdHaftG und GPSG

Einer der Zentralbegriffe des § 1 ProdHaftG ist der Begriff des Fehlers, der in § 3 ProdHaftG näher definiert wird. Danach hat ein Produkt einen Fehler, wenn es nicht die Sicherheit bietet, die unter Berücksichtigung aller Umstände berechtigterweise erwartet werden kann. Bei der Auslegung dieser Bestimmung wird traditionell vor allem die Rechtsprechung der Gerichte zu den Fehlerkategorien des § 823 Abs. 1 BGB herangezogen. Mindestens von gleicher Bedeutung für die Frage, ob ein Fehler vorliegt, ist jedoch das öffentliche Sicherheitsrecht, wie es sich aus den Bestimmungen des GPSG ergibt. Das GPSG setzt seinerseits eine Reihe europäischer Richtlinien ins deutsche Recht um und definiert damit zugleich unmittelbar oder mittelbar umfassend, wann ein sicherheitsrelevanter Fehler vorliegt. Obwohl es daher als Regelung des präventiven Aufsichtsrechts eigentlich nicht direkt mit der zivilrechtlichen Haftung für Produktschäden befasst ist, soll es hier wegen seiner Bedeutung für die Herstellerpflichten zur Vermeidung sicherheitsrelevanter Fehler mit vorgestellt werden.

6.1.2 Europarechtliche Grundlegung und ihre Konsequenzen

Grundlage des deutschen Produkthaftungs- und des Geräte- und Produktsicherheitsgesetzes sind die europäische Produkthaftungsrichtlinie und mehr als ein Dutzend europäischer Richtlinien zum Produktsicherheitsrecht. Diese Richtlinien sind europäische Rechtsakte nach Art. 249 EGV. Sie mussten von den Mitgliedstaaten innerhalb bestimmter Fristen in nationales Recht umgesetzt werden. Neue Beitrittsstaaten müssen sie übernehmen. Sie gelten jedenfalls teilweise zudem im Europäischen Wirtschaftsraum EWR, der neben den Staaten der EU auch Island, Lichtenstein und Norwegen umfasst.

Produkthaftungsrichtlinie und Europäisches Produktsicherheitsrecht

Die Richtlinien gewähren den Mitgliedstaaten nur einen begrenzten Spielraum bei der Umsetzung in nationales Recht. Überschreitet ein Mitgliedstaat sein Umsetzungsermessen, führt dies zur Europarechtswidrigkeit des nationalen Rechtsaktes.

Richtlinienverstoß und die Folgen

Frankreich hatte die Produkthaftungsrichtlinie fehlerhaft in nationales Recht umgesetzt. Nachdem der Europäische Gerichtshof dies 2002 festgestellt hatte, und Frankreich weiterhin die Richtlinie nicht richtig in nationales Recht umsetzte, hat der Gerichtshof Frankreich im Jahr 2006 verurteilt an die Gemeinschaft eine Strafe von täglich über 30.000 € ab dem Urteilserlass im Jahr 2002 zu zahlen.[109]

Aus europarechtlichen Vorgaben folgt des Weiteren, dass im Kollisionsfall die Richtlinie Vorrang vor dem nationalen Produkthaftungsgesetz hat. Im Zweifel ist das deutsche Produkthaftungsrecht daher richtlinienkonform auszulegen.

richtlinienkonforme Auslegung

Schließlich ist nicht der Bundesgerichtshof oberste Auslegungsinstanz für das deutsche Produkthaftungsgesetz, sondern der Europäische Gerichtshof in Luxemburg. Hat ein deutsches Gericht Zweifel über die Auslegung einer Bestimmung des Produkthaftungsgesetzes, die auf der Produkthaftungsrichtlinie beruht, dann kann bzw. muss es nach Art. 234 EGV das Verfahren aussetzen und die Rechtsfrage zur Klärung dem Europäischen Gerichtshof im Wege des Vorabentscheidungsverfahrens vorlegen. Der EuGH entscheidet die streitige Frage dann mit bindender Wirkung für ganz Europa.

EuGH als oberste Auslegungsinstanz

Produkthaftung der Vertriebs- und Tochtergesellschaft

Im Fall *Declan O'Byrne/Sanofi Pasteur MSD Ltd. u.a.* ging es um die Frage, ob Schadensersatzansprüche aus einem Impfschaden nach der

[109] EuGH, Urteil vom 14.3.2006 – C -177/04 (*Kommission/Frankreich*), EuZW 2006,506.

englischen Umsetzung der Produkthaftungsrichtlinie verjährt waren. Die französische Muttergesellschaft hatte den Impfstoff fertig verpackt zum Vertrieb an die englische 100 % Tochtergesellschaft geliefert, die das Produkt ihrerseits einige Zeit später an die Geschädigten weiterlieferte. Entscheidend für die Verjährungsfrage war, ob das Inverkehrbringen bereits mit der Auslieferung durch die französische Muttergesellschaft oder erst durch die englische Tochtergesellschaft erfolgte. Der englische *High Court of Justice* setze das Verfahren aus und legte die entsprechende Frage dem EuGH zur Entscheidung vor. Der EuGH entschied „dass ein Produkt dann in Verkehr gebracht ist, wenn es den vom Hersteller eingerichteten Prozess der Herstellung verlassen hat und in einen Prozess der Vermarktung eingetreten ist, in dem es in ge- oder verbrauchsfertigem Zustand öffentlich angeboten wird.“[110]

EuGH als Motor der weiteren Harmonisierung

Derzeit nimmt die Zahl der nationalen Gerichtsentscheidungen zu den auf der Produkthaftungsrichtlinie beruhenden nationalen Umsetzungsgesetzen europaweit zu. Dabei ergeben sich zunehmend abweichende Auslegungen in den Staaten Europas, die ihrerseits wieder zu einem Ansteigen der Entscheidungen des Europäischen Gerichtshofs zur Produkthaftungsrichtlinie führen werden. Die Kommission der Europäischen Gemeinschaft hat deutlich gemacht, dass sie diese Auslegungstätigkeit durch den Europäischen Gerichtshof derzeit für eine der wichtigsten Harmonisierungsmaßnahmen im Bereich des Europäischen Produkthaftungsrechts hält.[111]

Es ist daher davon auszugehen, dass eine ganze Reihe offener Auslegungsfragen in Bezug auf das Produkthaftungsgesetz in den nächsten Jahren vom Europäischen Gerichtshof verbindlich geklärt werden wird.

---

[110] EuGH, Urteil vom 9.2.2006 – C -127/04, EuZW 2006, 184. Die englischen Gerichte entschieden danach den Fall zugunsten des Klägers O’Byrne ohne der Frage des Inverkehrbringens weiter nachzugehen indem sie eine nach englischem Verjährungsrecht möglichen Parteiaustausch zuließen, O’Byrne v. Aventis Pasteur MSD Ltd. [2007] EWCA Civ 939.

[111] Dritter Bericht über die Anwendung der Richtlinie des Rates zur Angleichung der Rechts- und Verwaltungsvorschriften der Mitgliedstaaten über die Haftung für fehlerhafte Produkte, KOM(2006) 496 endgültig.

6.2 Produkthaftung nach dem Produkthaftungsgesetz

6.2.1 Grundlagen der Haftung

Anspruchsgrundlage

Nach § 1 ProdHaftG ist der Hersteller schadensersatzpflichtig, wenn durch den Fehler eines Produkts jemand getötet, sein Körper oder seine Gesundheit verletzt oder eine Sache beschädigt wird. Auf ein Verschulden des Herstellers kommt es nicht an. Der Fehler muss für die Rechtsgutsverletzung ursächlich sein.

Haushaltsleiter

Bei der Benutzung einer Haushaltsleiter bricht eine Trittstufe. Der Verbraucher V stürzt und verletzt sich. Der Sturz ist darauf zurückzuführen, dass eine der Trittstufen wegen einer nicht sachgerechten Herstellung brach. Hier haftet der Hersteller, weil durch das fehlerhafte Produkt der Körper des V verletzt wurde. V kann nach § 1 ProdHaftG seine Behandlungskosten und Schmerzensgeld ersetzt verlangen.

6.2.2 Produkt

bewegliche Sache

Voraussetzung der Haftung nach § 1 ProdHaftG ist, dass der Schaden von einem Produkt ausgeht. Was ein Produkt ist, bestimmt § 2 des Gesetzes. Produkte sind danach Sachen, also körperliche Gegenstände. Vom Produktbegriff erfasst werden alle beweglichen Sachen, auch Teile einer beweglichen oder unbeweglichen Sache. Auch gebrauchte oder bearbeitete Sachen sind Produkte. Bewegliche Sachen sind danach technische Geräte, Spielzeug, Kraftfahrzeuge, Lebensmittel und Kosmetika. Blut oder menschliche Organe, die von Organbanken angeboten werden, sind ebenfalls bewegliche Sachen. Unter den Begriff der beweglichen Sachen fällt weitgehend auch Software. Bücher sind Produkte was ihre Körperlichkeit betrifft. Für ihren Inhalt haftet der Verleger nach § 1 ProdHaftG genauso wenig wie der Berater für eine schriftlich fixierte Beratungsleistung. Seit 2002 unterfallen auch landwirtschaftliche Erzeugnisse dem Produktbegriff und der sich aus dem Produkthaftungsgesetz ergebenden Haftung. Im Ergebnis werden damit alle in einer modernen Industriegesellschaft hergestellten und vertriebenen beweglichen Gegenstände vom Produktbegriff erfasst.

Windkraftanlage

Wird eine Windkraftanlage auf einem Grundstück errichtet, dann kann der Hersteller der Bauteile der Windkraftanlage für Personenschäden nach dem Produkthaftungsgesetz haften müssen, auch wenn sie Teil einer unbeweglichen Sache, der fertig gestellten Windkraftanlage, sind.

6.2.3 Fehler

Im Mittelpunkt des gesamten Produkthaftungsgesetzes steht der Begriff des Fehlers. Nach § 3 ProdHaftG hat ein Produkt einen Fehler, wenn es nicht die Sicherheit bietet, die unter Berücksichtigung aller Umstände berechtigterweise erwartet werden kann. Bei der Beurteilung der Sicherheit, die berechtigterweise erwartet werden kann, sind die Darstellung, der Gebrauch des Produkts, mit dem billigerweise gerechnet werden kann, und der Zeitpunkt seines Inverkehrbringens zu berücksichtigen.

Abgrenzung zum Fehlerbegriff des Gewährleistungsrechts

Vom Fehlerbegriff des kaufrechtlichen Gewährleistungsrechts unterscheidet sich derjenige des § 3 ProdHaftG dadurch, dass er zum einen nicht jede Abweichung von der vertraglich geschuldeten Kaufsache zum Fehler erklärt, sondern nur solche Abweichungen, die sicherheitsrelevant sind. So kann beispielsweise eine fehlerhafte Lackierung ein Sachmangel, aber kein Fehler nach dem Produkthaftungsgesetz sein, weil die Farbabweichung in der Regel nicht sicherheitsrelevant ist. Darüber hinaus wird der Fehler im Gewährleistungsrecht gemäß § 434 Abs. 1 Satz 1 BGB nach den subjektiven Vorstellungen der Parteien bestimmt, während die Frage, ob ein Fehler im Sinne des § 3 ProdHaftG vorliegt nicht nach den Vorstellungen des Geschädigten, sondern objektiv nach den Sicherheitserwartungen der Allgemeinheit zu beantworten ist.

Unterschiede zu § 823 Abs. 1 BGB

Der Fehlerbegriff des § 3 ProdHaftG unterscheidet sich von der Verletzung der Verkehrssicherungspflicht in § 823 Abs. 1 BGB weitgehend nicht in den erzielten Ergebnissen, wohl aber in der juristischen Begründung, die aus beweisrechtlichen Überlegungen nicht am Fehler, sondern an der Verletzung von Verkehrssicherungspflichten anknüpft. Entscheidend für beide sind jedoch die berechtigten Sicherheitserwartungen an ein Produkt. Der wesentliche Unterschied beider Vorschriften, der sich auch in den Ergebnissen wiederfindet, liegt darin, dass § 3 ProdHaftG auf den Zeitpunkt des Inverkehrbringens abstellt und damit die Verletzung der Produktbeobachtungs- und Rückrufpflicht, keinen Fehler und damit keine Haftung nach dem Produkthaftungsgesetz begründet.

Abgrenzung zum GPSG

Auch das GPSG definiert was ein Fehler ist, § 4 GPSG. Obwohl die dortige Regelung ihrer Zielsetzung nach hoheitliche Eingriffe rechtfertigen soll und damit eine andere Zielsetzung verfolgt als das ProdHaftG, enthält das GPSG und die auf seiner Grundlage erlassenen Verordnungen und Normen umfassende Vorgaben zur Gewährleistung von Produktsicherheit, die sowohl im Rahmen von § 823 Abs. 1 BGB als auch von § 1 ProdHaftG Berücksichtigung finden müssen. Wird gegen Sicherheitsstandards des GPSG verstoßen und ergibt sich daraus ein ersatzfähiger Schaden, dann wird darin in der Regel zugleich ein Fehler im Sinne des § 3 ProdHaftG und auch eine Verletzung der Verkehrssicherungspflicht nach § 823 Abs. 1 BGB liegen. Anders als in § 4 Abs. 2 GPSG vorgesehen, führt aber die Einhaltung bekannt gemachter Normen im Sinne dieser Regelung bei der Haftung nach dem Produkthaftungsgesetz nicht zu einer Vermutungswirkung dafür, dass ein Produkt sicher ist. Das folgt aus der fehlenden ausdrücklichen Regelung im Produkthaftungsgesetz. Auch die Einhaltung der bekanntgemachten gesetzlichen Regelungen und Normen schließt daher einen Fehler nach § 3 ProdhaftG nicht aus.

Konsequenzen für die Darstellung

Zur Förderung der Lesbarkeit der vorliegenden Darstellung wird hier auf die vertiefte Erläuterung des Fehlerbegriffs des § 3 ProdHaftG verzichtet und auf die Ausführungen zu den Verkehrssicherungspflichten des § 823 Abs. 1 BGB verwiesen. Immer dann, wenn eine Verletzung einer Verkehrssicherungspflicht gegeben ist, wird – mit Ausnahme der Verletzung von Produktüberwachungs- und Rückrufpflichten – regelmäßig auch ein Fehler im Sinne des § 3 ProdHaftG vorliegen.

6.2.4 Hersteller

Haftung des Herstellers

Nach § 1 ProdHaftG ist nur der Hersteller schadensersatzpflichtig. § 4 bestimmt, wer Hersteller ist.

Hersteller

Hersteller ist nach § 4 Abs. 1 ProdHaftG zunächst sowohl der Endhersteller als auch der Zulieferer.

Quasihersteller

Hersteller ist darüber hinaus jeder der sich durch das Anbringen seines Namens, seiner Marke oder seines Firmenlogos als Hersteller ausgibt.

Importeur

Hersteller ist nach § 4 Abs. 2 ProdHaftG ferner der erste Importeur in den europäischen Wirtschaftsraum.[112] Damit soll sichergestellt werden, dass ein geschädigter europäischer Verbraucher ein Unternehmen vor europäischen Gerichten verklagen und ein Urteil gegen diesen Importeur auch durchsetzen kann.

ausnahmsweise Lieferantenhaftung

Hersteller ist schließlich jeder Lieferant, der dem Geschädigten auf Aufforderung den Hersteller oder seinen Lieferanten nicht benennt, § 4 Abs. 3 ProdHaftG. Der Lieferant, der seine Pflichten aus § 4 Abs. 3 ProdHaftG erfüllt, ist kein Hersteller.

6.2.5 Haftungsausschlüsse

Auch wenn die Vorraussetzungen des § 1 Abs. 1 Satz 1 ProdHaftG erfüllt sind, haftet der Hersteller in einer ganzen Reihe von Fällen nicht.

[112] Weil die Schweiz nicht Mitglied des EWR ist, ist jeder, der Produkte aus der Schweiz in den EWR importiert und weiter vertreibt, der Haftung aus dem ProdHaftG unterworfen.

andere Sache zur privaten Nutzung

Der Hersteller haftet nach § 1 Abs. 1 Satz 2 ProdHaftG im Falle einer Sachbeschädigung nicht, wenn nur das fehlerhafte Produkt, nicht aber eine andere Sache, beschädigt wird.

Gaszug Variante

Der Geschädigte erwarb einen neuen PKW des Herstellers H. Der vom Zulieferer Z produzierte Gaszug des PKW funktionierte trotz mehrfacher Reparaturen nicht ordnungsgemäß. Später kam es wegen des nicht ordnungsgemäß funktionierenden Gaszuges zu einem Verkehrsunfall, bei dem der PKW vollständig zerstört wurde. Kann der Geschädigte von H oder Z Schadensersatz für den PKW verlangen?

Hier scheidet eine Haftung des H nach dem ProdHaftG aus, weil keine andere Sache als der PKW beschädigt wurde. Denkbar wäre eine Haftung des Zulieferers für den PKW abzüglich des Gaszugs. Der Zulieferer, so könnte argumentiert werden, hatte ein Teil, den Gaszug, fehlerhaft geliefert. Da auch ein Teilprodukt ein Produkt im Sinne des § 2 ProdHaftG ist, wurde der Schaden auch durch ein Produkt verursacht. Beschädigt wurde der PKW. Dieser ist eine andere Sache als der Gaszug. Damit wären die Grundvoraussetzungen der Haftung des Zulieferers erfüllt. Eine solche Lösung, die sich an der Rechtsprechung des BGH zu den „Weiterfresserschäden" im Rahmen des § 823 Abs. 1 BGB orientiert, ist im Rahmen des Produkthaftungsgesetzes nicht sachgerecht. Sie widerspricht dem klaren Willen des Gesetzgebers,[113] führt zu einer nach der Idee der Richtlinie nicht zu rechtfertigenden Differenzierung der Haftung zwischen Hersteller und Zulieferer gegenüber dem geschädigten Verbraucher[114] und ist wegen der erzielten Ergebnisse europaweit nicht kommunizierbar.[115] Auch der Zulieferer des Gaszuges haftet hier nicht nach § 1 ProdHaftG, weil keine andere Sache als die Kaufsache, der PKW, beschädigt wurde.

Der Hersteller haftet darüber hinaus nicht, wenn die beschädigte andere Sache nicht privat genutzt wird. Da das Produkthaftungsgesetz ein Verbraucher-

---

[113] Siehe hierzu *Kullmann*, ProdHaftG, § 1 Rz. 8; siehe auch Grünbuch, Die zivilrechtliche Haftung für fehlerhafte Produkte, KOM (1999) 396 final, S. 30 mit Hinweis auf portugiesische Gerichtsentscheidungen.

[114] Der geschädigte Verbraucher kann sich hier nicht an den Hersteller, den er meist kennt, sondern an einen völlig unbekannten Zulieferer halten. Das widerspricht dem Regelungsmodell der Richtlinie, die dem Verbraucher ein einfach greifbares Haftungssubjekt zur Verfügung stellen will und den Streit über den Ausgleich zwischen Hersteller und Zulieferer nach § 5 ProdHaftG vom Kunden fern halten will.

[115] *Wagner* weist zu Recht darauf hin, dass das Ergebnis der deutschen Rechtsprechung zu den Weiterfresserschäden zu Ergebnissen führt, die für einen juristischen Laien oder das Rechtsverständnis in anderen europäischen Ländern unverständlich sind, Münchner Kommentar/*Wagner* § 1 ProdHaftG Rz. 14.

schutzgesetz ist, sollen nur private Rechtsgüter, nicht aber gewerblich genutzte Sachen geschützt sein.

Kein Ersatz von Produktionsausfallschaden

Aufgrund eines vom Hersteller verursachten Herstellungsfehlers fängt eine Fertigungsmaschine Feuer. Als Folge des Feuers brennen Teile der Produktionsanlagen des Unternehmers U ab. Es kommt zu einem Produktionsausfall von mehreren Tagen.
Hier kann der U nach dem Produkthaftungsgesetz keinen Ersatz seines Produktionsausfallschadens nach dem ProdHaftG geltend machen, weil der Sachschaden nicht an einer privat genutzten Sache eingetreten ist.[116]

Wohl aber haftet der Hersteller für Personenschäden, die durch fehlerhafte Produktionsanlagen oder sonstige gewerblich genutzte Gegenstände verursacht werden.

weitere Ausschlussgründe

Die Haftung des Herstellers ist des weiteren ausgeschlossen, wenn er das Produkt nicht in den Verkehr gebracht hat, wenn davon auszugehen ist, dass das Produkt den Schaden noch nicht hatte, als er das Produkt in Verkehr brachte sowie dann, wenn er das Produkt nicht kommerziell hergestellt oder vertrieben hat, § 1 Abs. 2 Nr. 1 bis 3 ProdhaftG.

zwingende Vorschriften

Keine große praktische Bedeutung hat der Haftungsausschluss nach § 1 Abs. 2 Nr. 4. Danach haftet der Hersteller auch dann nicht, wenn der Fehler auf die Einhaltung zwingender gesetzlicher Vorschriften zurückzuführen ist. Die relative Bedeutungslosigkeit der Vorschrift liegt darin begründet, dass die meisten der in diesem Zusammenhang praktisch wichtigen Vorschriften wie DIN-Normen, VDE-Vorschriften oder Unfallverhütungsvorschriften der Berufsgenossenschaften nicht zwingend sind.

keine Haftung für Entwicklungsfehler

Der Hersteller haftet darüber hinaus nicht für Entwicklungsfehler. Entwicklungsfehler sind Fehler, die der Hersteller nach dem Stand von Wissenschaft und Technik im Zeitpunkt des Inverkehrbringens nicht erkennen konnte. Die europäische Richtlinie überlässt es den Mitgliedstaaten diesen Ausnahmetatbestand auszuschließen. Das haben jedoch nur Finnland und Luxemburg getan. In den übrigen Staaten haftet der Hersteller nicht für Entwicklungsfehler. Die Regelung soll Herstellern Anreize zur Innovation nicht nehmen und die Versicherungskosten kalkulierbar machen. Nach § 1 Abs. 2 Nr. 5 ProdHaftG haftet der Hersteller nicht für Fehler, die generell und nicht nur auf den Industriezweig bezogen, in dem der Hersteller tätig ist, nach dem Stand von Wissenschaft und Technik einschließlich der am weitest fortgeschritten Forschungsergebnisse nicht erkennbar waren. Maßgeblich ist dabei nicht der subjektive

[116] Es kann ihm aber, wenn die Voraussetzungen erfüllt sind, ein Schadensersatz nach § 823 Abs. 1 BGB zustehen.

Erkenntnisstand des Herstellers, sondern ein Erkenntnisstand, von dem man objektiv ausgehen kann, dass er beim Hersteller vorlag. Dieser Kenntnisstand muss in jedem Fall auch für den Hersteller zugänglich gewesen sein.[117] Diese sehr hohen Anforderungen an die Haftungsentlastung des Herstellers führen dazu, dass es praktische Fälle, in denen eine Haftung wegen dieser Regelung ausschied, bisher kaum gibt.[118]

Verunreinigte Blutkonservern

Im *Stichting Sanquin Foundation* Fall aus den Niederlanden infizierten sich Patienten mit HIV, weil das Blut mit den damals vorhandenen Screening-Verfahren nicht auf HI Viren hin untersucht werden konnte. Die beklagten Hersteller hafteten nicht, weil der Fehler nach dem damaligen Stand von Wissenschaft und Technik nicht erkennbar war. Gegenteilig entschieden in vergleichbaren Fällen englische Gerichte.[119]

Haftungsausschluss bei Teilprodukten

Praktisch bedeutsam ist der Haftungsausschluss des § 1 Abs. 3 ProdHaftG. Danach ist die Haftung des Herstellers des Teilprodukts ausgeschlossen, wenn der Fehler durch die Konstruktion des Produkts, in welches das Teilprodukt eingebaut wurde, oder durch die Anleitung des Herstellers des Produkts verursacht wurde. Die erste dieser beiden Fallgruppen erfasst einwandfreie Zulieferteile, die vom Endhersteller aber nicht sachgerecht verwendet werden.

Beispielsfälle: einwandfreie Teilprodukte

- Statt nicht rostenden Edelstahlschrauben werden verzinkte Schrauben im Unterwasserbereich eines Fertigschwimmbeckens verwendet.
- Ein für Geschwindigkeiten bis 180 Km/h zugelassener Reifen wird in ein Fahrzeug eingebaut, das 195 Km/h erreicht.
- Ein für eine Reinigungsanlage eingebauter Schwimmschalter hat nicht die für ein solches Gerät erforderliche Dimension.

Kommt es in all diesen Fällen zu einem Körper- oder Sachschaden, dann haftet der Hersteller der Zulieferteile nach dem ProdHaftG nicht, wohl aber der Endhersteller.[120]

Die zweite Gruppe umfasst die Fälle, in denen Teilprodukte auf Anleitung eines Endherstellers produziert werden.

---

[117] Siehe dazu EuGH, Urteil vom 29.5.1997, Rs C-300/95, *Kommission der Europäischen Gemeinschaften/Vereinigtes Königreich Grossbritannien und Nordirland*, Rz 26-29.

[118] *Fondazione Rosselli*, Analysis of the Economic Impact of the Development Risk Clause as provided by Directive 85/374/EEC on Liability for Defective Products, Study for the European Commission, 2004.

[119] Zitiert nach *Lovells*, Die Produkthaftung in der Europäischen Union, S. 53 f.

[120] Zitiert nach *Kullmann*, ProdHaftG, § 1 Rz. 77 ff.

Teilprodukt auf Anleitung

Der Hersteller bestellt bei seinem Zulieferer ein Teilprodukt, das in eine Maschine eingebaut werden soll und teilt dem Zulieferer genaue Spezifikationen mit, ohne ihm aber detaillierte Informationen über die Maschine oder deren Verwendungszweck zukommen zu lassen. Kommt es hier zu einem Schaden, der auf dem nach den Spezifikationen einwandfrei hergestellten Zulieferprodukt beruht, dann haftet der Hersteller des Teilprodukts nicht.

Der Teilehersteller haftet aber, wenn er an der Festlegung der Spezifikationen des Teilprodukts verantwortlich mitgewirkt hat.

6.2.6 Beweislast

Schon nach allgemeinen Beweislastregeln gilt, was § 1 Abs. 4 ProdHaftG ausdrücklich regelt. Danach muss der Geschädigte, der einen Schadensersatzanspruch geltend macht, beweisen, dass das Produkt fehlerhaft war, dass ein Schaden entstanden ist und dass der Schaden auf den Fehler zurückzuführen ist.

Manche Gerichte haben den Geschädigten den Beweis für das Vorliegen eines Fehlers dadurch erleichtert, dass sie es für ausreichend erachteten, dass das Produkt eine Fehlfunktion aufwies und diese zu einem Schaden führte.

Glasscheibe

Ein Verbraucher wurde durch eine springende Glasscheibe, die einen offenen Kamin abschloss, verletzt. Die genaue Ursache des Berstens konnte nicht geklärt werden Das französische Gericht entschied, dass der Nachweis des Fehlers nicht die genaue Darlegung der Ursache des Zerspringens voraussetze, vielmehr genüge es, dass der Schaden durch das Bersten des Glases verursacht worden sein.[121]

In anderen Fällen haben Gerichte solche Beweiserleichterungen abgelehnt.

Kondom

Im Kondomfall riss ein Kondom während der Benutzung. Die genauen Ursachen der Fehlfunktion wurden nicht geklärt. Das in diesem Fall ent-

---

[121] Zitiert nach Bericht der Kommission an den Rat, das Europäische Parlament und den Europäischen Wirtschafts- und Sozialausschuss, Kom (2006) 496 endgültig, S. 11.

scheidende englische Gericht verlangte, dass der Kläger das genaue Wesen des Fehlers beweisen müsse, der bloße Nachweis, dass das Produkt nicht ordnungsgemäß funktioniere, reiche nicht aus.[122]

Der Hersteller muss im Gegenzug darlegen und beweisen, ob einer der Haftungsausschlusstatbestände des § 1 Abs. 2 oder 3 ProdHaftG erfüllt ist.

6.2.7 Umfang des zu ersetzenden Schadens

Grundlegung

Im Schadensfall hat der nach § 1 ProdHaftG Verpflichtete den eingetretenen Schaden auszugleichen. Einzelheiten ergeben sich aus den §§ 7 bis 9 ProdHaftG. Der Schadensersatzanspruch umfasst auch ein angemessenes Schmerzensgeld.

Haftungsminderung

Hat der Geschädigte den Schaden mitverschuldet, dann mindert sich die Haftung des Herstellers unter Berücksichtigung der beiderseitigen Verursachungs- und Verschuldensbeiträge, § 6 ProdHaftG.

Selbstbehalt

Um Bagatellprozesse zu vermeiden sieht § 11 ProdHaftG vor, dass der Geschädigte im Falle der Sachbeschädigung einen Schaden bis zur Höhe von 500 Euro selbst zu tragen hat.[123] Bei Körperschäden kann demgemäß der Verletzte den vollen Schadensersatz verlangen.

Haftungshöchstbetrag

In der Praxis keine Rolle hat bisher § 10 ProdHaftG gespielt. Danach ist die Haftung bei Serienschäden auf 85 Millionen Euro pro Produktfehler beschränkt.

6.2.8 Unabdingbarkeit

§ 14 ProdHaftG regelt ausdrücklich, dass die Herstellerhaftung nach dem ProdHaftG im Voraus nicht ausgeschlossen werden kann. Daraus ergibt sich, dass der Hersteller bei sicherheitsrelevanten Fehlern im Schadensfall der Produkthaftung durch vermeintlich geschickte Vertragsgestaltungen nicht entgehen kann.

---

122 Zitiert nach Bericht der Kommission an den Rat, das Europäische Parlament und den Europäischen Wirtschafts- und Sozialausschuss, Kom (2006) 496 endgültig, S. 11.

123 Der Wortlaut der deutschen Regelung ist eindeutig. Die Auslegung der vergleichbaren Regelung in der Richtlinie ist demgegenüber umstritten. Manche Mitgliedstaaten – wie Deutschland – gehen davon aus, dass der genannte Betrag in jedem Fall von dem zugesprochenen Schadensersatz abzuziehen ist. In anderen wird der volle Schadensersatz ohne Abzug zugesprochen, wenn der Schwellenwert der 500 € überschritten ist.

6.2.9 Sonstiges

Verjährung

Produkthaftungsansprüche verjähren aus Herstellersicht im günstigsten Fall drei Jahre nach dem Inverkehrbringen des fehlerhaften Produkts, § 12 ProdHaftG. Sie erlöschen im ungünstigsten Fall erst 10 Jahre nach diesem Ereignis, § 13 ProdHaftG.

Nebeneinander der Produkt- und Produzentenhaftung

Die Haftung aus dem Produkthaftungsgesetz berührt nicht die Haftung nach anderen gesetzlichen Regelungen, § 15 Abs. 2 ProdHaftG. Das bedeutet, dass ein Geschädigter seinen Anspruch zugleich auf § 823 Abs. 1 BGB oder eine andere Regelung stützen kann. Dabei kann sich ergeben, dass ein Anspruch aus dem Produkthaftungsgesetz besteht, ein Anspruch z.B. aus § 823 Abs. 1 BGB aber nicht oder umgekehrt.

Drehbank

Im Betrieb des U gerät die von H hergestellte Drehbank außer Kontrolle, weil ein Sicherungsstift infolge eines Herstellungsfehlers gebrochen war. Das in Bearbeitung befindliche Metallstück im Wert von 200 € sowie in der Nähe stehende wertvolle Messeinrichtungen werden zerstört. Kann U von H Schadensersatz verlangen?
Eine Haftung des H nach § 1 ProdHaftG kommt hier nicht in Betracht, weil die Sachbeschädigung keine privat, sondern eine gewerblich genutzte Sache betraf. Wohl aber kann H von U aus § 823 Abs. 1 BGB auf Schadensersatz in Anspruch genommen werden, weil dessen Voraussetzungen erfüllt sind und weil die Haftung aus dem Produkthaftungsgesetz diejenige aus § 823 Abs. 1 BGB nicht berührt.

6.3 Geräte- und Produktsicherheitsgesetz

6.3.1 Bedeutung für die Produkthaftung

Das 2004 in Kraft getreten GPSG löst deutsche Vorläufergesetze ab und setzt zugleich 14 europäische Richtlinien[124] in nationales Recht um. Das GPSG

[124] Die umgesetzten Richtlinien werden im Text des GPSG in Fußnote 1 nebst genauer Bezeichnung und Fundstelle genannt. Umgesetzt wurden die Allgemeine Produktsicherheitsrichtlinie, die Niederspannungsrichtlinie 73/23 EWG, die Spielzeugrichtlinie 88/378/EWG, die Maschinenlärm-Richtlinie 86/188 EWG, die Druckbehälterrichtlinie 87/404/EWG, die Gasverbrauchseinrichtungs-Richtlinie 90/396/EWG, die Persönliche Schutzausrüstungs-Richtlinie, 89/686/EWG, die Maschinenrichtlinie 98/37/EG, die Sportboote-Richtlinie 94/25/EG, die ATEX (Geräte und Schutzsysteme zur bestimmungsgemäßen Verwendung in explosionsgefährdeten Bereichen) Richtlinie 94/9/EG, die Aufzugs-Richtline 95/16/EG, die Aerosolpa-

bezweckt den Schutz der Gesundheit von Verbrauchern und Arbeitnehmern, dient aber nicht dem Schutz vor Sachbeschädigungen. Es erfasst alle Verbraucherprodukte und Arbeitsmittel. Das GPSG erreicht den Schutz der Verbraucher vor unsicheren Produkten dadurch, dass es festlegt unter welchen Voraussetzungen Produkte in Verkehr gebracht werden dürfen und wie mit Produktgefahren, die sich nach dem Inverkehrbringen ergeben, umzugehen ist.

Die Bedeutung des GPSG für die Produkthaftung liegt darin, dass sie die Pflicht des Herstellers, nur sichere Produkte in Verkehr zu bringen weiter konkretisiert. Während die Rechtsprechung zu § 823 Abs. 1 BGB eher allgemeine, abstrakte Grundprinzipien einerseits und Einzelfallregelungen andererseits aufgestellt hat, die häufig nicht zweifelsfrei auf andere produkthaftungsbezogene Problemlagen übertragen werden können, ergeben sich aus dem GPSG und den in Bezug genommen Normen konkretere Verhaltenspflichten für den Hersteller und seine Mitarbeiter. Auch wenn deren Verletzung nicht in allen Fällen zwingend zu einer Haftung nach § 823 Abs.1 BGB führen muss, so verlangt ein Abweichen von den im Produktsicherheitsrecht vorgegebenen Rechtsregeln und Normen – soweit es zulässig ist – doch jeweils eine gut dokumentierte Begründung, warum trotz Abweichung die Sicherheit der Produktnutzer nicht gefährdet wird.

6.3.2 Wesentliche Regelungen des GPSG im Überblick

Anwendungsbereich

Das GPSG gilt für technische Arbeitsmittel und Verbraucherprodukte. Bei technischen Arbeitsmitteln handelt es sich vor allem um ausschließlich für die Arbeit bestimmte Arbeitseinrichtungen, § 2 Abs. 2 GPSG. Verbraucherprodukte sind Produkte, die für Verbraucher bestimmt sind oder sonstige Produkte, die unter vernünftigerweise vorhersehbaren Bedingungen vom Verbraucher benutzt werden (Migrationsprodukte), § 2 Abs. 2 GPSG.

> Typische Migrationsprodukte sind ein im Baumarkt verliehener Minibagger oder Zementmischer.

Das GPSG erfasst damit nahezu die gesamte Palette technischer Produkte vom einfachen Kinderspielzeug über technische und elektronische Geräte bis zu Spezialmaschinen wie Tunnelbohranlagen. Die Sicherheit von Arzneimitteln, Medizinprodukten, Lebens- und Futtermitteln oder Bauprodukten wird durch Spezialgesetze geregelt. Ausnahmsweise können solche Produkte aber auch vom GPSG erfasst sein, soweit nicht in den sie regelnden Spezialgesetzen

---

ckungs-Richtlinie 75/324/EWG und die Druckgeräte-Richtlinie 97/23/EG. Außerdem dient das GPSG der Umsetzung von Rechtsakten über Konformitätsbewertungsverfahren und das CE Kennzeichen.

entsprechende oder weitergehende Sicherheitsanforderungen vorgesehen sind, § 1 Abs. 3 GPSG. Nicht in den Anwendungsbereich des GPSG fallen Antiquitäten, als instandsetzungsbedürftig verkaufte Produkte, Produkte für ausschließlich militärische Zwecke oder hobbymäßig in den Verkehr gebrachte Produkte, § 1 Abs. 1 GPSG.

Pflicht zum Inverkehr-bringen sicherer Produkte

Zu den wichtigsten Bestimmungen des GPSG zählt § 4. Er unterscheidet zwischen Produkten, für die besondere Vorschriften nach § 3 Abs. 1 GPSG erlassen wurden, § 4 Abs. 1 GPSG, und den sonstigen Produkten, § 4 Abs. 2 GPSG.

§ 4 Abs. 1 GPSG

Produkte nach § 4 Abs. 1 GPSG sind diejenigen Produkte, für welche die besonderen Verordnungen gelten, die europäische Harmonisierungsrichtlinien umsetzten.[125] Die von diesen Verordnungen erfassten Produkte dürfen nur in Verkehr gebracht werden, wenn sie den Vorgaben der jeweils für sie anwendbaren Verordnungen entsprechen und Sicherheit und Gesundheit und sonstige genannte Rechtsgüter bei bestimmungsgemäßer Verwendung und vorhersehbarer Fehlanwendung nicht gefährdet sind. Wer Produkte in Verkehr bringt muss beurteilen, ob sein Produkt in den Anwendungsbereich einer oder mehrerer der genannten Verordnungen fällt und deren Anforderungen entspricht. Darüber hinaus darf das Produkt Sicherheit und Gesundheit des Verwenders oder Dritter bei bestimmungsgemäßer Verwendung und vorhersehbarer Fehlanwendung nicht gefährden. Der Hersteller muss demgemäß eine umfassende Gefahrenanalyse erstellen, deren Details in den in Bezug genommen Verordnungen geregelt sind. Stellt der Hersteller die Einhaltung der Regeln fest, dann bestätigt er dies durch die von ihm selbst abzugebende EG Konformitätserklärung und, soweit dies vorgesehen ist, die CE-Kennzeichnung.

Die Einhaltung der in § 4 Abs. 1 S. 2 GPSG erwähnten Sicherheitsstandards begründet die Vermutung, dass diese Produkte sicher sind. Das bedeutet, dass

---

[125] Erfasst werden Produkte die unter folgende Verordnungen fallen:

Verordnung über das Inverkehrbringen elektrischer Betriebsmittel zur Verwendung innerhalb bestimmter Spannungsgrenzen – 1. GPSGV.

Verordnung über die Sicherheit von Spielzeug – Spielzeugverordnung – 2. GPSGV.

Maschinenlärminformationsverordnung – 3. GPSGV

Verordnung über das Inverkehrbringen von einfachen Druckbehältern – 6. GPSGV

Gasverbrauchseinrichtungsverordnung – 7. GPSGV.

Verordnung über das Inverkehrbringen von persönlichen Schutzeinrichtungen – 8. GPSGV.

Maschinenverordnung – 9. GPSGV.

Verordnung über das Inverkehrbringen von Sportbooten – 10. GPSGV

11. Verordnung zum GPSG – 11. GPSGV (Explosionsschutz)

Aufzugsverordnung – 12. GPSGV.

Aerosolpackungsverordnung – 13. GPSGV.

Druckgeräteverordnung – 14. GPSGV.

der Hersteller von diesen sicherheitsrelevanten Vorgaben zwar abweichen darf, dass er in diesen Fällen aber besonders begründen und dokumentieren, warum sein Produkt dennoch sicher ist.

§ 4 Abs. 2 GPSG

Soweit es keine Sondervorschriften gibt, darf ein Produkt nach § 4 Abs. 2 GPSG nur in Verkehr gebracht werden, „wenn es so beschaffen ist, dass bei bestimmungsgemäßer Verwendung oder vorhersehbarer Fehlanwendung Sicherheit und Gesundheit von Verbrauchern oder Dritten nicht gefährdet werden. Bei der Beurteilung, ob ein Produkt der Anforderung nach Satz 1 entspricht, sind insbesondere zu berücksichtigen

5. die Eigenschaften des Produkts einschließlich seiner Zusammensetzung, Verpackung, der Anleitung für seinen Zusammenbau, der Installation, der Wartung und der Gebrauchsdauer,
6. seine Einwirkung auf andere Produkte, soweit seine Verwendung mit anderen Produkten zu erwarten ist,
7. seine Darbietung, Aufmachung im Handel, Kennzeichnung, Warnhinweise, Gebrauchs- und Bedienungsanleitung und Angaben für seine Beseitigung sowie alle sonstigen produktbezogenen Angaben und Informationen,
8. die Gruppen von Verwendern, die bei der Verwendung des Produkts einer größeren Gefahr ausgesetzt sind als andere.“

Hält sich der Hersteller an bestimmte, bekannt gemachte Normen oder technische Spezifikationen, dann wird vermutet, dass das Produkt sicher ist, § 4 Abs. 2 S. 3 GPSG.

Nach § 4 Abs. 4 Nr. 2 GPSG ist beim Inverkehrbringen der meisten Produkte eine Gebrauchsanleitung in deutscher Sprache mitzuliefern.

besondere Pflichten bei Verbraucherprodukten

§ 5 GPSG legt dem Hersteller besondere Pflichten für das Inverkehrbringen von Verbraucherprodukten auf. Der Hersteller muss das Produkt nach § 5 Abs. 1 Nr. 1a GPSG soweit erforderlich mit Warnhinweisen versehen. Das Produkt muss eine Herstellerkennzeichnung haben, § 5 Abs. 1 Nr. 1 b GPSG. Der Hersteller muss darüber hinaus ein der Gefährlichkeit seines Produkts entsprechendes Krisenmanagementsystem eingerichtet haben, um Produktgefahren durch Rücknahme, Warnung oder Rückruf angemessen begegnen zu können, § 5 Abs. 1 Nr. 1c GPSG. Nach § 5 Abs. 1 Nr. 2 GPSG ist der Hersteller zur erforderlichen aktiven und passiven Produktbeobachtung verpflichtet. Nach § 5 Abs. 2 GPSG hat er schließlich Meldepflichten gegenüber der Behörde, wenn er Informationen oder Anhaltspunkte über Gefahren seiner im Verkehr befindlichen Produkte hat.

Auch der Händler hat nach § 5 Abs. 3 GPSG dazu beizutragen, dass nur sichere Verbraucherprodukte in Verkehr gebracht werden.[126]

sonstige Regelungen des GPSG

Weitere Regelungen des GPSG bestimmen, wann und wie das GS Zeichen vergeben und verwendet werden darf[127] und sie regeln die Aufgaben und teilweise weitreichenden Befugnisse der Behörden bei der Marktüberwachung und bei der Abwendung akuter Produktgefahren.[128] Das Gesetz schafft zudem in § 9 die nationalen Grundlagen für den Aufbau und die Unterhaltung des europaweiten Meldesystems für Produktgefahren, RAPEX. RAPEX ist ein Schnellinformationssystem, über das Informationen über gefährliche Produkte europaweit öffentlich zugänglich gemacht werden. Durch das System sollen Verbraucher europaweit vor gefährlichen Produkten geschützt werden.[129] Schließlich regelt das GPSG noch den Zugang der Öffentlichkeit zu Informationen[130] und sieht Bußgelder für den Verstoß gegen verschiedene Bestimmungen des GPSG vor.[131] Die weiteren Regelungen des GPSG sind im vorliegenden Zusammenhang nicht von Bedeutung.

6.3.3 Allgemeine Sicherheitsanforderungen nach dem GPSG

Nach dem Wortlaut des § 4 Abs. 2 S. 1 GPSG darf kein Produkt in Verkehr gebracht werden, das Gesundheit von Verwendern oder Dritten gefährdet. Diese Regelung wird dahingehend richtlinienkonform auszulegen sein, dass Produkte nur dann in Verkehr gebracht werden dürfen, wenn sie sicher sind.[132]

Bei der Frage, wann ein Produkte sicher ist, sind zum einen die in § 4 Abs. 2 Nr. 1 bis 4 GPSG genannten Aspekte zu berücksichtigen, also sein Gebrauch und vorhersehbarer Fehlgebrauch, seine Eigenschaften, seine Einwirkungen auf andere Produkte, seine Darbietung und die Gruppen von Verwendern. Zum anderen ist Art. 3 Abs. 3 der europäischen Produktsicherheitsrichtlinie zu be-

---

126 Weitere Pflichten des Händlers ergeben sich aus § 5 Abs. 3 S. 3 i.V.m. § 5 Abs. 2 GPSG. Danach muss auch der Händler der zuständigen Behörde Gefahren der von ihm vertriebenen Produkte melden. Sinnvollerweise wird der Hersteller in den mit seinen Händlern geschlossenen Vertriebsverträgen ausdrücklich regeln, dass der Hersteller vom Händler vorab über eine Meldung an die Behörden zu informieren ist.

127 § 7 GPSG.

128 § 8 GPSG.

129 http://ec.europa.eu/rapex

130 § 10 GPSG.

131 § 19 GPSG.

132 Art. 3 Abs. 1 der Allgemeinen Produktsicherheitsrichtlinie bestimmt: „Die Hersteller dürfen nur sichere Produkte in Verkehr bringen.“

rücksichtigen. Danach „wird die Übereinstimmung eines Produkts mit der allgemeinen Sicherheitsanforderung unter Berücksichtigung insbesondere folgender Elemente – soweit vorhanden – beurteilt:

a) die nicht bindenden nationalen Normen zur Umsetzung einschlägiger europäischer Normen …

b) die Normen des Mitgliedstaates, in dem das Produkt vermarktet wird,

c) die Empfehlungen der Kommission zur Festlegung von Leitlinien für die Beurteilung der Produktsicherheit

d) die im betreffenden Bereich geltenden Verhaltenskodizes für die Produktsicherheit

e) der derzeitige Stand des Wissens und der Technik

f) die Sicherheit, die von den Verbrauchern vernünftigerweise erwartet werden kann.“

Aus der Zusammenschau der genannten Bestimmungen von GPSG und Produktsicherheitsrichtlinie ergibt sich ein Bild des allgemein im GPSG geforderten Sicherheitsstandards. Danach ist Sicherheit ein relativer Begriff. Nicht jedes Produkt, das Risiken birgt, darf daher nicht vermarktet werden. Die Frage ist, welche Risiken zulässigerweise von Produkten ausgehen dürfen. Das lässt sich nicht mit einem Satz beantworten, sondern muss im Einzelfall das Ergebnis einer Abwägung sein, die alle obengenannten Aspekte berücksichtigt.

Bremssysteme II

Hersteller H hat im Jahr 2007 einen preisgünstigen Kleinwagen in Verkehr gebracht, der mit einem Bremssystem ausgestattet ist, dessen Bremsweg bei Geschwindigkeiten von 100 km/h doppelt so lang ist, wie der Durchschnittsbremsweg aller im Jahr 2007 in Deutschland in Verkehr gebrachter PKW. Ist der PKW sicher? Welche Konsequenzen ergeben sich, wenn die Antwort nicht eindeutig ist?
Bei der Beantwortung der Frage ist zunächst zu berücksichtigen, dass der PKW nach den einschlägigen Vorschriften zugelassen wurde und dass er die Vorgaben über den Mindestbremsweg einhält.
Des Weiteren ist zu berücksichtigen, dass der PKW nach dem Stand des Wissens und der Technik mit deutlich kürzerem Bremsweg hätte hergestellt werden können. Allerdings hätten die Mehrkosten 300 € pro PKW betragen.
Zu berücksichtigen ist auch, dass der PKW eine Höchstgeschwindigkeit von 130 km/h fahren kann.
Maßgeblich ist schließlich, welche Sicherheit von Verbrauchern vernünftigerweise erwartet werden kann. Dabei wird zu berücksichtigen sein, welchen Durchschnittsbremsweg alle in Deutschland im Verkehr befind-

lichen PKW haben, denn der Verbraucher wird vernünftigerweise von einem neuen PKW nicht erwarten, dass er etwa bei einem Bremsmanöver im Kolonnenverkehr schlechter bremst, als die PKW, die ihn umgeben. Des Weiteren wird zu berücksichtigen sein, ob es schon Unfälle wegen des langen Bremswegs der Bremssysteme gab und welche Schäden eingetreten sind. Ein Einzelfall wird nicht ausreichen. Der Verbraucher wird aber nicht erwarten, dass es mehrere bremssystembedingte Unfälle gab. Zu berücksichtigen wird auch sein, dass es auf deutschen Autobahnen keine Höchstgeschwindigkeiten gibt und damit angemessene Bremswege bei allen Kraftfahrzeugen zur Vermeidung von Serienunfällen von Bedeutung sind. Ebenfalls zu berücksichtigen sein wird, ob die Fachpresse, Verbraucherverbände usw. die Bremssysteme kritisiert haben und wie der Hersteller sich mit dieser Kritik auseinandergesetzt hat. Einfließen wird schließlich, ob der Hersteller für sein nicht unproblematisches Produkt eine umfassende Produktbeobachtungsorganisation eingeführt hat, um schnellstmöglich sachgerecht auf Gefahren reagieren zu können und ggf. nachweist, dass er entsprechend reagiert hat. Schließlich wird zu beurteilen sein, ob ein verständiger Verbraucher zur Vermeidung des Risikos, das sich aus dem Produkt ergibt, Mehrkosten für das Produkt in Höhe von 300 € übernommen hätte.
Letztlich ist es, wenn es nicht aufgrund der Bremssysteme zu einer Reihe ernster Unfälle kam, für die Behörde schwer zu entscheiden, ob sie einen Rückruf anordnen kann, weil der PKW nicht sicher ist. Hat sich der Hersteller an die einschlägigen Normen und Standards gehalten wird die Behörde im Zweifel nachweisen müssen, dass die Bremssysteme unsicher sind. Sie wird daher in der Regel in einem solchen Fall sehr zurückhaltend mit der Anordnung eines Rückrufs sein. Anders ist die Lage in Produkthaftungsfällen nach § 823 Abs. 1 BGB. Kommt es insoweit zum ersten Schadensfall, dann muss der Hersteller beweisen, dass der PKW sicher konstruiert war. Im Zweifel wird das im vorliegenden Fall ein schwer zu führender Beweis sein. Jedenfalls ist es nicht ausreichend, dass der Hersteller die Bestimmungen über Bremssysteme eingehalten hat.

6.3.4 Bedeutung des GPSG im Konstruktionsbereich

Der Hersteller, der Produkte in Verkehr bringt, die unter eine oder mehrere Verordnungen zum GPSG fallen, hat die in den genannten Verordnungen aufgeführten Vorgaben an die Konstruktion zu beachten. Soweit sein Produkt nicht in den Anwendungsbereich einer der Verordnungen oder sonstigen Spezialregelungen fällt, hat er ein Produkt sicher zu konstruieren.

Er muss in diesem Zusammenhang für jedes Produkt eine Gefahrenanalyse erstellen, die sich an der im vorangehenden Unterabschnitt erwähnten Abwägung orientiert. Unterlässt er diese Gefahrenanalyse oder führt er sie nicht sorgfältig durch und ergeben sich daraus Gesundheitsschäden von Verwendern oder Dritten, dann begründet dies die Haftung des Herstellers sowohl nach § 823 BGB als auch nach § 1 ProdHaftG.

6.3.5 Bedeutung des GPSG im Fabrikationsbereich

Aus dem GPSG selbst ergeben sich kaum konkretisierte, ausdrücklich formulierte Herstellerpflichten, die den Fabrikationsbereich betreffen. [133] Wohl aber ergeben sich aus den zum GPSG ergangenen Verordnungen Anforderungen an die Sicherung der Produktqualität im Fabrikationsprozess. Zudem ergibt sich aus der allgemeinen Pflicht des Herstellers, nur sichere Produkte in Verkehr zu bringen, für den Hersteller die Notwendigkeit, die erforderlichen Qualitätssicherungsprozesse zur Produktion sicherer Produkte einzusetzen.

6.3.6 Bedeutung des GPSG für die Instruktionspflicht

Neben Instruktionspflichten, die sich aus den zum GPSG erlassenen Verordnungen oder aus sonstigen spezialgesetzlichen Regelungen ergeben, darf kein Produkt ohne die erforderliche Gebrauchsanleitung, § 4 Abs. 4 GPSG, und ohne die erforderlichen Warnhinweise, § 5 Abs. 1 Nr. 1 GPSG, in Verkehr gebracht werden. Nicht jedes Produkt braucht eine Gebrauchsanleitung und Warnhinweise. Erforderlich sind sie nur, wenn eine Gefahrenanalyse ergibt, dass das Produkt ohne Gebrauchsanleitung und/oder Warnhinweise nicht sicher genutzt werden kann. Gebrauchsanleitung und Warnhinweise müssen ihrerseits ihr Ziel, die Produktsicherheit weiter zu verbessern, erreichen. Das schaffen sie nur, wenn sie grundlegende Erfordernisse an die Verständlichkeit erfüllen.[134] Gebrauchsanleitungen und Warnhinweise müssen dem Produkt im Zeitpunkt des Inverkehrbringens beigefügt sein.

6.3.7 GPSG und Produktüberwachung und Rückruf

aktive und passive Produktbeobachtung

Nach § 5 Abs. 1 Nr. 2 GPSG hat der Hersteller die Pflicht zur aktiven und passiven Produktbeobachtung. Er muss also nicht nur eingehende Informatio-

[133] Ausnahme ist die Kennzeichnungspflicht nach § 5 Abs. 1 Nr. 1b GPSG.

[134] Siehe hierzu die Entschließung des Rates vom 17. Dezember 1998 über Gebrauchsanweisungen für technische Konsumgüter (98/C 411/01).

nen über seine Produkte verarbeiten (passive Produktbeobachtung) sondern auch Informationen aus dem Markt einholen (aktive Produktbeobachtung). Der Umfang dieser Pflicht richtet sich nach dem von dem Produkt ausgehenden Gefahren und den Möglichkeiten ihrer Abwehr. Bei einem Produkt, das vorhersehbar kaum Gefahren birgt, wird er daher auf eine aktive Produktbeobachtung verzichten können. Aus der Produktsicherheitsrichtlinie[135] ist zu entnehmen, dass die in § 5 Abs. 1 Nr. 2 GPSG genannten Produktbeobachtungsmaßnahmen nicht abschließend sind, sondern auch andere wie bspw. Internetscreening, Konkurrenzbeobachtung, Fachlektüre sachgerecht sein können. Entscheidend ist, dass der Umfang der Produktbeobachtung den von dem Produkt ausgehenden Gefahren angemessen ist. Die Entscheidung welche Produktbeobachtungsmaßnahmen ein Hersteller zu ergreifen hat, hängt daher ebenfalls von einer Gefahrenanalyse in Bezug auf das in Verkehr gebrachte Produkt ab.[136] Die Pflicht aus § 5 Abs. 1 Nr. 2 GPSG wird verletzt, wenn der Hersteller sein Unternehmen nicht so organisiert hat, dass die eingehenden Informationen gebündelt und sachgerecht verarbeitet werden können.

Rückrufmanagement

Um die notwendigen Konsequenzen aus den Ergebnissen der Produktbeobachtung ziehen zu können, verlangt § 5 Abs. 1 Nr. 1 c) GPSG, dass der Hersteller über ein den von seinem Produkt ausgehenden Gefahren angemessenes Rückrufmanagement verfügt. Dabei geht es nicht allein darum, dass der Hersteller im Schadensfall einen Rückruf sachgerecht durchführt, sondern auch darum, dass er im Vorfeld sich so organisatorisch einrichtet und austestet, das er im Krisenfall die zutreffenden Maßnahmen schnell und sachgerecht treffen kann. Auch der Umfang dieser Verpflichtung hängt von einer Gefahrenanalyse des in Verkehr gebrachten Produkts ab, weil sich der Umfang der zu ergreifenden organisatorischen Maßnahmen an den vom Produkt ausgehenden Gefahren orientiert.

6.3.8 Zusammenfassung GPSG

Schon aus dem hier unternommenen kurzen Streifzug durch das GPSG ergeben sich umfassende Herstellerpflichten, die den Verwender oder Dritte präventiv vor gefährlichen Produkten schützen sollen. Die Verletzung dieser Pflichten führt in der Regel zu einem Produktfehler oder zu einer Verkehrssicherungspflichtverletzung und begründet daher meist die Haftung aus § 1 ProdHaftG oder §§ 823 ff. BGB.

---

[135] Art. 5 Abs. 1 S. e a) der allgemeinen Produktsicherheitsrichtlinie bestimmt: „Die Hersteller haben ferner im Rahmen ihrer jeweiligen Geschäftstätigkeit Maßnahmen zu treffen, die den Eigenschaften der von ihnen gelieferten Produkte angemessen sind, damit sie im Stande sind, a) die etwaigen von diesen Produkten ausgehenden Gefahren zu erkennen,…"

[136] Siehe hierzu unter Kapitel 11.6.

6.4 Übungsfall

Die Gebrauchsanleitung im Internet

K kauft eine Kreissäge des Herstellers H im Supermarkt. Der Kreissäge ist eine Gebrauchsanleitung nicht beigefügt, vielmehr findet sich auf der Kreissäge ein Aufdruck, nach dem Gebrauchsanleitung und Warnhinweise unter einer Internetadresse abrufbar sind. K nimmt die Maschine in Betrieb und verletzt sich, weil ihm ein typischer Bedienungsfehler unterlief. Sein Schaden besteht in einer zerrissenen Hose im Wert von 100 € und ärztlichen Behandlungskosten über 120 €. Kann K den Schaden von H ersetzt verlangen?

Nach § 1 ProdHaftG hat K gegen den Hersteller H einen Schadensersatzanspruch, wenn durch einen Produktfehler ein Rechtsgut verletzt wurde. Die Kreissäge des H war fehlerhaft. Entgegen § 4 Abs. 4 Nr. 2 und § 5 Abs. 1 Nr. 1a GPSG waren der Kreissäge keine Gebrauchsanleitung und Warnhinweise beim Verkauf beigefügt, die die erforderlichen Informationen für den bestimmungsgemäßen Gebrauch und vorhersehbaren Fehlgebrauche enthielten. Durch diesen Fehler wurden Gesundheit und Sachgüter des K verletzt. Hinsichtlich der Hose ist dem K zwar ein Schaden an einer anderen privat genutzten Sache nach § 1 Abs. 1 S. 2 ProdHaftG entstanden. Der Schaden ist aber nach § 11 ProdHaftG nicht ersatzfähig. Im Fall der Sachbeschädigung sind Schäden unter 500 € vom Geschädigte nach dem ProdHaftG selbst zu tragen. Unproblematisch ersatzfähig sind dagegen die Arztkosten. Da diese Kosten auf eine Körperverletzung und nicht eine Sachbeschädigung zurückzuführen sind, greift der Selbstbehalt des § 11 ProdHaftG für die Arztkosten nicht. K kann also von H nur Schadensersatz für seine Arztkosten verlangen.

Da ein Anspruch des K aus § 823 Abs. 1 BGB gemäß § 15 Abs. 2 ProdHaftG neben dem Anspruch aus § 1 ProdHaftG geltend gemacht werden kann, kann noch geprüft werden, ob K Ersatz für die Hose nach § 823 Abs. 1 BGB verlangen kann. Da der Verstoß gegen die oben genannten Regelungen des GPSG zugleich ein Pflichtverletzung im Sinne von § 823 Abs. 1 BGB ist, und da dessen übrige Voraussetzungen hier erfüllt sind, kann K von H zudem auch den Ersatz seiner 100 € für die zerrissene Hose verlangen.

6.5 Zusammenfassung

Neben der Haftung aus §§ 823 ff. BGB kann der Hersteller dem Geschädigten auch aus § 1 ProdHaftG haften müssen.

Die Haftung nach dem ProdHaftG ist eine verschuldensunabhängige Haftung, die auf europäischer Grundlage beruht und damit in vergleichbarer Weise europaweit gilt.

Die Haftung nach dem ProdHaftG erweitert die Haftung aus § 823 Abs. 1 BGB im Ergebnis nicht wesentlich.

Das im GPSG ebenfalls auf europäischer Grundlage erlassene Produktsicherheitsrecht konkretisiert die Herstellerpflichten und ist damit sowohl im Rahmen des § 823 Abs. 1 BGB bei der Bestimmung des pflichtwidrigen Verhaltens als auch bei der Auslegung des Begriffs des Produktfehlers nach § 3 ProdHaftG maßgeblich.

6.6 Ergänzende Literaturhinweise

Zum Produkthaftungsgesetz:

Kullmann, ProdHaftG, Kommentar, 5. Auflage 2006

Zum GPSG:

Wilrich, Geräte und Produktsicherheitsgesetz (GPSG), Gesetz über technische Arbeitsmittel und Verbraucherprodukte, 2004

Klindt, Geräte- und Produktsicherheitsgesetz (GPSG), Kommentar, 2007

7 Rückgriff des Herstellers gegen den Zulieferer

7.1 Überblick

Ist ein Produkt fehlerhaft, dann kann dieser Fehler von dem einen oder anderen Zulieferer, aber auch von mehreren Zulieferern oder vom Endhersteller verursacht worden sein. Leistet einer der Beteiligten Schadensersatz oder entstehen ihm Kosten aus der Fehlerbeseitigung, dann fragt es sich, inwieweit er in der Lieferkette Rückgriff gegen die übrigen Beteiligten nehmen kann.

Rückgriff in der Lieferkette

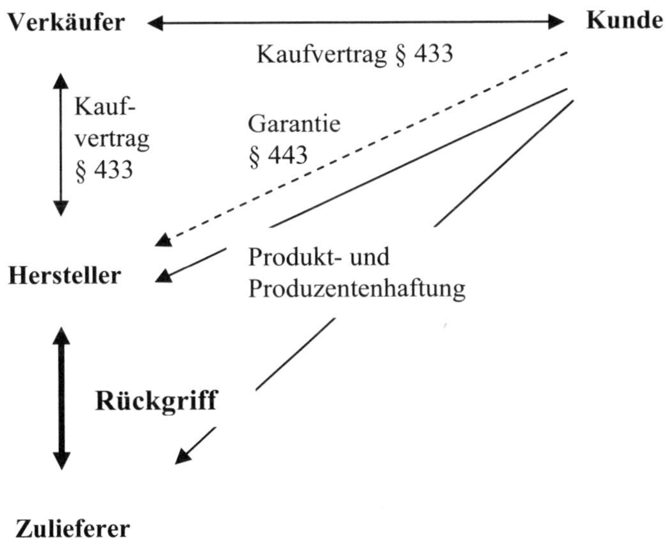

Abb. 7-1: Schaubild: Rückgriff

Rückgriffsansprüche können sich aus den zwischen den Parteien geschlossenen vertraglichen Vereinbarungen, aus §§ 840 Abs. 1 BGB, 5 ProdHaftG und aus anderen Regelungen[137] ergeben. Bei vertraglichen Rückgriffsansprüchen des Herstellers gegen den Zulieferer kann ihr genauer Umfang unklar und die Frage, ob sie bereits verjährt sind, im Einzelfall von Bedeutung sein. Bei den Rückgriffsansprüchen aus § 840 Abs. 1 BGB, 5 ProdHaftG sind die Fälle, in denen es durch das fehlerhafte Produkt bereits zu einer Rechtsgutsverletzung beim Kunden oder Dritten kam, von denjenigen zu unterscheiden, in denen der Produktfehler noch rechtzeitig vor einem Schadenseintritt beispielsweise durch einen Rückruf behoben werden konnte. Während im ersten Fall Regressansprüche in der Lieferkette gegen denjenigen, der für den Schaden verantwortlich ist, meist ohne weiteres bestehen, kann sich die Geltendmachung von Ansprüchen im zweiten Fall aus rechtlichen Gründen schwieriger gestalten. Geschäftspolitische und betriebswirtschaftliche Überlegungen überlagern bei dieser Fallgruppe oft Rechtsargumente. Wegen der involvierten Schadenssummen und der Vielzahl der Beteiligten empfiehlt es sich in beiden Fallgruppen auch zur Vermeidung von Streitigkeiten über Rückgriffsansprüche in der Lieferkette vertraglich festzulegen, wie bei Produktfehlern zu verfahren ist.

7.2 Vertragliche Rückgriffsansprüche

gesetzliches Regelungsmodell

Muss ein Produkt des Kunden, das einen Fehler hat, vom Verkäufer zurückgenommen werden, dann kann der Verkäufer seinerseits, weil auch ihm ein fehlerhaftes Produkt geliefert wurde, vom Hersteller Nacherfüllung verlangen. Der Hersteller muss das Produkt dann reparieren oder ein neues Produkt liefern. Dem Verkäufer hat er die durch die Nacherfüllung entstehenden Kosten nach §§ 437 Nr. 1, 434, 439 BGB, darüber hinausgehende Kosten nur bei Verschulden nach §§ 437 Nr. 3, 280 Abs. 1 BGB zu erstatten.[138] Der Hersteller kann vom Zulieferer seinerseits zunächst Nacherfüllung in Bezug auf das fehlerhafte Zulieferteil und die Kosten der Nacherfüllung verlangen. Weitergehende Schäden kann der Hersteller gegenüber dem Zulieferer nur geltend machen, wenn der Zulieferer den Produktfehler schuldhaft herbeigeführt hat. Das kann bedeuten, dass der Zulieferer zwar für die Lieferung neuer Zulieferteile und den Ausbau der fehlerhaften Teile verantwortlich ist, die Kosten des Einbaus der Neuteile aber nur zu tragen hat, wenn er den Produktfehler schuldhaft

137 Auf die in Sonderfällen denkbaren Rückgriffsansprüche aus Geschäftsführung ohne Auftrag oder aus §§ 823 ff. BGB (Weiterfresserschäden) soll hier nicht weiter eingegangen werden.

138 Zu den Einzelheiten siehe oben Kapitel 3.3.1.

herbeigeführt hat.[139] Kosten, die dem Hersteller durch die Administration des Rückrufs oder der Fehlerbeseitigung entstehen, dürften ebenfalls nur dann erstattet werden, wenn den Zulieferer ein Verschulden trifft. Diese Ansprüche des Herstellers gegen den Zulieferer unterliegen der kurzen Verjährung des § 438 Abs. 1 BGB.

ausdrückliche vertragliche Vereinbarungen

Wollen die Beteiligten bei dieser unübersichtlichen Rechtslage Klarheit, dann sollten sie in den vertraglichen Vereinbarungen zwischen Hersteller und Zulieferer ausdrücklich regeln, welche Kosten von welchem Beteiligten zu übernehmen sind.

7.3 Rückgriffsansprüche aus §§ 840 Abs. 1 BGB, 5 ProdHaftG

7.3.1 Rückgriff bei Rechtsgutsverletzungen

Rückgriffsanspruch aus §§ 840 Abs. 1 BGB, 5 ProdHaftG

Der Hersteller kann, wenn er von einem durch einen Produktfehler Geschädigten in Anspruch genommen wurde, seine Rückgriffsansprüche gegen den Zulieferer nicht nur auf Gewährleistungsrecht, sondern auch auf §§ 840 I BGB, 5 ProdHaftG stützen.

Wenn durch das fehlerhafte Produkt bei einem Kunden oder Dritten ein Schaden eingetreten ist und wenn für einen eingetretenen Schaden sowohl der Hersteller als auch der Zulieferer schadensersatzpflichtig sind, dann haften Hersteller und Zulieferer als Gesamtschuldner. Das folgt aus § 840 Abs. 1 BGB oder § 5 ProdHaftG. Der Geschädigte kann in diesem Fall nach § 421 BGB seinen Schaden ganz oder teilweise vom Hersteller oder Zulieferer ersetzt verlangen. Meist wird er sich wegen seines Schadensersatzes an den Hersteller wenden, vor allem weil er den Hersteller im Gegensatz zum Zulieferer kennt und weil der Hersteller im Inland sitzt und meist wirtschaftlich leistungsfähig ist.

Fahrradpedale[140]

Der Zulieferer Z aus Tschechien lieferte fehlerhafte Fahrradpedale, die der Hersteller H in Fahrräder einbaute. Das Qualitätssicherungssystem

[139] Dieses Ergebnis ist umstritten. Widersprechende Gerichtsentscheidungen liegen vor. Zum Diskussionsstand siehe *Thürmann*, Der Ersatzanspruch des Käufers für Aus- und Einbaukosten einer mangelhaften Kaufsache, NJW 2006, 3457. Der Kern des Problems liegt in der von internationalen Standards abweichenden verschuldensabhängigen Schadensersatzhaftung in § 280 I BGB.

[140] Frei nach OLG Oldenburg, Beschluss vom 23.2.2005 – 8 U 301/04, NZV 2006, 38.

von H ist vorhersehbar und vermeidbar lückenhaft und entdeckt den Fehler daher nicht. Aufgrund des schuldhaft verursachten Herstellungsfehlers des Z zerbrach ein Fahrradpedal und verletzte den G. G verlangte Schmerzensgeld über 7.500 € von H.
Hier haftet Z nach § 823 Abs. 1 BGB wegen des schuldhaft verursachten Fabrikationsfehlers.[141] Aber auch H haftet nach § 823 Abs. 1 BGB, weil sein Qualitätssicherungssystem lückenhaft ist und H insoweit auch fahrlässig gehandelt hat. Z und H haften daher gegenüber G als Gesamtschuldner nach §§ 823 Abs. 1, 840 BGB. G kann nach §§ 840, 421 BGB von H deshalb das volle Schmerzensgeld verlangen.

Voraussetzungen der Gesamtschuld

Eine gesamtschuldnerische Haftung für einen eingetretenen Schaden kommt aber nur in Betracht, wenn der Geschädigte gegen jeden der in Anspruch genommenen Beteiligten auch tatsächlich einen Anspruch hat. Daran fehlt es, wenn Hersteller oder Zulieferer nicht nach § 823 Abs. 1 BGB haften, weil den einen oder anderen kein Verschulden trifft oder nicht nach § 1 ProdHaftG haftet, weil eine Haftungsausnahme z.B. nach § 1 Abs. 2 ProdHaftG gegeben ist. In solchen Fällen muss sich der Geschädigte dann allein an denjenigen halten, der die Voraussetzungen des Schadensersatzanspruchs erfüllt hat.

Die fehlerhaft konstruierte Baugruppe

Der Komponentenlieferant KL hat ein fehlerhaftes Produkt geliefert. Dadurch wird die Baugruppe des Baugruppenlieferanten BGL und im Ergebnis auch die Maschine des Herstellers insgesamt fehlerhaft. Nach § 1 ProdHaftG haften alle drei, also KL, BGL und der Maschinenhersteller als Gesamtschuldner.
Hat dagegen BGL die Komponente, die von KL wie vorgegeben hergestellt wurde, in eine fehlerhaft konstruierte Baugruppe eingebaut, dann haften alleine BGL und der Maschinenhersteller nach § 1 ProdHaftG. KL haftet in dieser Variante nicht als Gesamtschuldner, weil er sich auf § 1 Abs. 3 ProdHaftG berufen kann, und damit kein Anspruch gegen ihn besteht. [142]

---

[141] Zum anwendbaren Recht siehe unten Kapitel 8.2.

[142] Ein Sonderfall liegt dann vor, wenn der Hersteller den Schaden des Geschädigten aus einem Produktfehler aus geschäftspolitischen Gründen ausgleicht, obwohl er selbst nicht schadensersatzpflichtig ist, sondern der Schaden auf einem Produktfehler eines Zulieferers beruht. Hier liegt keine Gesamtschuld vor mit der Folge, dass der Hersteller nicht nach §§ 840 Abs. 1, 426 BGB, § 5 ProdHaftG, Rückgriff nehmen kann. Allerdings soll der Hersteller in einem solchen Fall Ausgleich für seine Zahlungen nach § 812 Abs. 1 S. 1, 267 BGB vom Zulieferer verlangen können.

Im Hebebühnenfall hatte ein Kraftfahrzeugmonteur M eine Hebebühne nach den Vorgaben des Herstellers H der Hebebühne in seinem Betrieb eingebaut. Bei einer PKW – Reparatur eines Kunden brach die Hebebühne aufgrund eines Konstruktionsfehlers. Der PKW des Kunden wurde stark beschädigt. M hatte dem K den Schaden ersetzt und wollte bei H Rückgriff nehmen. Der BGH hielt in einem vergleichbaren Fall zwar einen Anspruch aus § 426 BGB für

Wenn der Hersteller an den Kunden oder einen sonstigen geschädigten Dritten Schadensersatz geleistet hat, dann kann er seinerseits von seinem mit ihm als Gesamtschuldner haftenden Zulieferer Ersatz erlangen. Ob dem Hersteller Ersatzansprüche gegen den Zulieferer zustehen, hängt von den zwischen den Beteiligten geschlossenen vertraglichen Vereinbarungen und davon ab, welcher der Beteiligen den Schaden inwieweit verursacht und/oder verschuldet hat.[143] Bei der Haftungsverteilung unter den Gesamtschuldnern wird vor allem zu berücksichtigen sein, wer für die Qualität des fehlerhaften Bauteils nach den gesetzlichen oder vertraglichen Regeln hauptsächlich verantwortlich war, wer welche Verkehrssicherungspflichten verletzt hat, und wie schwerwiegend ggf. das jeweilige Verschulden der Beteiligten war. Im Einzelfall kann die Abwägung dazu führen, dass der Hersteller vom Zulieferer den ganzen Schaden ersetzt verlangen kann.

Ausgleich unter Gesamtschuldnern

Kleinteile I

Zulieferer Z1 stellt Kleinteile her, die Zulieferer Z2 in Bremssysteme einbaut. Die Bremssysteme werden vom Hersteller H in PKW eingebaut, die dann über den Vertriebspartner V an K weiterverkauft werden. Aufgrund eines unverschuldeten Fabrikationsfehlers von Z1 sind die Kleinteile fehlerhaft; sie führen zu Fehlfunktionen der eingebauten Bremssysteme. Infolge des Produktfehlers kommt es zu einem Verkehrsunfall des K mit einem PKW des H. K wird verletzt und erleidet einen Gesamtschaden von 100.000 €.

Zwar haftet keiner der Beteiligten nach § 823 I BGB, weil nach dem Sachverhalt keinen der Beteiligten ein Verschulden trifft. Hier kann der K aber von H, Z1 und Z2 jeweils nach §§ 1, 5 ProdHaftG Schadensersatz verlangen.

K wird hier seinen Schaden von H ersetzt verlangen, weil er die anderen Beteiligten nicht kennt.

Im Innenverhältnis, also im Verhältnis H, Z1 und Z2, dürfte Z1 den Schaden allein zu tragen haben, weil er in seinem Verantwortungsbereich entstanden ist.

Die Regressregeln regeln auch Fälle, in denen einer der Gesamtschuldner nicht leistungsfähig ist.

Ausfall eines Gesamtschuldners

nicht gegeben, weil der M für den Schaden nicht ebenfalls verantwortlich ist. M kann aber von H dennoch die Rückzahlung des an K gezahlten Schadensersatzbetrages nach §§ 812 Abs. 1 S. 1, 267 BGB verlangen, BGH, Urteil vom 18.1.1983 – VI ZR 270/80, NJW 1983, 812.

143 Das ergibt sich für die Haftung aus dem ProdHaftG unmittelbar aus § 5 ProdHaftG, für die Haftung aus § 823 Abs. 1 BGB aus §§ 840, 426 BGB. Der in § 426 Abs. 1 BGB genannte Ausnahmefall „soweit nicht ein anderes bestimmt ist“ gilt nach allgemeiner Auffassung als Regelfall und führt bei der Haftung nach § 840 BGB ebenfalls dazu, dass die Haftung zwischen Hersteller und Zulieferer ebenfalls nach Verursachungs- und Verschuldensbeiträgen verteilt wird.

Kleinteile II

Angenommen Z1 ist im obigen Fall Kleinteile I ein Kleinstunternehmen mit 15 Mitarbeitern, als GmbH organisiert und mit geringem Stammkapital ausgestattet. Das Unternehmen ist nicht in der Lage den Schadensersatzbetrag zu bezahlen ohne insolvent zu werden. Eine Produkthaftpflichtversicherung wurde von Z1 nicht abgeschlossen. Die dann erforderlichen Stückpreise der gelieferten Kleinteile wären nicht mehr wettbewerbsfähig.
Hier würde Z1 als Gesamtschuldner ausfallen. § 426 Abs. 1 S. 2 BGB, nach dem der Schaden in bestimmten Fällen unter den übrigen Gesamtschuldnern jeweils zur Hälfte zu tragen ist, soll in Fällen, in denen der allein verantwortliche Gesamtschuldner ausfällt, nicht eingreifen.[144] Die übrigen Gesamtschuldner haften daher nach § 426 Abs. 1 S. 1 nach ihren jeweiligen Verursachungs- und Verschuldensbeiträgen. Soweit H dem Z2 den Z1 als Zulieferer nicht vorgeschrieben hat, wird man den Fehler von Z1 eher dem Verantwortungsbereich von Z2 zuordnen können mit der Folge, dass Z2 den gesamten Schaden zu übernehmen hat.[145]

7.3.2 Rückgriff bei Rückrufaktionen

Rückgriffsanspruch aus §§ 823, 840 BGB

Weiter oben wurde darauf hingewiesen, dass es in Rechtsprechung und Lehre heftig umstritten ist, ob der Hersteller eines gefährlichen Produkts bloß warnen muss oder ob er zu einem Rückruf mit oder ohne Kostenübernahme verpflichtet ist.[146] Nach der dort vertretenen Auffassung hängt die Entscheidung von den Umständen des Einzelfalles ab. War der Rückruf eines Produkts, das einen Fehler aufweist, erforderlich, dann haften Hersteller und Zulieferer, wenn sie beide für den Fehler verantwortlich waren, ebenfalls als Gesamtschuldner nach §§ 823 Abs. 1, 840 BGB haften. Die Folge ist, dass der Hersteller, der die fehlerhaften Produkte vom Markt zurückruft, seine Rückrufkosten nach Verursachungs- und Verschuldensanteilen vom Zulieferer ersetzt verlangen kann. Die gesamtschuldnerische Haftung von Hersteller und Zulieferer in Rückruffällen ist nicht selbstverständlich, weil ein Rechtsgut beim Rückruf vor Schadenseintritt noch nicht verletzt ist.

Haushaltsgeräte I

Wie im Fall Kleinteile I stellt Zulieferer Z1 Kleinteile her, die Zulieferer Z2 in Heizsysteme einbaut. Die Heizsysteme werden von Hersteller H in Haushaltsgeräte eingebaut, die dann über die Vertriebspartner V an Kun-

---

144 Münchner Kommentar/*Bydlinski*, § 426 Rn. 37.

145 Diese Lösung ist umstritten.

146 Siehe oben Kapitel 5.2.3. „Produktbeobachtungspflicht“.

den für 700 € weiterverkauft werden. Die Kleinteile sind fehlerhaft; sie führen zu Fehlfunktionen der eingebauten Heizsysteme. Z 1 kann nachweisen, dass er den Fehler nicht verschuldet hat. Bevor es zu einem Personenschaden durch eine Explosion kommt, wird der Fehler entdeckt und H ruft die betroffen Haushaltsgeräte aus dem Markt zurück. Im vorliegenden Einzelfall hatte sich ergeben, dass Gefahren für Leib und Leben durch den Rückruf ohne Übernahme der Kosten des Austausches des Heizsysteme angemessen vermieden werden konnten. Kann der Hersteller von Z2 oder Z1 Ersatz verlangen?

Der Hersteller, Z1 und Z2 sind hier jeder für sich verpflichtet das Produkt mit dem ernsten sicherheitsrelevanten Mangel aus dem Markt zurückzurufen. Wenn der Hersteller den Rückruf durchführt, dann kann er die übrigen Beteiligten in Regress nehmen. Das folgt aus §§ 823 Abs. 1, 840 BGB. Da keinen der Beteiligten ein Verschulden an dem Fehler trifft, werden die Kosten nach vertraglichen Risikozuordnungen und Verursachungsbeiträgen verteilt. Danach dürfte hier der Hersteller seinen Schaden weitgehend von Z1 und Z2 ersetzt bekommen. Der Schaden des H umfasst aber nur die Kosten der Administration des Rückrufs, nicht jedoch die Kosten für den Austausch der Heizsysteme. Aus dem Sachverhalt ergibt sich, dass insoweit eine Kostenübernahme nicht erforderlich war um Gefahren von den Verbrauchern oder Dritten angemessen abzuwenden.

Etwas anderes gilt aber dann, wenn der Hersteller erkennt, dass seine Produkte fehlerhaft sind, bevor er sie ausgeliefert hat. Dann fehlt es an einer Rückrufverpflichtung und damit an der Grundlage für eine gesamtschuldnerische Haftung von Hersteller und Zulieferern. In diesen Fällen kann sich ein Anspruch des Herstellers gegen die Zulieferer aus vertraglicher Gewährleistung oder unerlaubter Handlung ergeben.

Haushaltsgeräte II

Wie im Fall Haushaltsgeräte I mit dem Unterschied, dass der Hersteller den sicherheitsrelevanten Fehler vor Auslieferung an die Endkunden bemerkt, die Auslieferung stoppt und die Heizsysteme austauscht.

Eine Rückrufpflicht kommt hier nicht in Betracht, weil die Produkte noch nicht bei den Endkunden sind und damit eine Gefahr für deren Rechtsgüter nicht bestand. Mangels Rückrufpflicht gibt es keinen Anspruch, für den Hersteller und Zulieferer als Gesamtschuldner haften. Damit findet auch kein Rückgriff zwischen Hersteller und Zulieferern nach den Regeln über die Gesamtschuld statt.

Der Hersteller kann von Z2 wegen der fehlerhaft gelieferten Heizsysteme aber nach den vertraglichen Gewährleistungsregeln Nacherfüllung, d.h. die Lieferung fehlerfreier Heizsysteme sowie die Ausbaukosten der Heizsysteme verlangen, §§ 437 Nr. 1, 434, 439 BGB. Die Kosten des Einbaus

der Bremssysteme muss Z2 nach §§ 437 Nr. 3, 434, 280 Abs. 1 BGB nur dann übernehmen, wenn er den Fehler fahrlässig und damit schuldhaft verursacht hat[147], was nach der Gestaltung des Grundfalls nicht gegeben war. Soweit der Gewährleistungsanspruch des Herstellers gegen Z2 nicht verjährt ist,[148] erhält der Hersteller einen Teil seines Schadens von Z 2 nach Gewährleistungsgrundsätzen ersetzt.
Ein Anspruch des Herstellers gegen Z2 aus § 1 ProdHaftG ist nicht gegeben, weil das ProdHaftG auf Sachschäden im industriellen Bereich nach § 1 Abs. 1 S. 2 ProdHaftG nicht anwendbar ist.
Demgegenüber könnte der Hersteller seinen Anspruch gegen Z2 auch auf § 823 Abs. 1 BGB stützen, soweit man eine Eigentumsverletzung darin sieht, dass das Eigentum an den Haushaltsgeräten durch den Einbau des Heizsystems verletzt wurde.[149] Allerdings scheitert dieser Anspruch hier, weil den Z2 kein Verschulden an dem Fehler trifft.
Alternativ könnte der Hersteller versuchen, seinen Anspruch gegenüber Z1 geltend zu machen. Vertragliche Gewährleistungsansprüche des Herstellers gegenüber Z1 scheiden aus, weil zwischen diesen Parteien kein Vertragsverhältnis besteht. Auch ein Anspruch aus § 823 Abs. 1 BGB scheitert mangels Verschulden des Z1 aus.
Insgesamt kann der Hersteller bei dieser Fallvariante nur einen Teil seiner Kosten für die ausgetauschten Heizsysteme von seinen Zulieferern ersetzt verlangen.

Keine Rückgriffsansprüche dürften dem Hersteller gegen Zulieferer zustehen, wenn der Hersteller den Rückruf durchführte, obwohl sein Produkt nicht fehlerhaft war. Ein solcher Rückruf kann aus vertriebspolitischen Gründen sinnvoll sein, wenn großer öffentlicher Druck auf einen Hersteller ausgeübt wird.

Sahnetorten

Der Hersteller stellt Sahnetorten her. Er bezieht Eiprodukte vom Zulieferer Z. In der Presse wird der Verdacht geäußert, dass die Sahnetorten durch die verwendeten Eiprodukte salmonellenverseucht sind. Der Hersteller wird zum Rückruf aufgefordert. Um möglichst schnell der öffentlichen Aufmerksamkeit zu entgehen, ruft der Hersteller die Sahnetorten unverzüglich öffentlich zurück, obwohl er keinen Anhaltspunkt für einen sicherheitsrelevanten Produktfehler hatte.
Rechtlich durchsetzbare Ansprüche des Herstellers gegen den Zulieferer bestehen hier nicht. Es fehlt sowohl an vertraglichen Gewährleistungsansprüchen noch an sonstigen Ausgleichsansprüchen.

---

147 Siehe hierzu oben Kapitel 3.3.1.

148 Die gesetzliche Verjährungsfrist beträgt nach § 438 BGB 2 Jahre; zur Verlängerung oder Verkürzung der Frist siehe oben Kapitel 5.3.

149 Siehe hierzu oben Kapitel 5.3.

Grenzen juristischer Problemlösungen

In vielen Rückruffällen wird schließlich in der Rechtswirklichkeit Streit darüber entstehen, wer einen Fehler verursacht oder verschuldet hat. Oft werden sich die genauen Ursachen eines Fehlers nicht ermitteln lassen und mehrere Beteiligte zurechenbare Ursachen für einen Fehler gesetzt haben. Dann werden sich Rückgriffsansprüche nur mit Mühe beziffern lassen.

Die zuletzt genannten Fälle zeigen die rechtlichen Grenzen des Rückgriffs bei Produktfehlern auf. Untermauert auch von Rechtsargumenten werden sich die Beteiligten, das sind der Hersteller, die Zulieferer, und die Versicherungen, zusammensetzen und unter betriebswirtschaftlichen, aber auch marktmachtpolitischen Erwägungen auf einen Schadensausgleich einigen müssen.

7.4 Zusammenarbeit zwischen den Beteiligten der Lieferkette

Notwendigkeit der Kooperation

Der Hersteller, die Zulieferer und die involvierten Versicherungen haben in Produkthaftungsfällen das naheliegende Interesse, die Schadens- oder Rückruffälle für sie so kostengünstig wie möglich abzuwickeln. Das kann zum einen durch eine gemeinsame Verteidigungsstrategie gegenüber den Geschädigten erfolgen, bei der erst nachdem die Ansprüche des Geschädigten geklärt sind, der interne Schadensausgleich gesucht wird. Zum anderen kann aber auch der Versuch unternommen werden, Kosten dadurch zu vermeiden, dass von Anfang an versucht wird, die Haftung auf einen anderen Beteiligten abzuwälzen. Zum Vorteil des Geschädigten streiten bei dieser Strategievariante Hersteller und Zulieferer gegeneinander und legen für den Geschädigten wichtige Informationen offen.

Ford Explorer

Im Ford Explorer Fall versuchte der Hersteller Ford die Schuld an den Unfällen, an denen seine Fahrzeuge beteiligt waren, dem Reifenzulieferer zuzuweisen, suchte die offene Auseinandersetzung mit seinem Zulieferer auch in der Presse und gab dabei vielfältige interne Informationen preis. Im Ergebnis kosteten die sich daraus entwickelnden Streitigkeiten den Hersteller über 2 Mrd. US $.

Insgesamt scheint die Kooperation der Beteiligten, also des Herstellers, der Zulieferer und der Versicherungen bei der Abwicklung von Schadens- oder Rückruffällen die erfolgreichere Strategie zu sein. Dabei sind jedoch folgende Aspekte zu beachten:

gegenseitige Informationen

Die Parteien werden sich darauf verständigen müssen, dass sie sich über Produktfehler oder Schadensfälle gegenseitig unverzüglich informieren. Sinnvoll erscheint auch, dass sich die Beteiligten verpflichten, im Schadensfall das weitere Vorgehen gemeinsam abzustimmen.

Ein Zulieferer wird dabei aber kaum einen Rückruf eines Endprodukts eines Herstellers wegen eines von ihm verursachten Produktfehlers selbst veranlassen können. Er wird letztendlich allein nicht entscheiden können, wie sich sein Fehler im Endprodukt auswirkt. Des Weiteren besteht das Risiko, dass er die Vermarktungspolitik des Herstellers mit seinem Rückruf stört und dadurch zusätzlichen Schaden verursacht. Schließlich hat der Zulieferer im Regelfall weder die erforderlichen Kundeninformationen noch die Logistik zur Durchführung eines Rückrufs.

Letztentscheid des Herstellers

Ein Hersteller wird sich im Gegenzug kaum verpflichten können, die Entscheidung über einen Produktrückruf von der Zustimmung eines Zulieferers abhängig zu machen. Liegt kein Produktfehler vor, dann mag der Zulieferer den Rückruf ablehnen, der Hersteller mag gezwungen sein, ihn zur Vermeidung von Imageschäden dennoch durchzuführen.

Geheimhaltung

Naheliegend ist es schließlich, den internen Schadensausgleich zwischen Hersteller und Zulieferer der Geheimhaltung zu unterstellen und, falls eine Regelung nicht gefunden werden kann, die Streitschlichtung eher einer vertraulichen Mediation oder einem nichtöffentlichen Schiedsverfahren anzuvertrauen als sie im Rahmen eines öffentlichen Gerichtsverfahrens auszutragen.

7.5 Übungsfall

Druckmessstutzen

Bei der Marktüberwachung ergibt sich, dass Gasarmaturen bestimmter, in Haushalten installierter Gasgeräte des Herstellers Dichtigkeitsprobleme haben, die auf einen Riss der Druckmessstutzen zurückzuführen sind. Die Druckmessstutzen, die von einem Zulieferer vor 3 Jahren geliefert wurden, weisen einen Fertigungsfehler auf, der vom Hersteller bei seiner Eingangs- und Endkontrolle nicht entdeckt werden konnte. Der Riss kann bei einer Wartung an dem Gerät Explosionen oder Brände auslösen. 1.500 Gasarmaturen sind noch nicht ausgeliefert, 6.000 befinden sich bei Endkunden. Der Hersteller veranlasst den Austausch aller Druckmessstutzen auf seine Kosten. Kann er vom Zulieferer Ersatz verlangen?
Ist die Explosions- und Brandgefahr so hoch, dass eine ernste Gefahr für Leib und Leben der Kunden besteht, dann waren Hersteller und Zulieferer zum Rückruf verpflichtet. Sie haften daher für die Rückruf- und Geräteaustauschkosten als Gesamtschuldner. Die Kosten müssen Hersteller und Zulieferer nach Verursachungs- und Verschuldensbeiträgen tragen. Der Zulieferer hat hier ein fehlerhaftes Produkt hergestellt. Der Hersteller

konnte den Produktfehler bei seinen Kontrollen laut Sachverhalt nicht entdeckt. Hier werden sich beide den Schaden teilen müssen. Die genaue Quotelung hängt von den Umständen des Einzelfalls ab.
Wegen der nicht ausgelieferten 1.500 Gasarmaturen sind Gewährleistungsansprüche des Herstellers gegen den Zulieferer bereits verjährt, § 438 BGB. Ersatzansprüche aus § 823 Abs. 1 BGB stehen dem Hersteller nur zu, wenn der Einbau der Druckmessstutzen zugleich eine Eigentumsverletzung an der Gasarmatur war und der Zulieferer schuldhaft den Fehler herbeigeführt hat.
Die insgesamt ungenauen Antworten auf die Fallfrage zeigen den Spielraum für eine Argumentation und die Notwendigkeit, endgültige Lösungen des Falles in einer streitschlichtenden Verhandlung zu suchen.

7.6 Zusammenfassung

Hersteller und Zulieferer müssen regelmäßig für einen Produktfehler, der zu Körper- oder Sachschäden geführt hat, als Gesamtschuldner gegenüber dem Geschädigten einstehen. Untereinander wird der eingetretene Schaden nach Verursachungs- und Verschuldensbeiträgen geteilt.

In Rückruffällen gestaltet sich der Schadensausgleich zwischen den Beteiligten schwierig. Rechtsargumente werden hier von betriebswirtschaftlichen Überlegungen überlagert.

7.7 Ergänzende Literaturhinweise

Münchner Kommentar zum BGB, 4. Auflage 2004, § 840 BGB, § 5 ProdHaftG (Bearbeiter: *Wagner*).

8 Internationale Dimension der Produkthaftung

8.1 Überblick

Aufgrund der starken Zunahme des Welthandels treten immer mehr grenzüberschreitende Produkthaftungsfälle auf. Zulieferer, Hersteller, Vertriebspartner und Kunde können ihren Sitz in verschiedenen Staaten haben.

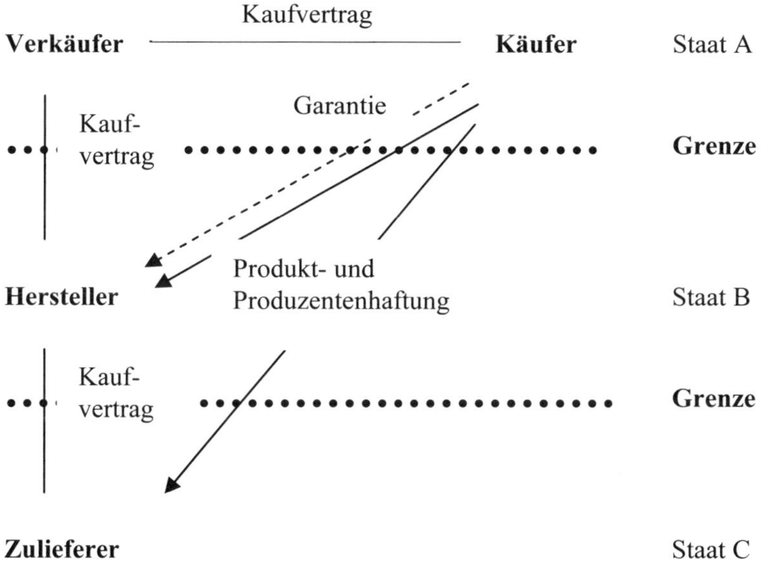

Abb. 8-1: Schaubild: die internationale Dimension

Wenngleich es in den Rechtsordnungen dieser Welt bei der Gewährleistung, der Garantie- und der Produkthaftung Ähnlichkeiten geben mag, so sind diese doch im Detail unterschiedlich geregelt. Damit stellt sich die Frage, welches Recht auf einen grenzüberschreitenden Produkthaftungsfall anzuwenden ist. Kommt ausländisches Recht zur Anwendung, interessiert den Hersteller, auf welche Eigenarten der fremden Rechtsordnung er sich einstellen muss. Im Fokus stehen dabei die Produkthaftungsrechte in Europa, den USA und Asien. Fraglich ist des Weiteren, welches Gericht für die Entscheidung eines grenzüberschreitenden Produkthaftungsfalles zuständig ist. Es ist ohne weiteres möglich, dass sich ein deutscher Hersteller für einen Produktfehler vor einem ausländischen Gericht nach einem ausländischen Produkthaftungsrecht verantworten muss. In diesem Zusammenhang will der Hersteller natürlich wissen, ob ein ausländisches Urteil im Inland vollstreckt, d.h. durchgesetzt werden kann. Abschließend soll kurz auf die Frage eingegangen werden, ob ein Hersteller seine Konstruktion, seine Produktion und seinen Vertrieb so organisieren kann, dass er ein Produkt weltweit einheitlich vertreiben kann, und wenn dies möglich ist, an welchen Standards er sich dabei orientieren muss.

8.2 Anwendbares Recht

Internationales Privatrecht

Welches Recht auf einen grenzüberschreitenden Sachverhalt anzuwenden ist, bestimmt sich nach den Vorschriften über das Internationale Privatrecht. Das Internationale Privatrecht regelt nicht, wie ein Fall zu entscheiden ist, sondern nach welchem Recht. In der Europäischen Gemeinschaft sind die Regelungen über das Internationale Privatrecht vereinheitlicht, so dass die Gerichte der Mitgliedstaaten das anwendbare Recht nach denselben Regeln bestimmen. Wird ein Streit aber vor amerikanischen Gerichten ausgetragen, dann bestimmt das amerikanische Gericht nach seinen Regeln, welches nationale Recht anwendbar ist.

Recht am Wohnort des Geschädigten

Europäische Gerichte wenden bei der Bestimmung des anwendbaren Rechts in Produkthaftungsfällen die Rom II Verordnung[150] an. Die meisten Produkthaftungsfälle werden dabei von deren Art. 5 Abs. 1 lit. a erfasst.[151] Danach ist in

---

[150] Verordnung (EG) Nr. 864/2007 des Europäischen Parlaments und des Rates vom 11. Juli 2007 über das auf außervertragliche Schuldverhältnisse anwendbare Recht („Rom II"), ABl. EG L 199/40 v. 31.7.2007. Die Verordnung gilt ab dem 11. Januar 2009; sie ist abrufbar unter http://eur-lex.europa.eu.

[151] Art. 5 Rom II Verordnung bestimmt:

„Produkthaftung

(1) Unbeschadet des Artikels 4 Absatz 2 ist auf ein außervertragliches Schuldverhältnis im Falle eines Schadens durch ein Produkt folgendes Recht anzuwenden:

(a) das Recht des Staates, in dem die geschädigte Person beim Eintritt des Schadens ihren gewöhnlichen Aufenthalt hatte, sofern das Produkt in diesem Staat in Verkehr gebracht wurde, oder andernfalls

Produkthaftungsfällen das Recht des Staates anwendbar, in dem die geschädigte Person bei Eintritt des Schadens ihren gewöhnlichen Aufenthalt hatte, sofern das Produkt in diesem Staat in Verkehr gebracht wurde. „Inverkehrbringen" bedeutet dabei, dass das Produkt in diesem Staat vertrieben wurde.

Apfelschorf[152]

Obstbauer K aus dem Alten Land kaufte beim örtlichen Raiffeisenhandel ein von einem US-amerikanischen Chemiekonzern hergestelltes Spritzmittel zur Bekämpfung des Apelschorfs, einer die Ernte schädigenden Pilzkrankheit. Obwohl K das Mittel entsprechend der Gebrauchsanweisung des Herstellers einsetzte, entwickelte sich übermäßig starker Pilzbefall, der zu Ernteschäden in Höhe von rd. 30.000 € führte. K verlangt vom US-amerikanischen Hersteller Schadensersatz. Welches Recht ist auf den Fall anwendbar?
Nach Art. 5 Abs. 1 lit. a Rom II Verordnung ist deutsches Recht anwendbar, da der Obstbauer beim Eintritt des Schadens seinen gewöhnlichen Aufenthalt in Deutschland hatte und das Produkt auch in Deutschland in Verkehr gebracht wurde.

gemeinsamer Aufenthalt

Allerdings gibt es vorrangige Regeln – die jedoch in Produkthaftungsfällen eher seltener anwendbar sein dürften –, von denen zwei kurz erwähnt werden sollen: Haben sowohl die geschädigte Person als auch die Person, deren Haftung geltend gemacht wird, ihren gewöhnlichen Aufenthalt in demselben Staat, so unterliegt die Produkthaftung dem Recht dieses Staates, Art. 4 Abs. 2 Rom II Verordnung.[153]

(b) das Recht des Staates, in dem das Produkt erworben wurde, falls das Produkt in diesem Staat in Verkehr gebracht wurde, oder andernfalls

(c) das Recht des Staates, in dem der Schaden eingetreten ist, falls das Produkt in diesem Staat in Verkehr gebracht wurde.

Jedoch ist das Recht des Staates anzuwenden, in dem die Person, deren Haftung geltend gemacht wird, ihren gewöhnlichen Aufenthalt hat, wenn sie das Inverkehrbringen des Produkts oder eines gleichartigen Produkts in dem Staat, dessen Recht nach den Buchstaben a, b oder c anzuwenden ist, vernünftigerweise nicht voraussehen konnte.

(2) Ergibt sich aus der Gesamtheit der Umstände, dass die unerlaubte Handlung eine offensichtlich engere Verbindung mit einem anderen als dem in Absatz 1 bezeichneten Staat aufweist, so ist das Recht des anderen Staates anzuwenden. Eine offensichtlich engere Verbindung mit einem anderen Staat könnte sich insbesondere aus einem bereits bestehenden Rechtsverhältnis zwischen den Parteien – wie einem Vertrag – ergeben, das mit der betreffenden unerlaubten Handlung in enger Verbindung steht."

152 BGH, Urteil vom 17.03.1981 – VI ZR 286/78, BGHZ 80, 199 (Apfelschorf).

153 Art. 4 Abs. 2 Rom II Verordnung bestimmt:

„Haben jedoch die Person, deren Haftung geltend gemacht wird, und die Person, die geschädigt wurde, zum Zeitpunkt des Schadenseintritts ihren gewöhnlichen Aufenthalt in demselben Staat, so unterliegt die unerlaubte Handlung des Recht dieses Staates."

Reimport

K aus Deutschland kauft von einem dänischen PKW-Händler einen Neuwagen eines deutschen Herstellers. Aufgrund eines Herstellungsfehlers kommt es in Deutschland zu einem Lenkversagen und einem Unfall, bei dem K verletzt wird. Welches Recht ist auf den Fall anwendbar?
In diesem Fall haben sowohl der geschädigte K als auch der Hersteller ihren gewöhnlichen Aufenthalt in Deutschland, so dass deutsches Recht anwendbar ist, Art. 4 Abs. 2 Rom II Verordnung.

Rechtswahl

Des Weiteren können die Parteien gemäß Art. 14 Rom II Verordnung[154] das auf den Produkthaftungsfall anwendbare Recht wählen, bei Beteiligung eines Verbrauchers jedoch erst nach Eintritt des schadensbegründenden Ereignisses.

Rechtswahl

Ein Verbraucher aus Schweden hat im Urlaub in Frankreich ein Produkt eines Herstellers aus Italien erworben, das in England explodiert und den Verbraucher verletzt. Hier können sich Verbraucher und Hersteller, nachdem sich die Explosion ereignet hat, darauf einigen, dass sich die Ansprüche des Geschädigten z.B. nach schwedischem Recht richten sollen.

Amerikanische Gerichte bestimmen das anwendbare Recht nach den in ihrem Bundesstaat maßgeblichen Rechtsregeln. Soweit gesetzliche Regelungen nicht vorhanden sind, orientieren sie sich an Leitentscheidungen. Insgesamt besteht eine starke Tendenz bei durch ausländische Produkte geschädigten amerikanischen Verbrauchern, Produkthaftungsansprüche nach US-amerikanischen Rechtsregeln zu beurteilen.

Internationales Privatrecht der Verträge

Wenn der Käufer grenzüberschreitend vertragliche Schadensersatzansprüche, etwa aus Gewährleistung oder Garantie geltend macht, wird die Frage nach dem anwendbaren Recht nach anderen Regeln als für Produkthaftungsansprüche beantwortet. Abhängig von den im Einzelfall vorliegenden Gegebenheiten bestimmt sich das anwendbare Recht für Gewährleistungs- oder Garantiean-

---

[154] Art 14 Rom II Verordnung bestimmt:

„Freie Rechtswahl

1) Die Parteien können das Recht wählen, dem das außervertragliche Schuldverhältnis unterliegen soll:

a) durch eine Vereinbarung nach Eintritt des schadensbegründenden Ereignisses; oder

b) wenn alle Parteien einer kommerziellen Tätigkeit nachgehen, auch durch eine vor Eintritt des schadensbegründenden Ereignisses frei ausgehandelte Vereinbarung.

Die Rechtswahl muss ausdrücklich erfolgen oder sich mit hinreichender Sicherheit aus den Umständen des Falles ergeben und lässt Rechte Dritter unberührt…“

sprüche[155] entweder nach dem von den Parteien gewählten Recht oder nach dem Recht des Staates, in dem der Verbraucher seinen gewöhnlichen Aufenthalt hat oder nach UN-Kaufrecht oder nach Verkäuferrecht.[156] Ein Beispielsfall soll die mit Gewährleistungs- oder Garantieansprüchen verbundenen schwierigen und auch im Ergebnis oft überraschenden internationalrechtlichen Probleme illustrieren:

Kugellager für Indien[157]

Ein französischer Händler H verkaufte Kugellager aus China zum Preis von 30 € pro Stück an einen deutschen Käufer K, der sie in Förderaggregate einbaute, die von K seinerseits zum Aufbau eines Kohlekraftwerks in Indien an D geliefert wurden. Ein Jahr später stellt sich heraus, dass die Kugellager fehlerhaft waren, was dazu führte, dass K Monteure und Material nach Indien zur Reparatur entsenden und zudem noch weitere Mängelbeseitigungskosten seines indischen Vertragspartners übernehmen musste. Insgesamt waren K Kosten über 35.000 € angefallen. Kann K diese Kosten von H ersetzt verlangen?

Für Gewährleistungsfragen aus dem zwischen K und H geschlossenen Kaufvertrag findet, wenn die Parteien keine Rechtswahl getroffen haben, das UN-Kaufrecht Anwendung mit der Folge, dass K nach dessen Art. 45 Abs. 1 lit. b, 74 den Schaden voll ersetzt verlangen kann, unabhängig davon, ob den H ein Verschulden an dem Mangel trifft.

Hätten die Parteien für ihren Kaufvertrag deutsches Recht unter Ausschluss des UN-Kaufrechts gewählt, dann könnte K nur teilweise Schadensersatz verlangen, weil der Ersatzanspruch zumindest teilweise ein Verschulden des H voraussetzt. Dessen Nichtvorliegen wird der Händler H in der Regel darlegen können.

Darüber hinaus oder daneben bestehende Produkthaftungsansprüche des K könnten sich nach Art. 5 Abs. 2 Satz 2 der Rom II Verordnung nach französischem oder deutschem Recht richten. Würden sie sich aufgrund der oben genannten Rechtswahl nach deutschem Recht richten, wären Ansprüche aus dem ProdHaftG ohnehin nicht gegeben, weil es nicht um Schäden an privat genutzten Sachen geht. Auch Ansprüche aus § 823 Abs. 1 BGB wären nicht gegeben, weil es wohl an einem Verschulden des H fehlt.

---

155 Zu den sich dabei stellenden komplexen Rechtsfragen siehe *Gildeggen/Willburger,* Internationale Handelsgeschäfte, 2. Auflage 2005, Kapitel III. Der internationale Warenkauf.

156 Vertragliche Ansprüche zwischen Hersteller und Zulieferern oder Rückgriffsansprüche in der Lieferkette unterliegen dem von den Parteien gewählten Recht oder, wenn die Parteien keine Rechtswahl getroffen haben, dem Recht des Staates, aus dem der Zulieferer kommt. Im Rahmen seines Regelungsbereichs kann auch das UN Kaufrecht eine Rolle spielen.

157 Frei nach OLG Celle, Urteil vom 01.12.2005 – 8 U 100/05, NJW-RR 2006, 526, mit zum Teil wesentlichen Sachverhaltsabweichungen.

Ein deutscher Hersteller muss also regelmäßig damit rechnen, dass ein sich im Ausland ereignender Schadensfall wegen eines Produktfehlers nach einem ausländischen Recht zu beurteilen ist.

8.3 Anwendbares Produktsicherheitsrecht

Territorialitätsprinzip

Vom Privatrecht zu unterscheiden ist das Produktsicherheitsrecht, also diejenigen Regeln, die festlegen, ob Produkte einer Zulassung bedürfen und welche technischen Sicherheitsstandards Produkte zu erfüllen haben. Als öffentliches Recht gelten die Regeln des Produktsicherheitsrechts ausschließlich in dem Staat, für den sie erlassen wurden. So gelten US-amerikanische technische Standards für Produkte, die in den USA vermarktet werden, europäische technische Regeln für Produkte, die für den Europäischen Markt bestimmt sind. Das kann dazu führen, dass Hersteller, die ein Produkt weltweit vermarkten wollen, unterschiedliche Versionen desselben Produkts für die verschiedenen Märkte anbieten müssen, um die jeweiligen Sicherheitsstandards der verschiedenen Märkte einzuhalten.

8.4 Wichtige Produkthaftungsrechte

8.4.1 Produkthaftung in Europa

europaweite Geltung

In der Europäischen Union haben die Mitgliedstaaten die Europäische Produkthaftungsrichtlinie und das europäische Produktsicherheitsrecht weitgehend in ihr nationales Recht umgesetzt. Das führte nicht zu einer Vereinheitlichung des Europäischen Produkthaftungsrechts, da in einigen Staaten vorhandene nationale Traditionen daneben erhalten geblieben sind und daher Ansprüche aus Produktfehlern sich sowohl aus den jeweiligen traditionellen nationalen als auch aus europäisch fundierten Regeln ergeben können. Dennoch ist das Produkthaftungsrecht in Europa auf dem Weg zu einer weitgehenden Harmonisierung.[158]

[158] Siehe oben Kapitel 6.1.2.

8.4.2 Produkthaftung in den USA

vergleichbare Grundprinzipien

Die Haftung für fehlerhafte Produkte in den USA unterscheidet sich in den Grundstrukturen nicht wesentlich von derjenigen in Europa. Auch dort gibt es die Unterscheidungen zwischen Gewährleistung und Garantiehaftung des Verkäufers einerseits und verschuldensabhängiger und verschuldensunabhängiger Haftung des Herstellers andererseits. Das ist nicht überraschend, weil die weltweite Entwicklung des Produkthaftungsrechts im 20. Jahrhundert maßgeblich von US amerikanischen Rechtsentwicklungen mit geprägt worden ist. Einige Besonderheiten des materiellen Rechts und insbesondere des Prozessrechts in den USA haben dieses Rechtsgebiet dort aber zu einem besonderen Risiko für alle diejenigen werden lassen, die in den USA Produkte vertreiben. Im Mittelpunkt steht dabei weniger die Haftung dem Grunde nach, als vielmehr die Unberechenbarkeit ihres Umfangs der Höhe nach.

unterschiedliche Auslegung

Trotz gleicher Grundstruktur werden einige Regeln unterschiedlich ausgelegt. So gibt es etwa bei der Frage, wann und wie vor Produktgefahren zu warnen ist und wie für ein Produkt Werbung gemacht werden kann, in den USA und in Europa unterschiedliche Ansätze. Einmaliger Fehlgebrauch mit Schadensfolgen kann eine Warnpflicht des Herstellers begründen, auch wenn der Fehlgebrauch alles andere als naheliegend war. Berühmt sind der Schulbuchfall von der in der Mikrowelle getrockneten Katze oder der zum Heckenschneiden eingesetzte Rasenmäher. Hier würden in den USA wohl Warnhinweise wie „nicht zum Trocknen von lebenden Tieren verwenden“ oder „nicht zum Heckenschneiden verwenden“ notwendig sein, während in Europa derartige Hinweise eher unzulässig wären, weil sie die Verbraucher auf abwegige Gedanken bringen könnten.

Besonderheiten

Die neben unterschiedlichen Detailauslegungen bestehenden typischen Besonderheiten des US-amerikanischen Produkthaftungsrechts sind in materiellrechtlicher Hinsicht die Marktanteilshaftung und der Strafschadensersatz, in prozessualer Hinsicht das vorprozessuale Beweisermittlungsverfahren, das Geschworenengericht, die Kostentragungspflichten bei Prozessverlust und die Anwaltshonorierung, das Selbstverständnis der Anwaltschaft und Sammelklagen.[159]

Marktanteilshaftung

Bei der Marktanteilshaftung geht es darum, dass in Haftungsfällen, bei denen mehrere Hersteller vergleichbare Produkte auf den Markt bringen, nicht mehr detailliert nachgewiesen werden muss, durch welches Produkt ein Schaden verursacht wurde. Verschiedene Hersteller haften vielmehr nach ihren Marktanteilen.

---

[159] Das Zivilrecht und damit die Regelungen zur Produkthaftung fallen in die Zuständigkeit der Bundesstaaten. Daher gibt es in den USA kein einheitliches Produkthaftungsrecht.

DES [160]

Seit den 40er Jahren war DES (Diethylstilbestrol), ein synthetisches Hormonpräparat, zur Verhütung von Fehlgeburten verabreicht worden. Wegen der starken Nachfrage und fehlendem Patentschutz haben in den Jahren zwischen 1947 bis 1971 schätzungsweise 200 bis 300 Pharmahersteller das Mittel, das auch für andere Indikationen zugelassen war, in den USA vermarktet. 1971 erwiesen Untersuchungen, dass DES bei Töchtern von Frauen, die DES während der Schwangerschaft eingenommen hatten, zu Unterleibskrebs und anderen schweren Erkrankungen führen konnte. Die Erkrankungen traten regelmäßig erst zehn bis zwölf Jahre nach der Geburt der Töchter auf.
In einem Fall waren fünf Hersteller verklagt worden, die im relevanten Markt über 90 % Marktanteil hatten. Es konnte nicht mehr nachgewiesen werden, welche Produkte welches Herstellers den Gesundheitsschaden der Geschädigten verursacht hatte. Der *Supreme Court* von Kalifornien, das oberste Gericht des Bundesstaates, nahm hier eine Haftung jedes Herstellers in Höhe seines Marktanteils an. Eine Haftung würde nur ausscheiden, wenn ein Unternehmen beweist, dass es das schädliche Produkt nicht hergestellt oder nicht im relevanten Markt vertrieben hat.

Strafschadensersatz

Beim Strafschadensersatz (*punitive damages*), einer sehr alten Rechtsfigur, geht es darum, dass in einem Zivilprozess zusätzlich zur Verpflichtung zum Ersatz des verursachten Schadens einschließlich Schmerzensgeld noch eine Geldsumme als Strafsanktion vom Schädiger an den Geschädigten zu bezahlen ist. Diese Verpflichtung besteht allerdings nur dann, wenn der Schädiger vorsätzlich oder zumindest grob fahrlässig gehandelt hat. Eine der frühen Leitentscheidungen ist der *Pinto Fall.*

Ford Pinto[161]

Der 13jährige Richard Grimshaw, Mitfahrer in einem Ford Pinto, erlitt bei einem Auffahrunfall 1972 schwerste Verbrennungen und Verletzungen. Er verlangte von der Ford Motor Co. umfassenden Schadensersatz wegen des für die Verletzung ursächlichen fehlerhaften Tankdesigns. Ford hatte bei Crashtests vor Markteinführung herausgefunden, dass der Tank bei Auffahrunfällen von hinten schon mit niedriger Geschwindigkeit beschädigt werden und Benzin in den Innenraum dringen konnte. Für bestimmte Unfallsituationen waren Brände damit vorhersehbar. Weil Ford keine Verzögerungen der Markteinführung hinnehmen wollte und weil Berechungen ergeben hatten, dass es billiger sein würde, den Pinto

---

160 *Sindell v. Abbott Laboratories*, 607 P.2d 924 (1980).

161 *Richard Grimshaw v. Ford Motor Company*, 119 Cal.App.3d 757; 174 Cal.Rptr. 348.

unverändert einzuführen und die entstehenden Schäden zu regulieren, hat Ford den Pinto ohne Konstruktionsänderungen in den Markt gebracht.
Im Gerichtsverfahren wurde Ford wegen des vorsätzlichen Inverkehrbringens eines fehlerhaften Produkts zur Zahlung von Schadensersatz über 2 Mio. US $ und zusätzlich zu 3,5 Mio. US $ Strafschadensersatz verurteilt.

Der Strafschadensersatz beruht auf der grundsätzlich zutreffenden Überlegung, dass der Verletzer in vielen Fällen trotz seiner Verurteilung zur Zahlung des üblichen Schadensersatzes durch seine Verletzungshandlung noch einen Gewinn macht, weil nicht alle Geschädigten erfolgreich klagen und daher der traditionelle Regelungsrahmen nicht ausreicht, um den Schädiger von Rechtsverstößen abzuschrecken. Gewinnabschöpfung, Bestrafung und Abschreckung sind daher die wesentlichen Ziele des Strafschadensersatzanspruchs. Das Problem mit dem sich das US Rechtssystem seit über 20 Jahren auseinandersetzen muss ist, wie der Strafschadensersatz, der grundsätzlich zulässig ist, angemessen und vernünftig berechnet werden kann.[162]

Discovery

Das Beweisermittlungsverfahren (*discovery* oder *pretrial discovery*) des amerikanischen Zivilprozesses soll es ermöglichen nach Klageerhebung die erforderlichen Beweise zusammenzustellen, damit dann in einer Verhandlung vor der Jury das Verfahren zügig vorangebracht werden kann. In dieser Prozessphase kann jede Partei von ihrem Gegner auch mit Hilfe des Gerichts den Zugang zu Beweismaterial verlangen. So können der Zugang zu Dokumenten, die Beantwortung von langen Fragebögen, die Zeugen- und Parteivernehmung und Ortsbesichtigungen Gegenstand der *discovery* sein. Die meisten Produkthaftungsprozesse enden nach Abschluss der Discovery mit einer Rücknahme der Klage oder mit einem Vergleich. Für Europäer ist das amerikanische *discovery* Verfahren deshalb so ungewöhnlich, weil der Kläger seine Klage ohne sorgfältige Begründung einreichen und dann erst später durch die in der *discovery* erlangten Beweismittel überzeugend begründen kann. Gerade das führt immer wieder zu zeitaufwändigen und damit kostenintensiven Ermittlungen durch die Anwälte der Kläger. Um eine sachgerechte Verteidigung in Produkthaftungsfällen sicherzustellen, muss sich ein beklagter Hersteller in diesem Verfahrensstadium umfassender anwaltlicher Hilfe bedienen. Bei Serienschäden oder Sammelklagen sollen bis zu 80 % der gesamten Prozesskosten auf den Aufwand der *discovery* zurückzuführen sein.

Trial by Jury

Ebenso bedeutsam für den Ruf des US-amerikanischen Produkthaftungsrechts sind die Geschworenengerichte (*trial by jury*) und die Anwälte. Die amerikanische Verfassung sieht vor, dass auch bestimmte Streitfragen in Zivilprozessen

---

[162] Die in *BMW v. Gore*, 517 U.S. 559 (1996), angedeutete und später bestätigte Regel, nach der der Strafschadensersatz das 9-fache des tatsächlichen Schadens nicht übersteigen soll, reicht, wie neuerlich *Philip Morris USA v. Williams*, 549 U.S. _ (2007) gezeigt hat, nicht aus, um die wichtigsten Kriterien der Schadensbemessung zu klären.

von Geschworenen entschieden werden müssen. Dieses auf urdemokratischer Tradition beruhende Rechtsprinzip erweist sich bei komplexen Sachverhalten als problematisch. In Produkthaftungsprozessen ist es eine der Aufgaben der Jury die Höhe des Strafschadensersatzes festzulegen. Dabei werden die Mitglieder der Jury oft nur in geringem Umfang vom Richter instruiert, stehen zugleich aber unter dem Eindruck rhetorisch und schauspielerisch geschulter, brillanter Anwälte, die unter Verweis auf die Jahresüberschüsse wirtschaftlich leistungsfähiger Beklagter die Jury auffordern eine Strafe festzusetzen, die dazu führen soll, dass Unternehmen mit Milliardenüberschüssen ein vergleichbares Tun in Zukunft unterlassen. Dies birgt die Gefahr, dass die Geschworenen, juristische Laien, die Orientierung verlieren. Dennoch bestehen deutsche Hersteller in Produkthaftungsprozessen häufig auf Jury-Gerichten, da Einzelrichter im Schnitt den Hersteller stärker belastende Urteile fällen als Jury-Gerichte. Das hat wohl darin seinen Grund, dass die Einflussnahme auf die Jury durch gute Anwälte auch zugunsten von beklagten Herstellern genutzt werden kann.

Anwälte

Klägeranwälte in Produkthaftungsprozessen haben darüber hinaus ein ureigenes Interesse daran die Klagesummen nach oben zu treiben, weil sich ihre Honorierung in diesen Fällen am Erfolg orientiert. Sie arbeiten oft auf der Basis von Erfolgshonoraren, sie bekommen also nichts, wenn sie verlieren, aber bis zu 50 % der gewonnen Summe, wenn sie gewinnen.

Sammelklagen

Für amerikanische Anwälte noch spannender als Strafschadensersatzprozesse sind daher Sammelklagen. Sie haben in den letzten Jahren zu den wirklichen Megaverfahren auch des Produkthaftungsrechts geführt. Bei Sammelklagen werden Klagen einer Gruppe von Personen aus einem gleichartigen Sachverhalt geltend gemacht. Ein Urteil bindet alle Mitglieder der Gruppe. Weil in Produkthaftungsfällen viele Geschädigte gleichzeitig klagen, geht es bei Sammelklagen meist um sehr hohe Streitwerte.

Tabakklagen

Tabakklagen beschäftigen seit Jahrzehnten das US-amerikanische Rechtssystem. Seitdem in den 80er Jahren deutlich wurde, dass die Tabakindustrie die Verbraucher über viele Jahre über Gesundheitsgefahren und Suchtpotentiale von Zigaretten getäuscht hat, begann eine Welle von Massenklagen gegen die Tabakindustrie.
Die erste große Klage wurde stellvertretend für alle Raucher in den USA gegen die Tabakindustrie erhoben. Ca. 60 Anwälte hatten sich zu einem Konsortium zusammengeschlossen, um die Kläger zu vertreten. Die Klage wurde abgewiesen, weil die Voraussetzungen einer Sammelklage – Homogenität der Gruppe der Kläger – nicht gegeben gewesen sei.[163]

[163] *Castano v. American Tobacco Company*, 84 F.3rd 734 (5th Cir. 1996).

In der Folge wurden Dutzende von Sammelklagen eingereicht, von denen hier nur zwei weitere vorgestellt werden sollen:
Etwa 3.000 Flugbegleiter, vertreten durch die an Lungenkrebs erkrankte nicht rauchende *Norma Broin*, klagten gegen die Tabakindustrie mit der Begründung, sie hätten durch Passivrauchen in der Flugkabine gesundheitliche Schäden erlitten. Die Kläger forderten 5 Mrd. US $ Schadensersatz. Das Verfahren wurde durch Vergleich erledigt. Die Zigarettenhersteller zahlten ca. 350 Mio. US $. 300 Millionen davon sollten zur Gründung einer Forschungsinstitution zur Erforschung der Gefahren des Passivrauchens verwendet werden, 46 Millionen waren Anwaltskosten, jedes Mitglied der Klägergruppe erhielt das Recht, die Tabakunternehmen individuell zu verklagen und dabei Beweiserleichterungen und den Verzicht auf den Verjährungseinwand in Anspruch zu nehmen.[164]
In Florida hatte eine Sammelklage aller süchtigen Raucher des Bundesstaates wegen tabakverursachter Erkrankungen zunächst Erfolg. Die Tabakindustrie wurde zur Zahlung von 12,7 Mio. US $ Schadensersatz und zu 145 Mrd. $ Strafschadensersatz verurteilt. Der *Supreme Court* von Florida hob den Strafschadensersatzbetrag auf. Gleichzeitig stellte er rechtskräftig fest, dass die Tabakhersteller wegen vorsätzlicher Verbraucherschädigung grundsätzlich haftbar und zur Zahlung von Strafschadensersatz verpflichtet seien, Ansprüche von Geschädigten aber, wegen des jeweils individuellen Nachweises der Ursächlichkeit des Rauchens für die Gesundheitsbeeinträchtigung, nicht im Wege dieser Sammelklage geltend gemacht werden könnten.[165] Diese zunächst als Sieg der Tabakindustrie gefeierte Entscheidung hat zur Folge, dass derzeit hunderte von Individualklagen von geschädigten Rauchern bei den Gerichten in Florida eingehen.

Das Instrument der Sammelklage, die Kosten der *discovery*, die Unsicherheiten durch Geschworenengerichte und die wirtschaftlichen Interessen von Anwälten führen dazu, dass zunehmend häufiger Milliardenprozesse gegen Hersteller angestrengt werden, ohne dass diese eine solide Klagebasis haben. Ziel der Verfahren ist ein Vergleich zur Beilegung der Streitigkeit. Hersteller scheinen gelegentlich bereit zu sein, sich auf solche Vergleiche einzulassen, auch wenn sie kein Fehlverhalten trifft, weil sie befürchten, dass die Länge der Verfahren und die Medienberichterstattung auf Sicht teurer sind, als ein Vergleich. Taktik

164 *Norma Broin, et al. v. Philip Morris Companies., Inc. et al.*, 641 So.2d 888, 889 (Fla.App. 3 Dist. 1994).

165 *Engle, et al. v. Liggett Group, Inc., et al*, Supreme Court of Florida, No. SC 03-1856, 21.12.2006.

US- Produktsicherheitsrecht

Neben dem Produkthaftungsrecht gibt es in den USA auch Produktsicherheitsrecht mit Rückruf- und Meldepflichten, das in bestimmten Produktbereichen, wie Arzneimitteln, Medizinprodukten oder Automobilen von speziell dafür eingerichteten Agenturen oder Behörden verwaltet und durchgesetzt wird.

8.4.3 Produkthaftung in Japan

Japan[166] war in den 1950er und 1960er Jahren zunächst ein Produkthaftungsparadies für Unternehmer. Dennoch gab es einige spektakuläre Gerichtsentscheidungen in Massenschadensfällen im Arznei- und Lebensmittelbereich. 1994 wurde ein Produkthaftungsrecht nach dem Vorbild der EG-Produkthaftungsrichtlinie eingeführt. Auch wenn, bedingt durch japanische Streitschlichtungstraditionen, hohe Hürden des Gerichtszugangs, fehlendes Verbraucherselbstverständnis und eine gesellschaftlich tief verankerte Herstellerfreundlichkeit eine Explosion von Produkthaftungsklagen ausblieb, sind über die Jahre doch über 100 Gerichtsentscheidungen zum Produkthaftungsrecht ergangen. Neben dem Produkthaftungsgesetz kennt das japanische Recht Sonderregelungen für bestimmte Bereiche wie Arzneimittel und Medizinprodukte sowie Produktsicherheitsrecht mit Rückrufverpflichtungen und Meldepflichten an die Aufsichtsstellen. In den letzten Jahren deuten spektakuläre Rückruffälle und Fälle, in denen Serienschäden in der Automobilindustrie über Jahre gegenüber den Meldestellen verschwiegen wurden, darauf hin, dass Japan mit der Umsetzung seines stark von europäischen Modellen geprägten Regelungsrahmens zur Durchsetzung gesteigerter Produktsicherheit und Produktqualität zunehmend ernst macht.

8.4.4 Produkthaftung in China

Das Produktsicherheits- und -haftungsrecht in China,[167] das, wie das gesamte Land von einem dynamischen Entwicklungsprozess erfasst ist, wird von mehreren Entwicklungslinien beeinflusst. Im Zuge seiner wirtschaftlichen Öffnung und Entwicklung hat China seit den 80er Jahren eine vertragliche und deliktische Haftung für Produktfehler eingeführt. Diese Rechtsregeln werden im Verhältnis von geschädigten chinesischen Verbrauchern zu inländischen chinesischen Herstellern eher zurückhaltend angewendet, weil der Gang zu Gericht chinesischen Traditionen weniger entspricht, Gerichte nicht unabhängig, und zugesprochene Schadensersatzbeträge eher bescheiden sind. Auf der

---

166 *Staudinger/Oechsler*, BGB, Neubearbeitung 2003 Produkthaftungsgesetz, RZ 115 f.; *Luke Nottage*, Comparing product saftey and liability law in Japan, from Minamata to mad cows – and Mitsubishi in Product Liability in Comparative Perspective, 2005, 334-340.

167 *Staudinger/Oechsler*, BGB, Neubearbeitung 2003 Produkthaftungsgesetz, RZ 112 ff; *Huck*, Grundlagen der Produkthaftung in der Volksrepublik China, PHi , 2006, 98-106.

Grundlage dieser Rechtsregeln findet sich jedoch auch eine zunehmende Zahl von Produkthaftungsprozessen, die vor allem von den Mitgliedern einer zunehmend wachsenden und wohlhabenderen Mittelschicht oder chinesischen Unternehmen gegen in- und insbesondere auch gegen vermögende ausländische Hersteller angestrengt wird.

Mercedes Benz in China

1999 öffnete sich der Fahrerairbag eines Mercedes Benz bei einem Verkehrsunfall auf der Autobahn von Guangzhou nach Shenzhen nicht. Der Sohn des Fahrers starb. Das mittlere Volksgericht von Dong-Wan nahm einen sicherheitsrelevanten Herstellerfehler beim Airbag an und verurteilte die Mercedes Benz AG und den Händler in China zu umfassendem Schadensersatz (Entschädigung für Tod, Arzthonorar, Begräbnisgeld, entgangener Lohn des Opfers und Schmerzensgeld).[168]

Dabei sind gelegentlich typische Konfliktlagen des Chinageschäfts Gegenstand der Verfahren.

Nanjian Industry Group Corp. gegen BMW [169]

In diesem Fall wurde der Kläger durch eine fehlerhaft hergestellte, illegale chinesische Kopie eines BMW geschädigt. Schadensersatzansprüche gegen BMW wurden abgelehnt, weil BMW nachweisen konnte, dass die internationale Produktkennnummer des Fahrzeugs frei erfunden und der Motor des Fahrzeugs nicht von BMW hergestellt worden war.

Derzeit sind eine auffallend hohe Zahl der im europäischen und US-amerikanischen Markt auftretenden sicherheitsrelevanten Produktfehler auf Importe aus China zurückzuführen.[170] EU und USA verstärken daher ihren Druck auf China, einen Regelungsrahmen einzuführen oder zu unterstützen, der zu einer Steigerung der Produktqualität und -sicherheit führt.

Zusammenfassend deutet sich auch für China mittelfristig eine Harmonisierung des chinesischen Regelungsrahmens mit globalen Standards an.

---

[168] *Huck*, PHi 2006, 105.

[169] Urteil vom 28.11.2000 zitiert nach BfAI, Produkthaftung China, Stand 15.8.2006.

[170] Im Jahr 2007 musste Martell in Europa und den USA mehrmals Kinderspielzeug, das in China gefertigt war, öffentlich zurückrufen.

8.4.5 Sonstige Produkthaftungsrechte

Bemerkenswert ist, dass neben Japan und China sich auch Länder wie Australien, Brasilien und Südkorea bei der Ausgestaltung ihres Produkthaftungsrechts am Modell der Europäischen Produkthaftung orientieren.

8.5 Gerichtszuständigkeit und Durchsetzung von Gerichtsurteilen

8.5.1 Gerichtszuständigkeit

Gerichtszuständigkeit

Von der Frage des anwendbaren Rechts ist die Frage zu unterscheiden, welche Gerichte in einem grenzüberschreitenden Streitfall zuständig sind. Da es internationale Gerichte für Produkthaftungsstreitigkeiten nicht gibt, müssen diese vor nationalen Gerichten ausgetragen werden.

Interessen

Dabei werden Geschädigte im Regelfall lieber bei Ihren Wohnsitzgerichten klagen, weil sie deren Sprache sprechen, die Reise zum Gericht kurz ist, weil sie mit dem Rechtssystem vertraut sind oder der Zugang zu Rechtsanwälten für sie einfach ist. Hersteller werden vergleichbare Überlegungen anstellen und dem gemäß, wenn überhaupt, lieber bei ihren Sitzgerichten verklagt werden. Manche Gerichte sind aus der Perspektive europäischer Parteien problematisch, weil sie erkennbar nicht unabhängig oder bestechlich sind. So ist die Unabhängigkeit von Gerichten in Russland oder China oder manchem afrikanischen Staat eher zweifelhaft. In einer weiteren Gruppe von Fällen werden Parteien versuchen, ihre Klage vor die Gerichte eines bestimmten Staates zu bringen in der Hoffnung, dort günstigere Urteile zu erstreiten. Vor dem Hintergrund eines verbraucherfreundlichen Produkthaftungsrechts versuchen Geschädigte aus vielen Staaten der Welt, Prozesse in den USA gegen ausländische oder inländische Hersteller anzustrengen, um in den Genuss günstiger Entscheidungen zu kommen.

Herzklappenfall[171]

Der Hersteller hatte hochmoderne und leistungsfähige Herzklappen vermarktet. Ein geringer Teil dieser Herzklappen brach nach Jahren ihres Einsatzes im menschlichen Körper. Im Falle eines Herzklappenbruchs mussten die Patienten binnen weniger Stunden notoperiert werden. Der Hersteller entschied von einem Rückruf Abstand zu nehmen, weil der operative Austausch aller implantierten Herzklappen mit größeren Risi-

[171] *Stangvik v. Shiley*, 819 P2d 14 (Cal. 1991).

ken verbunden war, als Notoperationen im Falle eines Bruches. Skandinavische Herzklappenträger, deren Herzklappen einwandfrei funktionierten, versuchten vom kalifornischen Hersteller Schmerzensgeld deshalb einzuklagen, weil sie Angst hatten, dass auch ihre Herzklappen wegen eines Produktfehlers brechen könnten. Während skandinavische Gerichte vorhersehbar zurückhaltend mit der Gewährung solcher Schadensersatzansprüche sein würden, erwarteten die Kläger großzügige Entschädigungen von kalifornischen Gerichten und erhoben daher dort Klage. Die kalifornischen Gerichte haben in diesen Fällen ihre Zuständigkeit unter Hinweis auf die *forum-non-conveniens* Doktrin abgelehnt.

Europäische Gerichtszuständigkeit

In der Europäischen Union bestimmt sich die sog. internationale Zuständigkeit nach der EuGVO[172] (auch „Brüssel I Verordnung" genannt). Danach können die Parteien die ausschließliche internationale Zuständigkeit eines Gerichts durch eine schriftliche Gerichtsstandsvereinbarung festlegen, Art. 23 EuGVO. Liegt eine Gerichtsstandsvereinbarung nicht vor, dann kann jede Partei vor ihren Heimatgerichten verklagt werden, Art. 2 EuGVO. Darüber hinaus besteht bei Produkthaftungsfällen nach Art. 5 Nr. 3 EuGVO ein Gerichtsstand am Tatort, d.h. am Ort an dem das fehlerhafte Produkt entweder hergestellt wurde oder an dem das schädigende Ereignis eingetreten ist. Schließlich kann dann, wenn auch vertragliche Ansprüche aus Garantie oder Gewährleistung geltend gemacht werden, ein Gerichtsstand beim Erfüllungsort des Vertrages gegeben sein, Art 5 Nr. 1 EuGVO. Sind danach in einem konkreten Fall mehrere Gerichtsstände gegeben, kann der Kläger aus diesen einen auswählen.

Europäische Gerichtszuständigkeit

Das Reinigungsgerät des Herstellers H aus Deutschland explodiert in Spanien und verletzt dort den Urlauber U aus England schwer. Vor welchen Gerichten kann U den H verklagen?

U kann den H nach Art. 2 EuGVO an seinem (Wohn-)Sitz in Deutschland verklagen, sog. allgemeiner Gerichtsstand. Er kann gemäß Art. 5 Nr. 3 EuGVO den H aber auch an dem Ort, an dem das schädigende Ereignis eingetreten ist, also in Spanien verklagen, sog. Gerichtsstand der unerlaubten Handlung. U kann demnach wählen, ob er den H in Deutschland oder in Spanien verklagt. Ein Gerichtsstand in England wäre hier nur gegeben, wenn sich H auf eine entsprechende, nach dem Schadenseintritt abzuschließende Gerichtsstandsvereinbarung mit U einlassen würde.

---

172 Verordnung (EG) Nr. 44/2001 des Rates über die gerichtliche Zuständigkeit und die Anerkennung und Vollstreckung von Entscheidungen in Zivil- und Handelssachen vom 22. Dezember 2000, ABl. EG L 12/1 v. 16.1.2001. Für Dänemark gilt das vergleichbare Brüsseler EWG Übereinkommen über die gerichtliche Zuständigkeit und die Vollstreckung gerichtlicher Entscheidungen in Zivil- und Handelssachen (EuGVÜ), für EWR-Staaten das Luganoabkommen über die gerichtliche Zuständigkeit und Vollstreckung gerichtlicher Entscheidungen in Zivil- und Handelssachen (LugÜ).

amerikanische Gerichtszuständigkeit

Während die internationale Gerichtszuständigkeit in Europa nach den genannten formalen Regeln bestimmt wird und damit für die Beteiligten klar vorhersehbar ist, sind die Regeln über die internationale Zuständigkeit amerikanischer Gerichte eher unberechenbarer. Sie geben den Richtern einen Ermessensspielraum. Nach den einzelstaatlichen Regeln über die internationale Zuständigkeit (*jurisdiction*) sind die Gerichte eines Bundesstaates zuständig, wenn die Parteien von der Klageerhebung Kenntnis haben und wenn der Beklagte zum Gerichtsstaat Minimalkontakte hat (*minimum contacts*). Wann solche Minimalkontakte vorliegen, ist teils in den Gesetzen der Bundesstaaten geregelt, insgesamt aber nicht ganz klar. Wenn ein Hersteller in einem Bundesstaat seine Produkte aktiv absetzt, dann ist ein solcher Minimalkontakt in der Regel gegeben. Zur Einschränkung der weiten internationalen Zuständigkeit wurde die Doktrin des *forum-non-conveniens* entwickelt. Danach kann ein US-amerikanisches Gericht seine Zuständigkeit ablehnen, wenn es diese für unpassend hält. Diese hohe Flexibilität führt in der Praxis oft zu Ergebnissen, die denjenigen entsprechen, die auch nach den europäischen Zuständigkeitsregelungen eintreten würden. Manchmal entsteht aber auch der Eindruck dass amerikanische Gerichte ihre internationale Zuständigkeit annehmen, wenn dies zum Vorteil der amerikanischen Partei ist, oder sie aus demselben Grund ablehnen.

Bophal

Am 2. Dezember 1984 tötete auslaufendes Gift aus einer Fabrik in Bophal, Indien ungefähr 2500 Personen und verletzte bis zu 500.000 weitere Personen. Die gegen die Muttergesellschaft in New York erhobene Klage wurde mit der Begründung abgewiesen, die Gerichte in Indien seien besser geeignet, den Fall abzuwickeln. Später verpflichtete sich die Gesellschaft in einem Vergleich vor indischen Gerichten knapp 500 Mio. US $ an Entschädigung zu bezahlen. Bis heute erreichte nur ein winziger Bruchteil der Entschädigungssumme die Geschädigten. Die New Yorker Klageabweisung nützte der amerikanischen Muttergesellschaft; die indische Justiz war mit der Bewältigung dieses Falles seinerzeit hoffnungslos überfordert.

Trotz der beachtlichen Zahl vergleichbarer Einzelfälle auch im Bereich der Produkthaftung ist aber darauf hinzuweisen, dass einflussreiche Gruppen weltweit an der Entwicklung von Zuständigkeitsregelungen arbeiten, die sachgerecht und berechenbar sind und die eine Bevorzugung oder Benachteiligung aufgrund der Nationalität unzulässig machen.[173]

---

[173] Siehe hierzu die ALI/Unidroit Principles of Transnational Civil Procedure von 2006 und dort die offizielle Kommentierung zum Prinzip Nr. 3.

Schiedsgerichte

Anstelle der Zuständigkeit staatlicher Gerichte können die Parteien die Zuständigkeit eines Schiedsgerichts vereinbaren. Schiedsgerichte sind private Gerichte, die von den Parteien zur Streitschlichtung einberufen werden können. Vorteile solcher Schiedsgerichte liegen darin, dass die Parteien Fachleute als Schiedsrichter benennen können, dass das Schiedsgericht unter Ausschluss der Öffentlichkeit tagt und dass die Verfahrenskosten niedriger wie die eines staatlichen Gerichtsverfahrens sein können. Ein Nachteil kann darin bestehen, dass das Urteil des Schiedsgerichts in der Regel nicht von einer weiteren Instanz auf seine Richtigkeit überprüft werden kann. Urteile eines Schiedsgerichts haben dieselbe Wirkung wie Urteile staatlicher Gerichte. Sie können aber, was insbesondere im internationalen Rechtsverkehr von Bedeutung ist, nahezu weltweit ohne weiteres vollstreckt werden. In Produkthaftungsfällen hat die Schiedsgerichtsbarkeit bisher keine Bedeutung erlangt, weil sich geschädigte Kläger auf Schiedsverfahren nicht einlassen. Wegen ihrer fehlenden Öffentlichkeit nehmen Schiedsverfahren den geschädigten Klägern in der Regel ein taktisches Druckmittel, um den beklagten Hersteller zu einem Vergleich zu bewegen und schwächen so ihre Prozessposition.

8.5.2 Durchsetzung ausländischer Gerichtsurteile

internationale Urteilsdurchsetzung

Wenn ein Hersteller von einem ausländischen Gericht z.B. zu einer Schadensersatzzahlung verurteilt wird, er sich aber weigert freiwillig zu zahlen, dann muss dieses Urteil vollstreckt werden. Verfügt der Hersteller im Gerichtsstaat über Vermögen, kann relativ problemlos in dieses Vermögen vollstreckt werden. Ist dies nicht der Fall, wird die Lage komplizierter. Urteile sind staatliche Hoheitsakte und können daher grundsätzlich nur in dem Land vollstreckt werden, in dem sie erlassen wurden. Damit besteht aus der Sicht eines Geschädigten das Risiko, dass er zwar einen grenzüberschreitenden Produkthaftungsprozess gewinnt, das obsiegende Urteil aber nicht durchsetzen kann. Dies gilt jedoch nicht für Streitigkeiten von Parteien aus den Mitgliedstaaten der Europäischen Union und im Verhältnis zu Streitparteien aus den USA. Urteile aus diesen Staaten werden untereinander weitgehend anerkannt und können in diesen Staaten auch gegenseitig weitgehend vollstreckt werden.

Die Europäische Union hat aufgrund der Problematik der Durchsetzung ausländischer Urteile in der Produkthaftungsrichtlinie – in Deutschland in § 4 Abs. 2 ProdHaftG umgesetzt – festgeschrieben, dass der erste Importeur eines Produkts in den Europäischen Wirtschaftsraum als Hersteller gilt. Damit soll sichergestellt werden, dass dem geschädigten Verbraucher eine Partei gegenübersteht, die in Europa verklagt werden und gegen die auch ein obsiegendes Urteil vollstreckt werden kann.

Ein Hersteller muss also nicht nur damit rechnen, dass ein Schadensfall wegen eines Produktfehlers nach ausländischem Recht beurteilt wird; er muss darüber hinaus in Betracht ziehen, dass er vor ausländischen Gerichten nach fremdem Recht wegen eines Produktfehlers verklagt werden kann, dass ein gegen ihn ergehendes Urteil in sein Auslandsvermögen vollstreckt und in Europa und den USA sogar in sein inländisches Vermögen vollstreckt werden kann. Wer seine Produkte weltweit vertreibt, muss daher das Recht der Produkthaftung seiner Märkte kennen.

8.6 Praktische Konsequenzen

Wer Produkte weltweit vermarkten will, muss sich nach dem Produktsicherheitsrecht und dessen Standards in den jeweiligen Märkten richten. Will er Produkte einheitlich für einen weltweiten Verkauf herstellen, muss er sich an den jeweils strengsten Anforderungen orientieren. Soweit sich Standards oder Produktsicherheitsvorgaben widersprechen, bleibt ihm nichts Anderes übrig, als für die jeweiligen Märkte unterschiedliche Produkte herzustellen. Problematisch ist es, wenn ein Hersteller für manche Märkte sichere, für andere, die keine hohen Sicherheitsvorgaben haben, weniger sichere Produkte entwickelt und vermarktet. In einem ernsten Schadensfall wird er sich mit dem Argument auseinandersetzen müssen, ob das Menschenleben in dem einen Land weniger wert ist, als in einem anderen. Einen Schadensersatzprozess wird er damit wohl überall auf der Welt schon vor Beginn verloren haben.

Während Sicherheitsstandards eines Produkts daher weltweit einheitlich festgelegt werden sollten, werden sich die Gestaltung, die Instruktionen für das Produkt (Nutzungs- und Warnhinweise) und dessen Präsentation nach den örtlichen Marktgegebenheiten richten müssen.

Trotz aller Rechtsregeln kann ein Hersteller wegen Produkthaftung im ungünstigsten Fall überall auf der Welt verklagt werden, auch wenn er das Produkt in dem Land, in dem er verklagt wird, nicht in Verkehr gebracht hat. Er kann nach einem fremden Recht verurteilt werden und das Urteil kann in sein Auslandvermögen oder gar in sein Inlandvermögen vollstreckt werden.

Bei diesen Rahmenbedingungen, die letztlich dazu führen, dass globale Hersteller der Produkthaftung für Fehler kaum entkommen können, dürfte es im Interesse der Hersteller liegen, an einer berechenbaren Grundlage durch eine weltweite Harmonisierung des Produkthaftungs- und Produktsicherheitsrecht mitzuarbeiten.

8.7 Übungsfälle

High Tech Herd

Der deutsche Hersteller H exportiert High Tech Küchenherde nach Italien. Dort kauft der englische Starkoch K, der in London sein Restaurant betreibt, einen der Herde. In England werden diese Herde nicht verkauft. Später kommt es zu einem Elektrikdefekt des Herdes, der zu einem Personen- und Sachschaden bei K in dessen Restaurant führt.

1. Nach welchem Recht und vor welchen Gerichten kann K einen Schadensersatzanspruch gegen H geltend machen?
2. Was würde gelten, wenn H eine übliche Herstellergarantie von 2 Jahren übernommen hätte?
3. Welche Konsequenzen ergeben sich aus dieser Falllösung?

Zu 1.:
Die Produkthaftungsansprüche des K richten sich nach italienischem Recht. Art. 5 Abs. 1 lit. a Rom II Verordnung greift nicht ein, da der Herd in England nicht in Verkehr gebracht wurde. Da der Herd in Italien erworben und auch dort in Verkehr gebracht wurde, ist nach Art. 5 Abs. 1 lit. b italienisches Recht anwendbar.
K kann den H nach Art. 2 EuGVO vor deutschen Gerichten verklagen. Wahlweise kann K den H nach Art. 5 Nr. 3 EuGVO auch vor englischen Gerichten verklagen, da das schädigende Ereignis dort eingetreten ist. Das deutsche bzw. englische Gericht entscheidet den Fall dann nach italienischem Recht.

Zu 2.:
Bei dieser Variante bestehen neben der Produkthaftung auch Ansprüche gegen den Hersteller aus der Garantie. Man wird hier argumentieren können, dass sich daraus eine engere Verbindung zwischen Hersteller und Kunden ergibt. Gemäß Art. 5 Abs. 2 Rom II Verordnung würden sich die Produkthaftungsansprüche daher nach derselben Rechtsordnung richten wie die Garantieansprüche. Letztere unterliegen gemäß Art. 28 Abs. 2 EGBGB/Art. 4 Abs. 2 Rom I Verordnung dem deutschen Recht. Bei dieser Variante unterliegen die Produkthaftungsansprüche des K deutschem Recht.

Zu 3.:
Wenn die Lösung unter 2. zutreffend ist, dann könnte jedenfalls in Europa jeder Hersteller durch Ausgabe einer Garantie sicherstellen, dass das Recht der Produkthaftung seinem Heimatrecht unterliegt. Es bleibt abzuwarten, ob dieser Lösungsansatz von den Gerichten in Europa mitgetragen wird.

Fehlerhafter Lastkran[174]

Ein deutsches Unternehmen mit Sitz in Ulm produziert und vertreibt Lastkräne. Von einem Zulieferer aus Bozen in Italien bezieht es eine Sperrvorrichtung, die verhindern soll, dass beim Abschalten des Krans die Ladung abgeworfen wird. Aufgrund eines Fehlers an der Sperrvorrichtung kommt es zu einem Schadensfall in Deutschland. Das Unternehmen muss daraufhin alle mit dieser Sperrvorrichtung versehenen Lastkräne zurückrufen und überprüfen. Vor welchen Gerichten kann es seine Ersatzansprüche geltend machen?
Der Zulieferer kann nach Art. 2 EuGVO an seinem allgemeinen Gerichtsstand, d.h. seinem Sitz in Italien, verklagt werden.
Wegen der Rückrufverpflichtung und den daraus resultierenden Kosten kann der Zulieferer darüber hinaus gemäß Art. 5 Nr. 3 EuGVO am Gerichtsstand der unerlaubten Handlung verklagt werden. Gerichtsstand der unerlaubten Handlung ist der Ort, an dem das schädigende Ereignis eingetreten ist, also Deutschland.
Schließlich kann der italienische Zulieferer nach Art. 5 Nr. 1 EuGVO auch noch am Erfüllungsort der Lieferverpflichtung aus dem Zulieferervertrag verklagt werden. Die Verpflichtung wird im vorliegenden Fall an ihrem Lieferort in Deutschland erfüllt, so dass als Gerichtsstand des Erfüllungsortes ebenfalls in Deutschland geklagt werden kann.
Das deutsche Unternehmen kann den Zulieferer somit nach seiner Wahl in Deutschland oder Italien verklagen.

8.8 Zusammenfassung

Produktsicherheitsrecht und Produktstandards richten sich nach dem Recht des Staates, in dem sie erlassen wurden. Bei der Entwicklung und Fertigung empfiehlt es sich, weltweit akzeptable Sicherheitsstandards anzulegen.

Produkthaftungsrecht richtet sich – mit Ausnahmen – vor allem nach dem Recht des Staates, in dem die geschädigte Person bei Eintritt des Schadens ihren gewöhnlichen Aufenthalt hatte.

Grenzüberschreitende Gewährleistungsansprüche bestimmen sich oft nach dem Recht des Landes, in dem der Verkäufer seinen Sitz hat, bei Garantieansprüchen nach dem Sitzland des Herstellers.

---

174 Frei nach OLG Stuttgart, Beschluss vom 7.12.2005 – 5 U 71/05, NJW-RR 2006, 1362.

Zwar gibt es in der EU klare Regelungen zur Gerichtszuständigkeit. Da ein Kläger in Produkthaftungs- und/oder Gewährleistungsfällen aber häufig ein Wahlrecht zwischen mehreren Gerichtsorten hat, lässt sich im Ergebnis nur schwer vorhersagen, in welchem Land ein Prozess stattfinden wird. Dies gilt um so mehr für Länder außerhalb der EU. Oft wird ein Gerichtsstand dort, wo ein schädigendes Ereignis eintritt, begründet sein.

Ausländische Urteile sind außerhalb Europas und den USA in der Regel nicht im Inland vollstreckbar. Eine Vollstreckung in Auslandsvermögen ist aber denkbar.

Die Vermarktung von Produkten in anderen Ländern ohne durch Rechtsexperten vermittelte Kenntnis des Rechtsrahmens in diesen Ländern birgt nicht kalkulierbare Risiken.

8.9 Ergänzende Literaturhinweise

Zum anwendbaren Recht:

Wagner, Die neue Rom II-Verordnung, IPRax 2008, 1.

Leible/Lehmann, Die neue EG-Verordnung über das auf außervertragliche Schuldverhältnisse anzuwendende Recht („Rom II"), RIW 2007, 721.

Zur Gerichtszuständigkeit und Durchsetzung von Gerichtsurteilen:

Magnus/Mankowski, Brussels I Regulation, 2007.

Gildeggen/Willburger, Internationale Handelsgeschäfte, 2. Auflage 2005, Kapitel VII Grenzüberschreitende Rechtsstreitigkeiten.

Zur Produkthaftung weltweit:

Bundesagentur für Außenwirtschaft, BfAI, Produkthaftung – USA, 2003.

Staudinger, Kommentar zum BGB, Neubearbeitung 2003, Einleitung zum Produkthaftungsgesetz (Bearbeiter: *Oechsler).*

9 Strafrecht der Produkthaftung

9.1 Überblick

Wer fehlerhafte Produkte in den Verkehr bringt, kann sich strafbar machen, wenn sich eine Rechtsgutsverletzung realisiert.

> **Reifenprobleme**[175]
>
> Etwa ein Jahr nachdem der Hersteller seinen neuen Reifen in den Markt gebracht hatte, ereigneten sich mehrere Unfälle, die darauf zurückzuführen waren, dass die Reifen fehlerhaft waren. Der Hersteller rief die Reifen jedoch erst nach drei Jahren zurück. Zwischenzeitlich waren infolge des verspäteten Rückrufs Fahrzeuginsassen und Passanten getötet oder schwer verletzt worden. Die verantwortlichen Geschäftsführer und Mitarbeiter des Herstellers wurden wegen Totschlag und Körperverletzung verurteilt.

In Produkthaftungsfällen kommt eine Strafbarkeit in Betracht wegen

- vorsätzlicher oder fahrlässiger Tötung, §§ 212, 222 StGB
- vorsätzlicher oder fahrlässiger Körperverletzung, §§ 223, 230 StGB
- Sachbeschädigung, § 303 StGB
- verschiedener weiterer Tatbestände aus dem Strafgesetzbuch sowie aus dem Nebenstrafrecht.

Strafbar sein können nicht nur die Mitglieder der Geschäftsleitung, sondern jeder Mitarbeiter, der am Entwicklungs-, Herstellungs- und Vermarktungsprozess beteiligt ist.

Das Thema ist relevant, weil schon 1994 jährlich in Deutschland die Einleitung von ca. 20.000 strafrechtlichen Ermittlungsverfahren im Zusammenhang mit der Verwirklichung von Produktrisiken festgestellt wurden.[176]

---

[175] Frei nach Monza Steel, LG München II, Urteil vom 21.4.1978.

9.2 Grundlagen der strafrechtlichen Verantwortlichkeit

9.2.1 Relevante Tatbestände

In den meisten Produkthaftungsfällen wird eine Strafbarkeit wegen fahrlässiger Tötung oder fahrlässiger Körperverletzung in Betracht kommen.

vorsätzliche oder fahrlässige Tötung oder Körperverletzung

§ 222 StGB bestimmt: „Wer durch Fahrlässigkeit den Tod eines Menschen verursacht, wird ... bestraft." § 223 StGB regelt: „Wer einen anderen ... (vorsätzlich) an der Gesundheit beschädigt, wird ... bestraft." Nach § 230 StGB ist strafbar, „wer durch Fahrlässigkeit die Körperverletzung eines anderen verursacht."

Vorsatz liegt regelmäßig vor, wenn die Rechtsgutsverletzung vorhersehbar ist, und der Täter diese zumindest billigend in Kauf nimmt. Fahrlässigkeit verlangt Vorhersehbarkeit der Rechtsgutsverletzung und eine Sorgfaltsverletzung.

9.2.2 Täter

Besonderheiten

Das klassische Strafrecht geht davon aus, dass eine Person die Straftat begeht. Bei Rechtsgutsverletzungen durch Produktfehler sind in einem Unternehmen in der Regel viele Personen mit dem fehlerhaften Produkt befasst gewesen. Fraglich ist, wer sich hier strafbar macht.[177]

Ausgangspunkt ist zunächst, dass im deutschen Strafrecht grundsätzlich nur eine natürliche Person Täter sein kann. Das Unternehmen als solches kann daher weder Täter sein, noch bestraft werden.[178]

Mitarbeiter auf jeder Hierarchiestufe

Im Übrigen kann Täter jeder sein, der einen eigenen Tatbeitrag leistet. Also kann jedes Mitglied der Geschäftsleitung und jeder Mitarbeiter im Unternehmen auf jeder Hierarchiestufe strafbar sein.

---

176 *Kassebohm/Malorny*, Die strafrechtliche Verantwortung des Managements, BB 1994, 1361.

177 *Kuhlen*, Grundfragen der strafrechtlichen Produkthaftung, JZ 1994, 1142; *Schmidt-Salzer*, Konkretisierung der strafrechtlichen Produkt- und Umweltverantwortung, NJW 1996, 1.

178 Etwas anderes gilt seit dem Inkrafttreten des *Corporate Manslaughter and Corporate Homicide Act* von 2007 in Großbritannien. Danach kann ein Unternehmen strafbar sein, wenn durch ein fehlerhaftes Produkt ein Mensch im Vereinigten Königreich zu Schaden kommt und der Schadensfall auf eine von der Geschäftsleitung verursachte mangelhafte Unternehmensorganisation zurückzuführen ist. Da es nicht auf den Unternehmenssitz ankommt, können auch deutsche Unternehmen, deren Produkte in England vermarktet werden, von dieser Strafbarkeit betroffen sein. Siehe hierzu *Schneider*, Corporate Manslaughter und Corporate Compliance, EuZW 2007, 553.

Glykol[179]

Sechs Angeklagten aus fünf verschiedenen Hierarchiestufen des Unternehmens war vorgeworfen worden, mit gesundheitsgefährdendem Glycol gepanschten Wein in Verkehr gebracht zu haben. Der Bundesgerichtshof hob die Freisprüche des Landgerichts u.a. mit der Begründung auf, dass eine strafrechtliche Verantwortung aller Angeklagten in Betracht komme. Das Verfahren endete damit, dass die Angeklagten Bußgelder über insgesamt 500.000 DM und 500.000 DM an eine gemeinnützige Einrichtung zahlen mussten.

Der BGH prüft die Strafbarkeit in zwei Schritten: er fragt zunächst, ob die Herstellerorganisation die Rechtsgutsverletzung unter Verletzung von Pflichten herbeigeführt hat; sodann fragt er, wem im Unternehmen nach dessen Organisations- und Verantwortungsstruktur das Fehlverhalten zugerechnet werden kann.

Geschäftsführung

Auf Geschäftsleitungsebene kann jeder Geschäftsführer allein, als Teil einer Gruppe von Geschäftsführern oder als Mitglied der Gesamtgeschäftsführung strafbar sein.

Lederspray

Der Hersteller vermarktete eine Ledersprayreihe zum Pflegen, Imprägnieren und Färben von Lederkleidung und Schuhen. Ab Ende 1980 gingen beim Hersteller Meldungen ein, nach denen es bei der Benutzung des Sprays zu gesundheitlichen Schädigungen wie Asthmabeschwerden, Husten, Übelkeit, Schüttelfrost und Fieber kam. Die Betroffenen mussten oft ärztliche Hilfe in Anspruch nehmen. Untersuchungen durch den Hersteller und vorübergehende Rezepturänderungen führten nicht zu einem Abklingen der Kundenbeschwerden. Im Mai 1981 wurde angesichts der Häufigkeit der Meldungen – etwa 50 Fälle – auf einer internen Sitzung der Geschäftsführung beschlossen, die Warnhinweise zu verbessern und Studien in Auftrag zu geben. Etwas später forderte das Bundesgesundheitsamt das Unternehmen auf, den Vertrieb einzustellen oder die Rezeptur zu ändern. Nichts Wesentliches geschah, weil nach wie vor unklar war, worauf die Beschwerden der Benutzter zurückzuführen waren. Fünf Geschäftsführer wurden später wegen Körperverletzung angeklagt. Die Strafurteile lagen zwischen Freiheitsstrafe von einem Jahr und sechs Monaten (die Strafen wurde zur Bewährung ausgesetzt) und Geldstrafen.
Hier wurde zunächst festgestellt, dass das Unternehmen durch Unterlassen eines Rückrufs und nach der Geschäftsführungssitzung im Mai 1981 durch den Weitervertrieb der Produkte pflichtwidrig gehandelt hatte. Die einzelnen Geschäftsführer machten sich nach ihrem jeweiligen Tatbeitrag in ihrem Verantwortungsbereich strafbar.

---

[179] BGH, Urteil vom 19.7.1995 – 2 StR 758/94, NJW 1995, 2933 ff.

Mitarbeiter

Jeder Mitarbeiter kann sich in seinem Verantwortungsbereich für seinen Tatbeitrag strafbar machen.

Der Verbesserungsvorschlag

Für ein serienmäßig hergestelltes Produkt soll der produktverantwortliche Ingenieur einen Verbesserungsvorschlag umsetzen. Aus Termingründen unterlässt er es, die vorgeschlagene Verbesserung auf ihre Sicherheit zu überprüfen. Kommt es deshalb später zu Körperverletzungen, ist dem Unternehmen der Vorwurf zu machen, dass es die notwendigen Sicherheitsprüfungen unterlassen hat. Dafür ist der Ingenieur verantwortlich. Im vorliegenden Fall kann er wegen bedingt vorsätzlicher Körperverletzung strafbar sein.

Gremienentscheidungen

Wer in einem Geschäftsführungsgremium oder in einem Mitarbeiterteam einer Entscheidung zustimmt, die einen Produktfehler verursacht und die später zu Rechtsgutsverletzungen führt, kann dafür strafrechtlich verantwortlich sein. Jeder ist unter vollem Einsatz seiner Mitwirkungsrechte verpflichtet, das Mögliche und Zumutbare zu tun, um eine pflichtgemäße Gremien- oder Teamentscheidung herbeizuführen.[180]

9.2.3 Strafbare Handlung

pflichtwidriges Tun oder Unterlassen

Die Strafbarkeit kann entweder an ein aktives Tun oder an ein pflichtwidriges Unterlassen anknüpfen. In Produkthaftungsfällen wird der dem Täter zu machende Vorwurf in der Regel darin bestehen, dass er ein fehlerhaftes Produkt schuldhaft vermarktet hat oder dass er es schuldhaft unterlassen hat, Schadensabwehrmaßnahmen, wie z.B. einen Rückruf durchzuführen.

Contergan[181]

Im Conterganfall hatte ein Schlaf- und Beruhigungsmittel fötotoxische Wirkungen. Die geborenen Kinder waren missgebildet. Eigentümer und Mitarbeiter der Herstellerfirma waren wegen vorsätzlicher und fahrlässiger Köperverletzung und fahrlässiger Tötung angeklagt. In dem Fall kam es zu keiner Verurteilung, sondern zu einer Einstellung des Verfahrens. Einer der Angeklagten sollte deshalb strafbar sein, weil er die Ergebnisse von Studien fehlerhaft interpretierte. Aus der Tatsache, dass die klinischen Studien keine aussagekräftigen Daten in Bezug auf Schwangere produzierten, schloss er auf die gute Verträglichkeit für Schwangere. Hätte dieser Angeklagte schuldhaft gehandelt, dann wäre Tathandlung

[180] BGH, Urteil vom 6.7.1990 – 2 StR 549/89, NJW 1990, 2560, 2565 (Lederspray)

[181] LG Aachen JZ 1971, 507.

insoweit ein aktives Tun gewesen. In Bezug auf andere Angeklagte sollte sich die Strafbarkeit daraus ergeben, dass bei eingehenden Nebenwirkungsmeldungen nicht sofort so reagiert wurde, dass weitere Missbildungen ausgeschlossen wurden. Die maßgebliche Tathandlung war insoweit also ein pflichtwidriges Unterlassen einer Warnung vor dem Gebrauch des Arzneimittels durch Schwangere und eines Rückrufs der an Schwangere abgegebenen Arzneimittel.

Kreiselmäher[182]

Im Kreiselmäherfall hatte sich im Jahre 2002 ein Kreiselmäher auf dem Weg zu einer Ausstellung von der Zugmaschine gelöst. Dabei wurden zwei Kinder im Alter von 11 und 13 Jahren getötet. Zwei Konstrukteure wurden wegen fahrlässiger Tötung zu Geldstrafen von 21.600 € und 16.200 € verurteilt. Das Gericht warf den Angeklagten vor, sie seien verantwortlich dafür, dass dem Gerät eine vorgeschriebene Sicherung gefehlt habe und dass das landwirtschaftliche Gerät nicht vom TÜV abgenommen worden sei, bevor es in Verkehr gebracht wurde. Tathandlung war hier wohl die Tötung durch das Inverkehrbringen des Produkts ohne die vorgeschriebenen Sicherungen, also ein aktives Tun.

Strafrechtliche Tathandlung oder Unterlassung kann jede Verkehrssicherungspflichtverletzung im Sinne des § 823 Abs. 1 BGB, also jede Pflichtverletzung bei Konstruktion, Fabrikation, Instruktion oder Produktüberwachung sein.[183]

9.2.4 Kausalität im Sinne des Strafrechts

Eine Strafbarkeit ist nur gegeben, wenn die Handlung oder das relevante Unterlassen kausal, also ursächlich, für die Verletzung war. Das muss im Strafverfahren auch bewiesen werden. Der Kausalitätsbegriff des Strafrechts ist aber kein naturwissenschaftlicher, sondern ein wertender. wertender Kausalitätsbegriff

Holzschutzmittel[184]

In dem Verfahren waren der kaufmännische und technische Geschäftsführer wegen des Vertriebs gesundheitsgefährdender Holzschutzmittel angeklagt. Das LG hatte die Geschäftsführer u.a. wegen fahrlässiger Körperverletzung jeweils zu einer Freiheitsstrafe von 1 Jahr auf Bewährung

182 AG Limburg 2006.

183 In diese Richtung argumentierend BGH Urteil vom 6.7.1990 – 2 StR 549/89, NJW 1990, 2560, 2562 (Lederspray).

184 BGH, Urteil vom 2.8.1995 – 2 StR 221/94, NJW 1995, 2930 ff.

verurteilt. Der BGH hob das Urteil auf und wies die Angelegenheit aus hier nicht interessierenden Gründen zur erneuten Verhandlung zurück. In dem Fall war die Verurteilung nicht an der Kausalität gescheitert, obwohl nicht naturwissenschaftlich exakt geklärt werden konnte, dass PCB und Lindan im Niedrigdosisbereich toxische Wirkungen hatten.

Olivenöl[185]

Im spanischen Speiseölfall war industrielles, mit Anilin vergälltes Rapsöl von vielen kleinen und mittleren Firmen ihren Olivenölen beigemischt worden. Als Folge erkrankten über 15.000 Menschen, 330 starben. Die Angeklagten wurden teils freigesprochen, teils wegen vorsätzlicher oder fahrlässiger Tötung und Körperverletzung verurteilt. Das Gericht nahm Kausalität an, obwohl nicht jeder, der das Produkt verzehrte, erkrankte und obwohl nicht exakt nachgewiesen werden konnte, dass die Beimischung toxisch war.

9.2.5 Strafhöhe

Die Höhe der Strafe bemisst sich nach der Schuld des Täters. Vorsatztaten werden bei vergleichbarem Umfang der Rechtsgutsverletzung höher als Fahrlässigkeitsdelikte bestraft.

Bienenstich[186]

Nicht nur wegen fahrlässiger, sondern wegen vorsätzlicher Körperverletzung wurde ein Geschäftsführer verurteilt, der verdorbenen Bienenstich nicht zurückgerufen hatte, obwohl er wusste, dass der Straphylokokkenbefall zu Gesundheitsbeeinträchtigungen führen konnte.

Geld- oder Freiheitsstrafe

Das Gesetz sieht im Fall der fahrlässigen Tötung Freiheitsstrafen bis zu fünf Jahren oder Geldstrafen, im Fall der fahrlässigen Körperverletzung Freiheitsstrafe bis drei Jahre oder Geldstrafe vor.

Bisher sind in Produkthaftungsfällen selten Freiheitsstrafen ausgesprochen worden, die nicht zur Bewährung ausgesetzt wurden.

185 Spanischer Oberster Gerichtshof, Urteil vom 23.4.1992 – Kassationsverfahren 3654/90, NStZ 1994, 37ff.

186 BGH, Urteil vom 4.5.1988 – 2 StR 89/88.

Blutplasma[187]

In diesem Fall sollte ein Arzt Blutproben für einen Blutplasma-Verteiler untersuchen. Ohne jegliche Untersuchung wurden die Blutproben als unbedenklich freigegeben. Wegen Körperverletzung mit Todesfolge wurde der Arzt zu einer langjährigen Freiheitsstrafe verurteilt.

Die Geldstrafen richten sich über die Bemessung nach Tagessätzen (Netto-Einkommen pro Tag) nach den Vermögensverhältnissen der Verurteilten.

9.3 Typische Abläufe

Es gibt viele Ermittlungsverfahren wegen Produktfehlern, aber nur relativ wenige Strafverfahren wegen Produktfehlern enden mit einer Verurteilung. Meist werden die Verfahren eingestellt. Das hat verschiedene Gründe:

Prozesstaktik

Die meisten Strafverfahren dürften auf Anzeigen von Opfern zurückgehen, die sich über das staatsanwaltschaftliche Ermittlungsverfahren eine detaillierte Sachverhaltsaufklärung erhoffen. Während das Opfer im Zivilverfahren auf Schadensersatz und Schmerzensgeld nämlich nur eingeschränkte Möglichkeiten hat, die Umstände und Hintergründe des Produktfehlers aufzuklären und nachzuweisen, ist die Staatsanwaltschaft bei ernsten Gesundheitsgefährdungen in einem strafrechtlichen Ermittlungsverfahren zu umfassenden Ermittlungen auch im Herstellerunternehmen verpflichtet. Die Ermittlungsergebnisse kann das Opfer dann über anwaltliche Akteneinsichtsrechte im Zivilverfahren nutzen. Ein vorgeschaltetes staatsanwaltliches Ermittlungsverfahren kann also die Position des Opfers im Zivilprozess wesentlich verbessern. Deshalb wird die Rechtsverfolgung zugunsten des Geschädigten meist standardisiert von den Opferanwälten durch eine Strafanzeige eingeleitet. Auf die tatsächliche strafrechtliche Verurteilung kommt es den Opfern und ihren Anwälten oft nicht an.

Beweisprobleme

Weiter fällt es in der Praxis schwer nachzuweisen, dass ein bestimmter Mitarbeiter ursächlich für einen Produktfehler war. Wer genau in dem hochgradig arbeitsteilig gestalteten Entwicklungs- und Produktionsprozess, an dem mehrere 100 Mitarbeiter beteiligt sein können, hat eigentlich ursächlich die Körperverletzung begangen?

Eschede[188]

---

[187] LG Göttingen, Urteil vom 23.6.1997 zitiert nach *Schmid*, in Müller-Gugenberger/Bieneck, Wirtschaftsstrafrecht, § 56 Rz. 28.

[188] OLG Celle, Pressemitteilung vom 28. April 2003, http://www.ndt.net/news/2003/eschede2.htm.

Im Fall des ICE Zugunglücks von Eschede 1989 waren 101 Menschen ums Leben gekommen. Angeklagt waren vor dem Landgericht Lüneburg zwei Ingenieure des Eisenbahnbundesamtes wegen fehlerhafter Wartungsprüfungen und ein Ingenieur der Herstellungsfirma wegen Konstruktionsfehlern des damals neuartigen gummigefederten Hochgeschwindigkeitsradreifens, dessen Bruch Ursache des Unfalls war. Gegen die drei angeklagten Ingenieure wurde das Verfahren schließlich gegen Zahlung einer Geldbuße von jeweils 10.000 € eingestellt. Die Staatsanwaltschaft war mit der Einstellung wohl deshalb einverstanden, weil es unmöglich schien, jedem Täter konkret und individuell seinen kausalen Verursachungsbeitrag und auch sein Verschulden nachzuweisen.

geringe Schuld

Zudem ist die Schuld der Angeklagten meist gering. Gelingt der juristische Kausalitätsnachweis, dann ergibt sich zwar, dass die Verantwortlichen Fehler gemacht haben, oft ist der Schuldvorwurf aber aus strafrechtlicher Perspektive gering. Wer in hochkomplexen Prozessen etwas übersieht, mag fahrlässig gehandelt haben, seine Handlung kann aber im Einzelfall zwar nicht rechtlich, aber moralisch entschuldbar sein. Nicht zu übersehen ist darüber hinaus, dass die verantwortlichen Ingenieure oder Mitarbeiter unter dem verursachten Schaden häufig sehr leiden und oft selbst psychologischer Betreuung bedürfen.

eingeschränktes Interesse an der Strafverfolgung

Schließlich kommt es häufig deshalb zu keiner Verurteilung, weil das Interesse des Staates an der Strafverfolgung entfällt. Werden in einem Strafverfahren, in dem im Zweifel zugunsten des Angeklagten zu entscheiden ist (*in dubio pro reo),* die Grundlagen zivilrechtlicher Haftung in substantieller Größenordnung ermittelt und festgestellt und zeichnet sich damit ab, dass ein nachfolgender Zivilprozess für die Opfer erfolgreich sein wird, dann reduziert sich das Interesse des Staates an der Strafverfolgung. Die zivilrechtliche Haftung schreckt ausreichend ab und befriedigt die Opfer. Ein Interesse des Staates an der weiteren strafrechtlichen Verfolgung entfällt daher oft.

Im Conterganfall wurde das Verfahren eingestellt, nachdem die betroffene Herstellerfirma eine substantielle Summe an die Geschädigten gezahlt hatte.

Im Holzschutzmittelfall wurde das Verfahren eingestellt, nachdem die Firma der Angeklagten 4 Mio. DM zur Gründung einer Stiftung zur Erforschung der Schädigung durch Holzschutzmittel zur Verfügung gestellt hatte.[189]

---

[189] LG Frankfurt, Beschluss vom 6.11.1996 – 5/29 Kls 65 Js 8793/84, NJW 1997, 1994.

9.4 Übungsfälle

Die Direktoren

Variante 1: Der Fertigungsdirektor gibt ein Produkt zum Vertrieb frei, obwohl er einen Herstellungsfehler erkennt. Seine übrigen Direktoriumskolleginnen und Kollegen kennen den Fehler nicht. Wer ist strafbar, wenn es später aufgrund des Herstellungsfehlers zu Personenschäden kommt?

Variante 2: Ändert sich die Beurteilung, wenn die Marktbeobachtung ergibt, dass die vertriebenen Produkte fehlerhaft sind, Personenschäden drohen und das Direktorium entscheidet, von einem Rückruf Abstand zu nehmen?

In Variante 1 ist der Fertigungsdirektor strafbar. Die übrigen Direktoriumskollegen sind nicht strafbar, weil sie den Fehler des Produkts nicht kennen und damit mangels Vorhersehbarkeit des Schadenseintritts nicht fahrlässig handeln. In Variante 2 handeln alle Direktoriumsmitglieder mit bedingtem Vorsatz, weil sie den Schadenseintritt vorhersehen und billigend in Kauf nehmen.

Der aufmerksame Mitarbeiter

Variante 1: Mitarbeiter M aus der Fertigung erkennt einen Herstellungsfehler eines neu entwickelten, in großer Serie hergestellten Produktes, der zu Sach- und Körperschäden führen kann. Muss er den Fertigungsprozess stoppen, um der Strafbarkeit zu entgehen? Was muss er tun?

Variante 2: M informiert seinen Abteilungsleiter über seine Bedenken und dieser tut nichts. Was muss M dann tun?

Ob M in Variante 1 den Herstellungsprozess stoppen kann, hängt von den Gegebenheiten im jeweiligen Betrieb ab. Jedenfalls muss er den Fehler seinem Vorgesetzten oder dem dafür zuständigen Mitarbeiter mitteilen. Tut er das nicht und kommt es als Folge zu Schadensfällen, dann hat er, wenn er die Schadensfälle billigend in Kauf genommen hat, vorsätzlich gehandelt und macht sich damit strafbar wegen Körperverletzung oder Totschlag.

In Variante 2 reicht es aus, wenn M seine Bedenken mitgeteilt hat und die Mitteilung dokumentiert hat. Zu mehr ist er nicht verpflichtet. Das Strafrecht verlangt insbesondere nicht, dass die Hierarchieebenen im Unternehmen umlaufen werden.

Der hilflose Abteilungsleiter

In einer Abteilungsleiterbesprechung rät ein Abteilungsleiter zu einem Produktionsstopp und zum Rückruf. Er setzt sich nicht durch. Das Produkt wird vermarktet und führt zu Gesundheitsschäden bei Verbrauchern. Hat sich der Abteilungsleiter strafbar gemacht?

Falls der Abteilungsleiter den geschilderten Hergang nachweisen kann, könnte seine Strafbarkeit ausscheiden, da der Schadenseintritt für ihn zwar vorhersehbar, aber möglicherweise nicht vermeidbar war und somit keine Fahrlässigkeit vorlag. Manche Literaturstimmen verlangen in einem solchen Fall jedoch, dass sich das überstimmte Mitglied an die übergeordneten Aufsichtsorgane und falls das nicht hilft, sogar an die zuständigen Aufsichtsbehörden wendet.[190]

9.5 Zusammenfassung

Wer einen Produktfehler erkennt, der möglicherweise zu Personenschäden führen kann, der muss handeln, sonst macht er sich potentiell strafbar!

9.6 Ergänzende Literaturhinweise

Buechting, Rechtsanwaltshandbuch, 8. Auflage 2004, C 14 Produkthaftung, RZ 193 ff.

Müller-Gugenberger/Bieneck (Hrsg.), Wirtschaftsstrafrecht, 4. Auflage 2006, § 56.

---

[190] Letzteres ist arbeitsrechtlich nicht unproblematisch, weil die Weitergabe interner Informationen an Dritte eine fristlose Kündigung durch den Arbeitgeber rechtfertigen kann.

10 Produkthaftung und Arbeitsrecht

10.1 Überblick

Eigenhaftung aus § 823 Abs. 1 BGB

Nach dem Produkthaftungsgesetz haftet nur der Hersteller im Sinne von § 4 ProdHaftG, nicht aber ein Vorstand oder ein Geschäftsführer oder ein sonstiger Mitarbeiter für einen Produktfehler. Demgegenüber können nach § 823 Abs. 1 BGB sowohl der Vorstand oder die Geschäftsführer, leitende Angestellte und/oder sonstige Mitarbeiter wegen Produktfehlern in Anspruch genommen werden.

innerbetrieblicher Schadensausgleich

Diese Eigenhaftung der Mitarbeiter des Unternehmens für fehlerhafte Produkte könnte bei ernsthaften Produktfehlern zum wirtschaftlichen Ruin des Mitarbeiters führen. Die Rechtsprechung hat diese Haftung aber auf ein tolerables Maß beschränkt. Der Mitarbeiter kann, sieht man von den Fällen ab, in denen er die Pflichtverletzung vorsätzlich oder grob fahrlässig begangen hat, regelmäßig von seinem Arbeitgeber weitgehend Freistellung von den Ansprüchen oder, wenn er bereits Ersatz geleistet hat, Erstattung der bezahlten Beträge verlangen. Geschäftsführer und Vorstände sollten durch D&O-Versicherungen[191] abgesichert sein.

10.2 Haftung von Vorstand, Geschäftsführern, leitenden Angestellten und sonstigen Mitarbeitern

Vorstand und Geschäftsführer

Vorstände und Geschäftsführer haften für Produktfehler nach 823 Abs. 1 BGB gegenüber den Geschädigten, wenn sich aus ihrem Aufgabenbereich eine Ver-

191 Directors and Officers Versicherungen

kehrssicherungspflicht ergibt, die sie gegenüber dem Geschädigten schuldhaft verletzt haben. Dabei kann sich ihr Fehlverhalten aus konkreten Entscheidungen im Einzelfall oder aus einem Organisationsverschulden ergeben.

> Der für einen Produktrückruf verantwortliche Geschäftsführer entscheidet pflichtwidrig einen Produktrückruf nicht durchzuführen. Hier haftet der Geschäftsführer wegen dieser Einzelfall-Entscheidung aus § 823 Abs. 1 BGB.
> Hat das Unternehmen kein Rückrufmanagementsystem eingeführt, dann kommt eine Haftung aller Geschäftsführungsmitglieder aus § 823 Abs. 1 BGB gegenüber einem durch ein nicht zurückgerufenes Produkt Geschädigten wegen Organisationsverschulden in Betracht.

leitende Angestellte

Leitende Angestellte haften nach § 823 Abs. 1 BGB ebenso, wenn sie Pflichten, die sich aus ihrer Funktion und ihrem Aufgabenbereich ergeben, schuldhaft verletzen. Bei der Inanspruchnahme von Mitarbeitern verlangt der BGH aber, dass der Geschädigte das Verschulden des Mitarbeiters nachweist. Die bei der Produzentenhaftung typische Beweislastumkehr hinsichtlich des Verschuldens findet daher zum Schutz des Mitarbeiters grundsätzlich nicht statt.[192] Bei leitenden Angestellten, die, wie z.B. ein Produktionsleiter, eine herausgehobene und verantwortliche Stellung innehaben, soll es aber bei der typischen Beweislastumkehr bleiben. Hat ein solcher leitender Angestellter eine Pflichtverletzung begangen, dann muss er beweisen, dass er nicht schuldhaft gehandelt hat.

> **Spannkupplung**[193]
> Bei der Herstellung eines 50 m langen Spannbetonteils zerbarst die Hülse einer Spannkupplung mit der Folge, dass ein Armierungsstab von 7,5 mm aus dem Spannbett herausschoss und einen Arbeiter tötete.
> Der BGH hielt hier eine Haftung des Produktionsleiters des Herstellers der Spannkupplung für möglich. Wenn Ursache allein ein Riss in der Hülse gewesen wäre, dann stelle der Riss einen Fabrikationsfehler dar und der Produktionsleiter als Angestellter in herausgehobener Stellung müsste beweisen, dass ihn an diesem Fehler kein Verschulden treffe.[194]

sonstige Mitarbeiter

Sonstige Mitarbeiter haften ebenfalls nach § 823 Abs. 1 BGB gegenüber dem Geschädigten für Pflichtverletzungen, die ihnen in ihrem Aufgabenbereich entstehen.

---

[192] BGH, Urteil vom19.11.1991 – VI ZR 171/91, BGHZ 116, 104 (Hochzeitessen).

[193] BGH, Urteil vom 3.6.1975 – VI ZR 192/73, NJW 1975, 1827 (Spannkupplung).

[194] Der Originalfall war etwas komplizierter, weil die Schadensursache nicht sicher geklärt werden konnte.

Typische Pflichtverletzungen
Der Entwickler, der die bei der Konstruktion üblichen Prozeduren nicht einhält, der Mitarbeiter in der Fertigung, der Fehleinstellungen der Maschine nicht abstellt, der Mitarbeiter der Qualitätskontrolle, der die Freigabe ohne Prüfung protokolliert, der Vertriebsmitarbeiter, der trotz zahlreicher Schadensfälle den Vertrieb ohne Warnhinweise zulässt und schließlich Alkoholmissbrauch sind typische Pflichtverletzungen, die zu einer unmittelbaren Inanspruchnahme des Mitarbeiters führen können.

Das Verschulden des Mitarbeiters muss aber, wie oben bereits dargelegt, der Geschädigte nachweisen.

Hochzeitsessen[195]
Die Köchin einer Gaststätte hatte am Vorabend einer Hochzeit Pudding und Puddingcreme hergestellt. Nach dem Hochzeitsessen erkrankt das Brautpaar an einer Salmonellenvergiftung. Das Brautpaar verklagte den Gaststätteninhaber und die Köchin aus § 823 Abs. 1 BGB u.a. auf Schmerzensgeld.
Der Bundesgerichtshof wies die Klage gegen die Köchin ab. Ihre Haftung komme zwar grundsätzlich in Betracht, das Brautpaar habe aber nicht nachgewiesen, dass der Pudding durch ein Verschulden der Köchin mit Salmonellen behaftet war.

praktische Bedeutung

Inwieweit Vorstände, Geschäftsführer, leitende Angestellte und sonstige Mitarbeiter in einem Produkthaftungsfall neben dem Herstellerunternehmen tatsächlich vom Geschädigten in Anspruch genommen werden, hängt von den Umständen des Einzelfalles ab. Die Schwierigkeiten des Nachweises einer Pflichtverletzung eines konkreten Mitarbeiters und seines Verschuldens durch den Geschädigten, aber auch die Höhe des Schadens und die Vermögensverhältnisse des Mitarbeiters und des Unternehmens werden bei der Entscheidung, ob ein Mitarbeiter neben dem Unternehmen verklagt werden soll, eine Rolle spielen. Gelegentlich wird Mitarbeitern in Produkthaftungsfällen nur deshalb eine Klage angedroht, um sie zu veranlassen, prozessentscheidende Informationen an den Geschädigten weiterzugeben.

10.3 Produkthaftung und Arbeitsrecht

Weil die Haftung des Mitarbeiters/Arbeitnehmers gegenüber Dritten schon bei leichtester Fahrlässigkeit in keinem Verhältnis zu seinem Verdienst stehen kann, und weil das Haftungsrisiko des Arbeitnehmers letztlich nicht allein von

[195] BGH, Urteil vom 19.11.1991 – VI ZR 171/91, BGHZ 116, 104.

diesem, sondern auch von der betrieblichen Organisation des Arbeitgebers abhängt, hat die Rechtsprechung des Bundesarbeitsgerichts gesetzlich nicht geregelte, aber allgemein anerkannte zwingende Grundsätze zur Haftungsbeschränkung des Mitarbeiters im Arbeitsverhältnis entwickelt. Diese Grundsätze gelten auch in Produkthaftungsfällen. Danach ist der Arbeitnehmer an den Schadensfolgen von schuldhaften Pflichtverletzungen nur insoweit zu beteiligen, wie dies unter Abwägung aller Umstände als billig und zumutbar erscheint.[196]

Wichtigstes Abwägungskriterium[197] ist der Grad des Verschuldens des Mitarbeiters. Zu unterscheiden sind leichteste, normale und grobe Fahrlässigkeit sowie Vorsatz.

Haftung bei leichtester Fahrlässigkeit

Bei leichtester Fahrlässigkeit, also dann, wenn die Pflichtverletzung äußerst geringfügig ist und sie trotz Sorgfalt „jedem passieren könnte" haftet der Mitarbeiter regelmäßig nicht.

Haftung bei normaler Fahrlässigkeit

Bei normaler Fahrlässigkeit des Mitarbeiters wird der Schaden zwischen Arbeitnehmer und Arbeitgeber unter Berücksichtigung aller Umstände geteilt. Bei hohen Schadenssummen, wie in Produkthaftungsfällen häufig, wird die Haftungsgrenze für den Mitarbeiter bei ein oder zwei Monatsgehältern liegen. Eine feste Obergrenze hat die Rechtsprechung bisher aber nicht gezogen.

Haftung bei grober Fahrlässigkeit

Im Falle grober Fahrlässigkeit muss der Arbeitnehmer den Schaden voll tragen. Grobe Fahrlässigkeit wird in der Regel dann vorliegen, wenn der Arbeitnehmer Sorgfaltsstandards missachtet, obwohl sich ihm deren Einhaltung offensichtlich aufdrängen musste. Bei hohen Schadenssummen wird aber auch dieser Grundsatz durchbrochen, wenn das mit seiner Tätigkeit verbundene Schadensrisiko in keinem Verhältnis zum Verdienst des Arbeitsnehmers steht. Ein unverbindlicher Richtwert für die Haftung des Mitarbeiters kann in solchen Fällen bei drei Monatsgehältern liegen.[198]

Haftung bei Vorsatz

Auch bei Vorsatz ist die Haftung des Mitarbeiters differenziert zu betrachten. Bezieht sich der Vorsatz des Mitarbeiters auch auf den Schadenseintritt, wollte der Mitarbeiter also mit seiner Pflichtverletzung zugleich, dass Endkunden durch das Produkt des Herstellers geschädigt werden, dann haftet der Arbeitnehmer für den vollen Schaden. Bezog sich der Vorsatz aber nur auf die

---

196 BAG GS, Beschluss vom 27.9.1994 – GS 1/89, DB 1994, 2237.

197 Weitere Abwägungskriterien, die aber bei weitem nicht eine dem Verschulden vergleichbare Bedeutung haben, sind die Gefahrgeneigtheit der Arbeit, die Höhe des Schadens, die Stellung des Arbeitnehmers im Betrieb, die Höhe des Arbeitsentgelts, die persönlichen Verhältnisse des Arbeitnehmers und die Frage, ob das Risiko durch eine Versicherung des Arbeitnehmers abgedeckt ist.

198 Die Höhe hängt letztlich vom Einzelfall ab und ist bisher in der Rechtsprechung nicht sicher geklärt, Memento, Personalrecht für die Praxis, 2006, Rn 2069.

Pflichtverletzung, also beispielsweise die unterlassene Qualitätskontrolle und nahm der Arbeitnehmer an, daraus werde kein Schaden resultieren, dann kommt auch hier wiederum eine Schadensteilung in Betracht. Die Haftungsobergrenze des Mitarbeiters dürfte in diesen Fällen bei mehreren Monatsgehältern liegen.

Freistellung oder Erstattung

Wird ein Mitarbeiter wegen eines Produktfehlers von einem Geschädigten in Anspruch genommen, dann kann er Freistellung, d.h. Übernahme der Ansprüche durch seinen Arbeitgeber, oder, falls der Mitarbeiter bereits Schadensersatz an den Geschädigten gezahlt hat, Erstattung der bezahlten Beträge verlangen, jeweils unter Abzug seines Haftungsanteils.[199]

Kündigung

Bei schweren Pflichtverletzungen des Mitarbeiters kommt neben der Eigenhaftung des Mitarbeiters auch eine Kündigung des Arbeitsverhältnisses wegen einer Pflichtverletzung in Betracht.

Vorstände und Geschäftsführer sollten durch Versicherungen vor Haftungsrisiken aus Produktfehlern abgesichert sein, die auch für den Fall grober Fahrlässigkeit eintreten.

10.4 Übungsfall

Getriebebrand

M arbeitet in der Qualitätskontrolle eines Getriebezulieferers. Nach einer feuchtfröhlichen Nacht erscheint M mit 1,5 Promille Blutalkohol am Arbeitsplatz. Ein ernster Produktionsfehler entgeht ihm, weil er alkoholbedingt nicht ausreichend konzentriert ist. Aufgrund des Getriebefehlers, der zu Fahrzeugbrand führen kann, müssen 1.000 PKW zurückgerufen und die Getriebe ausgetauscht werden. Die Kosten des Rückrufs des PKW-Herstellers belaufen sich auf mehrere Millionen Euro.

1. Von wem wird der PKW-Hersteller regelmäßig Schadensersatz verlangen?
2. Kann der Zulieferer von seinem Mitarbeiter Ersatz für den von ihm an den Hersteller gezahlten Schadensersatz verlangen?
3. Was für Folgen hat der Mitarbeiter möglicherweise noch zu befürchten?

---

[199] Zur Begründung und zu Einzelheiten des Freistellungsanspruchs siehe *Blomeyer* in Münchner Handbuch zum Arbeitsrecht, 2000, § 60 Rn 15 ff.

Zu 1: Der PKW-Hersteller wird sich in der Regel an den Zulieferer halten, weil er wirtschaftlich leistungsfähiger ist.
Zu 2: Der Zulieferer kann sich aber seinerseits an seinen Mitarbeiter halten, weil dieser eine Pflicht aus dem Arbeitsverhältnis verletzt hat. M haftet auf Ersatz des Schadens, den er seinem Arbeitgeber schuldhaft zugefügt hat. M hat grob fahrlässig seine Pflichten aus dem Arbeitsverhältnis verletzt. Für jeden ist offensichtlich, dass niemand mit 1,5 Promille Blutalkohol eine sorgfältige Qualitätskontrolle durchführen kann. Dass der Schadensfall auch dadurch verursacht wurde, dass weitere Qualitätskontrollen den Schaden nicht entdeckten oder dass die Alkoholisierung des Mitarbeiters nicht bemerkt wurde, mindert zwar die Haftung des Mitarbeiters, schließt diese aber nicht aus. Nach den oben genannten Grundsätzen des innerbetrieblichen Schadensausgleichs kann der Arbeitgeber jedoch nicht den vollen Haftungsanteil von dem Mitarbeiter ersetzt verlangen. Vielmehr dürfte die Haftung des Mitarbeiters hier wohl auf maximal drei Monatsgehälter beschränkt sein.
Zu 3. Im vorliegenden Fall einer groben Pflichtverletzung des Mitarbeiters könnte es für den Arbeitgeber unter geschäftspolitischen Erwägungen und zur Reduktion künftiger Risiken sachgerechter sein, sich von seinem Mitarbeiter zu trennen als einen kleinen Teil des Schadens von diesem ersetzt zu verlangen. M muss daher möglicherweise mit einer Abmahnung oder einer Kündigung des Arbeitsverhältnisses rechnen.

10.5 Zusammenfassung

In Produkthaftungsfällen kann eine Eigenhaftung des Mitarbeiters gegenüber dem Geschädigten in Betracht kommen. Die Haftung ist begrenzt. Wenn der Mitarbeiter seine Verkehrssicherungspflichten grob fahrlässig oder vorsätzlich verletzt hat, kann dies eine Kündigung des Arbeitsverhältnisses rechtfertigen.

10.6 Ergänzende Literaturhinweise

Münchner Handbuch zum Arbeitsrecht, 2. Auflage 2000, § 60.

Memento, Personalrecht für die Praxis, 2006, Rn. 2045-2071.

11 Produkthaftung und Compliance

11.1 Compliance

Nach der zum 14.6.2007 beschlossenen Ergänzung in § 4.1.3 Corporate Governance Codex ist unter Compliance zu verstehen: „... die Einhaltung der gesetzlichen Bestimmung und der unternehmensinternen Richtlinien“, auf deren Beachtung durch die Konzernunternehmen der Vorstand nunmehr (aktiv) hinzuwirken hat. Die Forderung, dass sich ein Unternehmen gesetzestreu zu verhalten habe, ist für den Gesetzgeber so selbstverständlich, dass er diese nicht ausdrücklich postuliert hat.

Die Erfüllung der Anforderungen einer Compliance im Bereich der Produkthaftung kann in der Unternehmenspraxis nur erreicht werden, wenn zwei grundlegende Ansätze unter Berücksichtigung des für das jeweilige Produkt maßgeblichen Sicherheitsmaßstabs verfolgt und erfolgreich verknüpft werden: Zum einen muss von Anfang an durch ein angemessenes Produktsicherheitsmanagement im Produktentstehungsprozess dafür gesorgt werden, dass vermeidbare Gefahren gar nicht erst entstehen können. Zum anderen muss mit der Einrichtung eines angemessenen Risikomanagements dafür gesorgt werden, dass trotz aller Bemühungen doch drohende Gefahren rechtzeitig erkannt und diesen dann in angemessener Form begegnet wird. Demgemäß werden nachfolgend zunächst Überlegungen zur praktischen Handhabung des maßgeblichen Sicherheitsstandards, dann zum Produktsicherheitsmanagement und schließlich zum Risikomanagement angestellt.

11.2 Praktische Handhabung des maßgeblichen Sicherheitsstandards

Gefahrenanalyse

So sehr die Techniker sich dies wünschen, sind die Juristen doch nicht in der Lage, präzise mess- und prüfbare Grenzwerte für die Sicherheitsanforderungen an ein Produkt anzubieten. Vielmehr besteht das Instrumentarium eines Produkthaftungsrechtlers aus wenigen auslegungsfähigen und auslegungsbedürftigen Rechtsbegriffen, die in der Praxis nicht so ohne weiteres mit Leben zu füllen sind. Die Komplexität der heutigen Produktvielfalt lässt sich nur mit auf den Einzelfall angepassten Ansätzen in den Griff bekommen. So stellt der Verhältnismäßigkeitsgrundsatz, der auf die Erforderlichkeit und Zumutbarkeit abstellt, klar, dass der Aufwand um so höher sein muss, je mehr mögliche Gefahren von einem Produkt ausgehen können. Mit anderen Worten: Je größer die von einem Produkt ausgehende Gefahr ist, desto mehr Aufwand zur Vermeidung dieser Gefahr ist erforderlich.[200]

Stand der Technik als Ausgangspunkt

Neben den einzuhaltenden zwingenden gesetzlichen Bestimmungen ist der Stand der Technik ein Bezugspunkt im Sinne eines objektiven Maßstabs für die Sicherheit, die der Hersteller für seine Produkte gewährleisten muss. Er ist auch Bezugspunkt für die Frage, ob der Hersteller mit der im Verkehr geschuldeten Sorgfalt vorgegangen ist, d.h. ob ihm für den Eintritt eines Unfalls ein Verschuldensvorwurf gemacht werden kann.

weitergehende Sicherheitsanforderungen

Ein bei Technikern weit verbreiteter Irrtum besteht in dem Glauben, auf der sicheren Seite zu sein, wenn der Stand der Technik unter Berücksichtigung aller einschlägigen Normen eingehalten wurde. Grundsätzlich sind die Regeln der Technik oder anwendbare Normen lediglich die Untergrenze der anzuwendenden Sorgfalt. Wenn die Regeln der Technik bzw. anwendbare Normen eingehalten wurden, das Produkt aber trotzdem nicht die erforderliche und zumutbare Sicherheit bietet, muss der Hersteller weitergehende Sicherheitsanforderungen erfüllen.

globaler Sicherheitsstandard

Hinzuweisen ist auch darauf, dass heute üblicherweise weltweit vertriebene Produkten mindestens die Sicherheitsstandards der wichtigsten nationalen Märkte erfüllen müssen. Eine Differenzierung nach lokalen Anforderungen ist nur im Ausnahmefall möglich und zulässig, wenn ein Produkt lokalen Zulassungsvorschriften unterliegt und sein Einsatz auf den entsprechenden lokalen Markt begrenzt werden kann (beispielsweise Gasgeräte).

11.3 Produktsicherheitsmanagement

Jeder Hersteller muss der Sicherheit seiner Produkte in jeder Phase des Produktlebenszyklus, d.h. von der Entwicklung über die Herstellung bis hin zur Entsorgung angemessen Rechnung tragen.

---

[200] Siehe hierzu oben Kapitel 5.2.3.

11.3.1 Entwicklung

Produktsicherheitsmanagement und Entwicklung

Bei der Entwicklung eines neuen Produkts muss der Hersteller zunächst überlegen, welche Funktionalität und Leistung zu welchem Zielpreis das Produkt bieten soll. Nach Klärung der relevanten Rahmenbedingungen, wie z.B. geplanter Einsatz, mögliche Nutzer sowie deren Nutzungsverhalten oder die Anforderungen für dessen Entsorgung, muss er über eine Analyse möglicher Gefahren im Zusammenhang mit dem Produkt eine erste Festlegung der technischen Spezifikation treffen, die insbesondere auch angemessene Vorkehrungen zur Abwehr der über die Gefahrenanalyse ermittelten Gefahren vorsieht. Dabei bestimmt das Ergebnis der ersten Gefahrenanalyse nicht nur die Anforderungen an die konstruktive Ausgestaltung des Produkts, sondern auch die Festlegung des im Weiteren zu beachtenden Sorgfaltsmaßstabs. Als Nächstes ist dann zu prüfen, ob die zur Umsetzung der technischen Spezifikation gewählte Konstruktion sicher ist. Dabei kommt es aus produkthaftungsrechtlicher Sicht nicht darauf an, ob der Hersteller das beste, technisch fortschrittlichste oder qualitativ hochwertigste Produkt in den Verkehr bringt, sondern ausschließlich darauf, ob das Produkt die erforderliche und zumutbare Sicherheit bietet. Im Ergebnis läuft das darauf hinaus, dass der Hersteller mit der notwendigen Sorgfalt darauf achten muss, alle vermeidbaren Gefahren tatsächlich auch auszuschließen.

Einhaltung bewährter Prozesse

Wie ist nun also bei der Entwicklung eines neuen Produkts vorzugehen? Dazu muss der Hersteller seine Entwicklungsprozesse entsprechend der eingesetzten Technologie angemessen organisieren.

Funktionale Sicherheit sicherheitsbezogener elektronischer Systeme

Die auch in eine europäische EN-Norm umgesetzte IEC 61508 zur Absicherung der funktionalen Sicherheit sicherheitsbezogener elektronischer Systeme sieht die Durchführung und Dokumentation eines aufwendigen Sicherheitslebenszyklus in insgesamt 16 Phasen vor. Die entsprechende Organisation des Unternehmens soll (formal) in dokumentierter und durch neutrale Dritte überprüfter Form sicherstellen, dass alles getan wurde, um mögliche Risiken während der Entwicklung zu erkennen, damit diesen rechtzeitig vor Inverkehrbringen durch angemessene Maßnahmen vorgebeugt werden kann.

Die Kombination bewährter Prozesse zur Erkennung und Lösung von möglichen Problemen mit der Kenntnis der zur Verfügung stehenden technischen Lösungen führt so in der Regel zur Einhaltung der erforderlichen und zumutbaren Sicherheitsstandards.

anwendbare Normen/ Stand der Technik

Auf den ersten Blick kleiner erscheint das Problem, die auf ein Produkt anwendbaren Normen zu ermitteln. Da Hersteller ihre Produkte in den wenigsten Fällen ausschließlich für einen lokalen Markt herstellen und in der Regel auch gar nicht auf die Nutzung in einem Markt begrenzen können (anders u.U. bei sehr spezifischen Produkten für eine stark regulierte, landesspezifische Infrastruktur, wie Eisenbahnen oder Energieversorgung), müssen sie auch ermitteln, ob es für andere Märkte abweichende Normen gibt, denen das Produkt ebenfalls entsprechen muss. Das kann je nach Produktfamilie eine beachtliche Herausforderung bedeuten, insbesondere für Komponenten-Zulieferer, die betreffende Märkte nicht selbst bearbeiten. Hier muss die Entwicklung des Zulieferers sicherstellen, dass der Hersteller des Gesamtprodukts sie rechtzeitig im Produktentstehungsprozess über eventuelle, zusätzlich zu beachtende Besonderheiten informiert.

Vergleich mit Wettbewerbsprodukten

Mindestens genauso schwierig ist es in der Regel herauszufinden, welche Sicherheit die Allgemeinheit berechtigterweise erwarten kann. Das Problem besteht hier darin, im Vergleich festzustellen, ob das eigene Produkt mindestens die Sicherheit bietet, die im Markt gebräuchliche Lösungen aufweisen. Selbst wenn das eigene Produkt weder von der Funktion, noch von der Technologie neu im Markt ist, ist diese Vergleichsbetrachtung schwierig, da bei den heutigen Anforderungen an Qualität und Nutzungsdauer vieler Produkte ein schlichter Vergleich der Konstruktion keinesfalls ausreicht. Es ist vielmehr notwendig, Aussagen darüber zu erhalten, wie sich das Ausfallverhalten der gängigen Vergleichsprodukte über die Nutzungsdauer entwickelt, da nur so Aussagen zur Zuverlässigkeit der vorgesehenen Sicherheitsvorkehrungen gewonnen werden können. Eine solche Vergleichsbetrachtung ist insbesondere immer dann erforderlich, wenn entweder weniger leistungsfähige Produkte in den Verkehr gebracht werden sollen (beispielsweise soll eine redundante Sicherung wegrationalisiert werden) oder wenn neue, entweder kostengünstigere oder leistungsfähigere Produkte bisherige Lösungen substituieren sollen.

Risikoabwägungen

Druckminderungsventil I – sparen auf Kosten der Sicherheit?

Ein mechanisches Druckminderungsventil, das ein gefährliches Überbremsen der Hinterachse verhindert, soll durch eine im ABS-Steuergerät vorgesehene Funktion (elektronische Blockierverhinderung – EBV) ersetzt werden. Vor Inverkehrbringen muss der Hersteller prüfen, ob die elektronische Sicherungsfunktion eine mindestens vergleichbare Sicherheit bietet wie die mechanische Sicherung. Ist die durch das Risiko eines Versagens geschaffene, technisch nicht vermeidbare Gefahr bezogen auf die Nutzungsdauer eines PKW kleiner oder jedenfalls nicht größer als die Gefahr eines Versagens der dem bisherigen Stand der Technik entsprechenden, mechanischen Lösung? Falls das nicht der Fall sein sollte, darf die neue Lösung nicht in den Verkehr gebracht werden.

Wenn neue Produkte bisher übliche Produkte ersetzen sollen, sind die Gefahren der bisher marktüblichen Produkte in der Regel nicht direkt vergleichbar mit den Gefahren infolge des Einsatzes eines neuen Systems. Deshalb muss letztendlich eine Gesamtwürdigung aller Vor- und Nachteile vorgenommen werden, mit deren Hilfe der Hersteller entscheiden muss, ob die Vorteile des neuen Systems die mit seiner Markteinführung verbundenen Risiken rechtfertigen oder nicht.

Druckminderungsventil II

Unterstellt, die elektronische Blockierverhinderung biete nicht die gleiche Ausfallsicherheit wie ein mechanisches Druckminderungsventil, muss der Hersteller prüfen, ob dieser Nachteil vielleicht anderweitig kompensiert werden kann. Dies könnte dann der Fall sein, wenn die neue Lösung die Sicherheit dadurch erhöht, dass die Selbstdiagnose im Steuergerät einen drohenden Ausfall erkennt und den Fahrer so rechtzeitig warnt, dass er das Fahrzeug sicher abstellen kann, während er das Versagen der mechanischen Lösung erst in dem Moment erkennen kann, in dem er diese Sicherung benötigt. Mit anderen Worten: genau in dem Moment, in dem er scharf bremsen muss, versagt die Sicherung und führt dann mit hoher Wahrscheinlichkeit zu einem schweren Unfall. Bezogen auf das nicht vermeidbare Restrisiko würde die Gesamtbeurteilung bei dieser Sachlage trotz einer höheren Ausfallhäufigkeit zu Gunsten der elektronischen Lösung ausfallen.

Die im Verkehr geforderte Sorgfalt fordert vom Hersteller eines neuen Produkts nicht nur, dass er sich vergewissert, dass das System sämtliche Anforderungen an seine sichere Funktion erfüllt. Er muss auch prüfen, ob ein versehentlicher oder gar bewusster Fehlgebrauch des Systems nicht dazu führt, dass die Nutzung des Systems Gefahren zur Folge hat, die ohne seinen Einsatz vermeidbar gewesen wären.

Antiblockiersystem (ABS)

Ein Automobilhersteller plant die Einführung eines neuen Systems, das selbstständig das Blockieren der Räder bei einer Vollbremsung verhindern und so im Interesse der Fahrsicherheit Steuerbarkeit und Spurhaltung gewährleisten soll. Ein vergleichbares Produkt gab es bislang nicht im Markt. Neben Zweifeln an der technischen Zuverlässigkeit solcher Systeme stand bei Markeinführung insbesondere die Befürchtung im Raum, die Fahrer solcher Fahrzeuge könnten verleitet werden, schneller zu fahren und so zum erhöhten Sicherheitsrisiko für alle andere Verkehrsteilnehmer werden. Über die Auswertung von Unfalldaten durch die Versicherer konnte letztendlich der Nachweis geführt werden, dass die Ausrüstung von Fahrzeugen mit ABS-Systemen zu einer signifikanten Erhöhung der Verkehrssicherheit führt. Deshalb hat der Gesetzgeber die Ausrüstung mit einem ABS-System zwischenzeitlich zur Voraussetzung für die Zulassung neuer Fahrzeuge in Deutschland gemacht.

Schwierig kann die Entscheidung über die Einführung eines neuen Produkts auch sein, wenn damit völlig neue Anwendungen möglich werden.

Der innovative Elektroroller

Ein amerikanisches Unternehmen hat vor einigen Jahren bei seinem Zulieferer für elektrische Komponenten angefragt, ob dieser Antrieb und Steuerung für einen Tretroller mit Elektroantrieb liefern könne. Nach Vorstellung der Entwickler sollte der Tretroller mit bis zu 50 km/h fahren können und – mit Stollenreifen ausgestattet – auch für Fahrten im Gelände geeignet sein. Ein vergleichbares, motorgetriebenes Produkt gab es bis dahin nicht im Markt. Nach eingehender Abwägung der mit einem solchen Fahrzeug verbundenen Risiken gegenüber seinem Nutzen entschied sich der Zulieferer gegen seine Beteiligung an einem solchen Projekt.

11.3.2 Zukauf

Produktsicherheitsmanagement und Zukauf

Beim Zukauf von Teilen verlangen die produkthaftungsrechtlichen Verkehrssicherungspflichten vom Hersteller, dass dieser mit der im Verkehr gebotenen Sorgfalt prüft, ob das Zusammenspiel des betreffenden Zukaufteils mit dem Gesamtprodukt die erforderliche und zumutbare Sicherheit tatsächlich auch gewährleistet.[201] Dazu ist die Konstruktion des Zukaufteils im Zusammenspiel mit der des Gesamtprodukts zu prüfen und angemessen zu erproben. Zum Anderen muss der Gesamthersteller durch eine herstellerübergreifende Qualitätssicherung gewährleisten, dass eine einmal abgestimmte Ausführung des Zukaufteils dann auch tatsächlich angeliefert wird.

Qualitätssicherungsvereinbarungen

Eine herstellerübergreifende Qualitätssicherung setzt voraus, dass Hersteller und Zulieferer die eingesetzten Prozesse zur Absicherung der gewünschten Qualität nicht nur inhaltlich abstimmen, sondern das Ergebnis in einer Qualitätssicherungsvereinbarung schriftlich dokumentieren. Wichtig ist dabei, dass die üblichen Bestandteile einer Qualitätssicherungsvereinbarung mit realem Leben gefüllt werden. Dazu muss üblicherweise

- der Zulieferer den aktuellen Nachweis einer Zertifizierung seines QS-Systems nach dem für seine Branche üblichen Standard, mindestens jedoch nach ISO 9000 ff. vorlegen;
- der Hersteller seinen Zulieferer auditieren, um so vor Ort festzustellen, ob dieser seine mit dem Zertifikat nachgewiesene (theoretische) Fähigkeit zu einer qualitätsgerechten Lieferung im konkreten Einzelfall auch tatsächlich einsetzt;
- der Hersteller in regelmäßigen Intervallen (abhängig von Risikopotenzial des Zukaufteils und nachgewiesener Zuverlässigkeit des Zulieferers) in ge-

---

201 Siehe dazu oben Kapitel 5.2.3.

eigneter Form überprüfen, ob die angelieferten Zukaufteile tatsächlich den getroffenen Vereinbarungen entsprechen.

Wareneingangskontrolle

Diesem Vorgehen fällt dann üblicherweise auch die Rüge offenkundiger Mängel im Rahmen der vom Gesetz unter Kaufleuten vorgesehenen Wareneingangsprüfung zum Opfer. Wie bereits oben unter Kapitel 3.4.4 dargestellt, bedeutet dies aber nicht, dass überhaupt keine Wareneingangsprüfung mehr durchgeführt wird. Die Prüfung auf Übereinstimmung von angelieferter Ware mit den Lieferpapieren sowie auf mögliche Transportschäden ist weiterhin unverzichtbar, da der Zulieferer keine Kontrolle darüber hat, ob die vor Versand als ordnungsgemäß kontrollierte Ware dann auch vollständig und in ordnungsgemäßem Zustand beim Hersteller ankommt. Da dieses Vorgehen einer herstellerübergreifenden Qualitätssicherung eine um mindestens eine Zehner-Potenz verbesserte Fehlererkennung und -zuordnung sicherstellt, ist davon auszugehen, dass es auch einer höchstrichterlichen Überprüfung standhalten wird – unter der Voraussetzung, dass diese nicht nur auf dem Papier steht, sondern auch tatsächlich gelebt wird.

Rückgriffsvereinbarungen

Für den Zukauf von Teilen ist auch der Aspekt der gesamtschuldnerischen Haftung aller an der Lieferkette Beteiligten von ganz erheblicher Bedeutung. Grundsätzlich haftet der Gesamthersteller für alle Vorlieferanten mit, sei es über die Gefährdungshaftung aus dem ProdHaftG direkt, sei es indirekt über eine Verletzung der Verkehrssicherungspflichten im Rahmen der Haftung nach § 823 Abs. 1 BGB aufgrund einer nicht ordnungsgemäßen Qualitätssicherung. Auch aus rein praktischen Gründen wird der Gesamthersteller zunächst selbst mit den Ersatzansprüchen des durch ein fehlerhaftes Produkt Geschädigten konfrontiert: der Geschädigte kennt primär den Gesamthersteller des Produkts über die darauf angebrachte Marke oder die nach § 5 Abs. 1 GPSG vorgeschriebene Kennzeichnung. Der Hersteller eines fehlerhaften Zulieferteils ist häufig gar nicht oder jedenfalls nur schwer erkennbar. Der Gesamthersteller ist viel näher am Markt und reagiert damit auch viel sensibler auf die Forderung nach Ausgleich der durch seine Kunden erlittenen Schäden. Ob er dann seinerseits den gegenüber dem Kunden ausgeglichenen Schaden bei dem im Innenverhältnis für den Schaden verantwortlichen Zulieferer durchsetzen kann, ist eine ganz andere Frage. Die mit einem solchen Rückgriff beim Zulieferer verbundenen Schwierigkeiten sind in Kapitel 7 ausführlich dargestellt. Vor diesem Hintergrund sollten Hersteller in den Lieferverträgen mit ihren Zulieferern auch regeln, für welche Folgeschäden der Zulieferer in welchem Umfang einzustehen hat und wie die Abwicklung durchgeführt wird.

11.3.3 Fertigung

Qualitätssicherungssystem

Auch im Bereich der Fertigung fordert die Compliance eine der jeweiligen Produktfamilie entsprechende, angemessene Qualitätssicherung. Erforderlich ist die Schaffung der organisatorischen Voraussetzungen für ein branchengerechtes Qualitätssicherungssystem und die Beachtung der selbst gesetzten Vorgaben. Neben dem Einsatz beherrschter Prozesse und geeigneter Maschinen, muss der Hersteller ausreichend qualifizierte Mitarbeiter zu angemessenen Arbeitsbedingungen einsetzen. Letzteres ist zwar nicht unbedingt selbstverständlich, aber für die erreichbare Arbeitsqualität von einer nicht zu unterschätzenden Bedeutung.

Qualität durch weltweit einheitliche Arbeitsbedingungen

Immer mehr global operierende Unternehmen verfolgen eine Fertigungsstrategie, nach der gleiche Produkte an unterschiedlichen Standorten weltweit nach gleichen Standards gefertigt werden. Um sicherzustellen, dass auch die Qualität der Produkte weltweit ein gleich hohes Niveau erreicht, werden die Arbeitsbedingungen weltweit gleich gestaltet, auch wenn die lokale Gesetzgebung einzelner Standorte dies nicht fordert. Nur mit einer angemessenen Berücksichtigung der Bedürfnisse der Mitarbeiter lassen sich heutige Anforderungen an eine hohe Qualität erreichen.

Änderungsmanagement

Typisches Problem im Bereich der Fertigung ist die ständige Veränderung von Prozessen und eingesetzten Materialien zur Erhaltung der Wettbewerbsfähigkeit. Aus diesem Grund spielen auch die Regelungen zum Änderungsmanagement eine wichtige Rolle in Qualitätssicherungsvereinbarungen. Die Erfahrung zeigt, dass für den Partner in der Lieferkette nicht erkennbare Änderungen nicht selten verheerende Folgen für die Sicherheit des Produkts nach sich ziehen können. Deshalb dürfen Änderungen an Zukaufteilen in der Automobilindustrie erst nach vorheriger Freigabe durch den Fahrzeughersteller eingeführt werden.

ISO 16949

Nicht zuletzt auch mit Blick auf ein ausgeklügeltes Änderungs- und Freigabewesen wurde das System zur Qualitätssicherung nach ISO 9000 ff. für die Bedürfnisse der Automobilindustrie zur ISO 16949 weiter entwickelt.

Da sich das Freigabeerfordernis vom Gesamthersteller über alle Zuliefererebenen bis hin zum Rohstoff-Lieferanten durchzieht, wird durch jede Änderung in der Produktentstehung ein komplexer Prozess in Gang gesetzt. Dieser ist in der Regel nicht nur zeitaufwändig, er kann wegen des zur Freigabe erforderlichen Nachweises der Unbedenklichkeit der geplanten Änderung – beispielsweise durch erneute Erprobungen – auch sehr kostenintensiv sein. Im Interesse einer reibungslosen Beschaffung von Zukaufteilen und der Einhaltung der gegenüber dem Gesamthersteller eingegangenen Verpflichtungen aus branchenüblichen Qualitätssicherungsvereinbarungen muss der Einkauf spiegelbildliche Verpflichtungen in seinen Qualitätssicherungsvereinbarungen gegenüber den Zulieferern durchsetzen. Gleichzeitig muss er versuchen, den Zulieferer verbindlich zur Lieferung von für die Dauer der Fertigung einer Produktgeneration unveränderten Zukaufteilen zu verpflichten. Dies steht aber nicht nur im Widerspruch zur ständigen Reduzierung der Kosten im Interesse einer Aufrechterhaltung der Wettbewerbsfähigkeit, diese Zielsetzung stößt auch an technische Grenzen.

Produktzyklen Elektronik ⇔ Mechanik

In vielen Branchen wird die Leistungsfähigkeit der Produkte durch die Leistungsfähigkeit der eingesetzten Elektronik bestimmt. Computerchips haben einen Produktzyklus von sieben Jahren, Maschinen oder Motoren in der Automobilindustrie haben dagegen nicht selten Produktzyklen von 20 Jahren und mehr – das neueste Modell von Bentley wird mit einem Motor ausgerüstet, dessen Grundversion vor mehr als 50 Jahren konstruiert wurde! Dennoch ist der extrem leistungsfähige Motor uneingeschränkt wettbewerbsfähig. Aufgrund der sehr aufwändigen Entwicklung und Erprobung in der Automobilindustrie kommen neue Entwicklungen in der Computerindustrie erst gegen Ende von deren üblichem Produktzyklus überhaupt erst in die Serienfertigung bei der Automobilindustrie. Die Aufrechterhaltung der Fertigung des über einen Produktzyklus von mindestens fünf Jahren laufenden Modells wird damit schon zur Herausforderung für den Einkauf, ganz zu schweigen von der Herausforderung, für die Dauer von mindestens 15 Jahren nach Ende der Produktion des laufenden Modells entsprechende Ersatzteile bereitzustellen.

11.3.4 Vertrieb

Produktsicherheitsmanagement und Vertrieb

Die Verkehrssicherungspflichten im Bereich des Vertriebs berühren zunächst einmal die Kernkompetenz des Vertriebs: die Kenntnis des Marktes und der Bedürfnisse seiner Kunden. Der Vertrieb muss ermitteln, welche Umstände nach § 3 Abs. 1 ProdHaftG Einfluss auf die berechtigten Sicherheitserwartungen an das Produkt haben:

- Gebrauch, mit dem gerechnet werden muss, d.h. voraussichtliche Anwender, vorgesehene Nutzung und zu erwartender Fehlgebrauch;
- Zielmärkte und etwaige Besonderheiten;
- Darbietung des Produkts, d.h. Werbung für das Produkt sowie Instruktion in technischer Spezifikation und Gebrauchsanleitung.

Die so ermittelten Informationen sind die Grundlage für die Arbeit der Entwicklung, die daraus Funktion und Maßnahmen zur Erfüllung der Sicherheitserwartungen für das neue Produkt und seine Anwendungen ableitet. Das Ergebnis der Entwicklung ist dann wieder Grundlage der Erarbeitung der benötigten Instruktion,[202] die dem Kunden den uneingeschränkten und möglichst gefahrlosen Nutzen des Produkts vermittelt.

Werbung

Unberechtigte Sicherheitserwartungen

Citroën hat kürzlich mit einem Fernsehspot geworben, in dem ein Autofahrer mit Hilfe des neuen Spurhaltesystems AFIL im C5 trotz verbundener Augen sicher über eine schmale Brücke fährt.

Mit dieser Darbietung wird suggeriert, der Fahrer eines C5 könne dank des Spurhaltesystems nicht mehr von der Straße abkommen. Da das natürlich nicht automatisch, sondern nur bei einem aufmerksam reagierenden Fahrer funktioniert, setzt diese Darbietung die berechtigten Erwartungen der Allgemeinheit an ein solches System so hoch, dass ein Enttäuschen dieser Erwartungen vorprogrammiert ist – mit entsprechenden Haftungsfolgen für den Hersteller.

Vor dem Hintergrund der drohenden Haftung muss die Kreativität der Verkäufer und insbesondere die der Werbefachleute sorgfältig im Auge behalten werden. Der Hersteller darf nicht zulassen, dass sein Produkt mit Aussagen zur Sicherheit beworben wird, die bei näherer Betrachtung so nicht haltbar sind.

So sollten ESP-Systeme niemals mit der Aussage angeboten werden: „Mit ESP meistern Sie jede Kurve!“ Das wäre eine Aussage, die die Regeln der Physik außer Acht lässt und Erwartungen beim Kunden weckt, die nicht der Realität entsprechen. Es darf hier deshalb lediglich hervorgehoben werden, dass das System die Sicherheit des Fahrzeugs deutlich erhöht, beispielsweise: „Mit ESP sicherer durch jede Kurve!“

Gebrauchsanleitung und Warnung

Bei Instruktion und Warnung sind zwei Gesichtspunkte entscheidend:

- Erst die richtige Instruktion einschließlich der Warnung am richtigen Ort versetzt den Kunden in die Lage, das Produkt richtig, d.h. gefahrlos, zu nutzen. Selbst wenn der Hersteller im Einzelfall die Haftung erfolgreich ausschließen könnte, ist der Kunde über eine versehentliche Fehlbedienung verärgert und wird dies in der Regel dem Hersteller und nicht sich selbst anlasten. Eine gute Instruktion muss deshalb ein zentraler Bestandteil jedes Marketings sein.
- Die Instruktion sollte durch unvorbelastete Mitglieder der Zielgruppe getestet werden und das auch rechtzeitig, denn wenn die Instruktion erst im letzten Moment erstellt wird (wie das leider häufig geschieht), können Hinweise aus dem Test nicht mehr über eine entsprechende Änderung der Konstruktion des Produkts berücksichtigt werden.

---

[202] Siehe oben Kapitel 5.2.3.

Eine gute Instruktion zu erstellen, setzt eine intensive Marktkenntnis voraus. Die Erstellung einer Gebrauchsanleitung sollte keinesfalls allein den Ingenieuren in der Entwicklung überlassen werden.

Der Vertrieb ist auch dafür zuständig, den geplanten Einsatz des Produkts, die voraussichtlichen Anwender, ihr Nutzungsverhalten, das sich je nach Kulturkreis stark unterscheiden kann, sowie mögliche Fehlanwendungen zu ermitteln und mit den Plänen der Entwicklung abzugleichen.

Der Vertrieb muss die Entwicklung insoweit unterstützen, als er die Zielmärkte festlegt und damit auch, welche (teilweise unterschiedlichen) Normen berücksichtigt werden müssen.

11.3.5 Produktbeobachtung

Produktrisikomanagement und Produktbeobachtung

Für die Erfüllung der Anforderungen an eine ordnungsgemäße Compliance im Bereich der Produkthaftung, ist es zwar notwendig, aber nicht hinreichend, das Produkt mit der im Verkehr gebotenen Sorgfalt herzustellen. Die Verkehrssicherungspflicht verlangt vom Hersteller zusätzlich, dass er auch über die gesamte, verkehrsübliche Nutzungsdauer seiner Produkte im Feld darauf achtet, dass die berechtigte Sicherheitserwartung nicht doch noch enttäuscht wird.[203]

Die Verpflichtung zur Produktbeobachtung wirft für die tägliche Praxis regelmäßig größere Schwierigkeiten auf, da Umfang der Beobachtungspflicht und insbesondere die Handlungspflichten des Herstellers bei Feststellen möglicher Sicherheitsrisiken reichlich unklar sind.

passive Produktbeobachtung

Die Einrichtung einer "passiven" Produktbeobachtung dürfte je nach Branche eher keine besonderen Probleme aufwerfen. Entscheidend ist, dass alle Beanstandungen zentral erfasst und umgehend analysiert werden. Falls sich Beanstandungen als berechtigt erweisen, muss eine angemessene Reaktion ohne unnötige Verzögerung sichergestellt sein. Bei Einrichtung eines Qualitätsmanagementsystems nach DIN/ISO 9000 ff. bzw. branchenspezifischen Systemen wie z.B. ISO/TS 16949 (Automobilindustrie) sollte dies eigentlich schon allein im Interesse einer angemessenen Kundenpflege sichergestellt sein.

aktive Produktbeobachtung

Im Bereich der "aktiven" Produktbeobachtung geht der Hersteller zusätzlich aktiv nach außen und hält nach Beanstandungen Ausschau, die nicht an ihn herangetragen werden. Dazu muss er zunächst die Fachmedien auswerten. Das schließt für den Automobiltechniker nicht nur „Auto, Motor und Sport“, sondern neben den Verbands- und Fachzeitschriften im jeweiligen Bereich auch die Tagespresse mit ein. Zwischenzeitlich kommt vor allem auch das Internet

---

[203] Zur Produktbeobachtungspflicht siehe oben Kapitel 5.2.3.

mit seinen Chatrooms zu Produktproblemen hinzu, was einen nicht unerheblichen Aufwand für die sachgerechte Erfassung und Auswertung bedeutet.

Stichproben

Die Einrichtung einer darüber hinausgehenden Produktbeobachtung durch Ziehung von Stichproben (§ 5 Abs. 1 Nr. 2 GPSG) ist hingegen in vielen Bereichen weitgehend unüblich. „Stichproben" in diesem Zusammenhang bedeutet nämlich, nicht zu warten, bis Beanstandungen auftreten. Vielmehr muss der Hersteller sich eine statistisch relevante Zahl von Produkten ohne konkrete Beanstandung aus dem Feld beschaffen, um dann durch entsprechende Untersuchungen möglichen Sicherheitsrisiken so frühzeitig auf die Spur zu kommen, dass er noch vor dem tatsächlichen Auftreten von Beanstandungen reagieren kann.

Fremdprodukte

Im Bereich der Beobachtung des Marktes auf Probleme aus der Kombination des eigenen, eigentlich fehlerfreien Produkts mit Erzeugnissen Dritter, wird es insoweit schwierig, da der Hersteller hier doch relativ wenig Handlungsspielraum hat: Er kann zwar warnen, zur Not auch öffentlich, darüber hinaus kann er aber nicht mehr viel tun – es sei denn, er würde seine eigenen, fehlerfreien Produkte zurückrufen.

Das Tuning-Kit

Über eine Zeitungsannonce in der Auto-Bild erfährt der Hersteller von Motorsteuerungen, dass ein Tuner ein Tuning-Kit für mit seiner Einspritzanlage ausgerüstete Motoren anbietet. Außer der angepriesenen Leistungssteigerung sind technische Einzelheiten nicht angegeben. Somit ist nicht erkennbar, ob der mit einem solchen Vorgehen möglicherweise verbundenen Beeinträchtigung der Sicherheit vom Tuner angemessen begegnet wurde.

In einem solchen Fall müsste der Hersteller den Tuner schriftlich darauf hinweisen, dass der Eingriff in das Serienfahrzeug neben unerwünschten Veränderungen, wie z.B. die Veränderung der Abgaswerte auch eine Beeinträchtigung der Sicherheit zur Folge haben könnte. Reagiert der Tuner auf ein solches Schreiben nicht (was die Regel ist), bleibt nur noch die Möglichkeit einer öffentlichen Warnung der Nutzer oder einer Information der zuständigen Behörden. Da der Hersteller aber gar nicht über die Informationen verfügt, die er benötigen würde, um zu beurteilen, ob tatsächlich eine Beeinträchtigung der Sicherheit vorliegt, dürfte ein solches Vorgehen zum Scheitern verurteilt sein – bzw. zu einer einstweiligen Verfügung des Tuners gegen ihn führen. Begründung: unlauterer Wettbewerb und geschäftsschädigendes Verhalten.

Da es im Bereich der Produktbeobachtung wenig Präzedenzfälle gibt (auch die Entscheidung im „Honda-Fall" lässt offen, ob Honda über eine öffentliche Warnung hinaus hätte weitere Maßnahmen einleiten müssen, um eine Haftung abzuwenden), ist letztlich zu empfehlen, unter Abwägung aller Umstände des Einzelfalls mit Unterstützung kompetenter Berater über das jeweils angemessene Vorgehen zu entscheiden. Die Frage „Was kann mein Kunde, was kann die Öffentlichkeit von meinem Unternehmen vernünftigerweise erwarten?“ darf nicht allein rechtliche, technische und kaufmännische Gesichtspunkte berücksichtigen, vielmehr muss sie vom Marketing mitgetragen werden.

11.4 Dokumentation

Notwendigkeit der Dokumentation

Eine industrielle Serienfertigung ist ohne ein Mindestmaß an Dokumentation schlechterdings nicht vorstellbar. Je komplexer die Fertigung eines Produkts ist, je stärker die Vernetzung in der Lieferkette, umso umfangreicher wird zwangsläufig die für eine reibungslose Abwicklung notwendige Dokumentation. Eine Befundsicherung[204] ist ohne angemessene Dokumentation ebenfalls nicht vorstellbar.

Wesentlich für die Gestaltung der Dokumentation sind deren Vollständigkeit, Klarheit und Abgeschlossenheit.

Vollständigkeit der Dokumentation

Ganz wichtig ist, dass „heiße“ Unterlagen nach Entdecken nicht etwa aussortiert werden: eine vollständige Vernichtung vermeintlich belastender Unterlagen ohne Spuren zu hinterlassen, ist im Zeitalter der elektronischen Datenverarbeitung ziemlich aussichtslos. Die Erfahrung zeigt, dass solche Versuche immer und dann immer zum falschen Zeitpunkt ans Tageslicht kommen. Einmal des Täuschungsversuchs überführt, hat das beklagte Unternehmen jede Glaubwürdigkeit und damit in der Regel auch den Prozess verloren. Vielmehr muss hier unter Einschaltung kompetenter Berater überlegt werden, wie eine solche belastende Unterlage „neutralisiert“ werden kann.

Der verkorkste Untersuchungsbericht

Der verantwortliche Mitarbeiter findet einen sehr negativen Bericht über eine seiner Meinung nicht fachgerecht durchgeführte Untersuchung zur Sicherheit eines Produkts. Vernichtet er den Bericht einfach, wird eine unentdeckt gebliebene Kopie den Weg zum Gericht finden (beispielsweise schickt ein verärgerter Mitarbeiter anonym eine Kopie an die Gegenseite). Der Richter wird der Verteidigung des Herstellers jetzt nicht mehr glauben.

Wiederholt der Hersteller die Untersuchung dagegen fachgerecht vor dem Eintritt von Problemen und stellt sich dabei heraus, dass der vermeintlich

---

204 Siehe oben Kapitel 5.2.3.

unbrauchbare Bericht im Ergebnis doch zutraf, kann er rechtzeitig reagieren. Kann er dagegen das Ergebnis des negativen Berichts durch eine erneute, jetzt fachgerecht durchgeführte Untersuchung korrigieren, wird der Richter seine Argumente in einem späteren Verfahren nicht nur anhören – die Ernsthaftigkeit seines Vorgehens allein beweist die Einhaltung der im Verkehr geschuldeten Sorgfalt.

Klarheit der Sprache

Wertende Begriffe, wie z. B. kritisch, gefährlich, Probleme, Bedenken, Brand etc. müssen unbedingt vermieden werden. In Berichten bzw. in der Dokumentation muss der Sachverhalt naturwissenschaftlich korrekt dargestellt werden, es darf nichts beschönigt, nichts weggelassen werden, was für die Beurteilung des Sachverhalts wichtig ist. Dabei muss genau überlegt werden, was unbedingt dokumentiert werden muss: Es besteht keine Notwendigkeit, die Ergebnisse einer aufgrund von Beanstandungen durchgeführten Messreihe ausführlich schriftlich zu kommentieren. Dokumentiert werden müssen der Ausgangspunkt der Untersuchung, die zugrunde liegenden Annahmen und Rahmenbedingungen und das „nackte" Ergebnis. Wie dieses Ergebnis einzuschätzen ist und welche Schlussfolgerungen der verantwortliche Mitarbeiter daraus zieht, kann auch mündlich kommuniziert werden. Mutmaßungen oder Spekulationen dürfen nicht in Berichte aufgenommen werden.

Abgeschlossenheit der Dokumentation

Eine schriftliche Beanstandung muss grundsätzlich schriftlich abgeschlossen werden.

Die Fehlermitteilung

Ein Außendienstmitarbeiter befürchtet, dass seine Berichte in der Zentrale nicht ernst genommen werden. Er schreibt deshalb:

„Muss denn erst ein schrecklicher Unfall passieren, bevor hier etwas unternommen wird?" Wenn der verantwortliche Entwickler diesen Mitarbeiter anruft, um ihm zu erklären, dass und warum seine Bedenken gegenstandslos sind, läuft er ein hohes Risiko. Angenommen, ein Jahr später ereignet sich ein tödlicher Unfall im Zusammenhang mit diesem Produkt. Der Staatsanwalt findet die Fehlermitteilung, aber keinerlei schriftlich dokumentierte Reaktion darauf. Er muss den verantwortlichen Entwickler anklagen. Der Richter wird seiner Aussage, dass er die Beanstandung mit der im Verkehr geschuldeten Sorgfalt bearbeitet habe, keinen Glauben schenken und ihn wegen vorsätzlicher Tötung durch Unterlassen verurteilen.

Hätte er dagegen auf dem Bericht in kurzen Stichworten handschriftlich vermerkt, dass und warum die Befürchtungen des Außendienstlers unbegründet sind, wäre für eine Anklage kein Raum gewesen – vorausgesetzt natürlich, er kann glaubhaft darlegen, dass er den mitgeteilten Fehler mit der gebotenen Sorgfalt geprüft hat.

Von großer praktischer Bedeutung ist die Eingrenzung möglicherweise mit sicherheitskritischen Fehlern behafteter Produkte – je weniger Teile von einem möglichen Sicherheitsrisiko betroffen sind, desto geringer sind die Kosten für deren Identifizierung, Prüfung und Korrektur. Dies setzt eine im Einzelfall sehr aufwändig dokumentierte Fertigungslogistik voraus, die eine Rückverfolgung der verarbeiteten Teile erlaubt. Eine konsequente, den Risiken des herzustellenden Produkts angemessene Qualitätssicherung ist dafür unabdingbare Voraussetzung.

Rückverfolgbarkeit

11.5 Information und Schulung der Mitarbeiter

Um die gesetzlichen Anforderungen im Bereich der Produkthaftung im Interesse einer ordnungsgemäßen Compliance erfüllen zu können, müssen die Mitarbeiter diese Anforderungen kennen. Jeder Hersteller muss deshalb im Rahmen seiner Verkehrssicherungspflichten nicht nur sorgfältig ermitteln, welchen Sicherheitserwartungen seine Produkte genügen müssen, er muss auch Sorge dafür tragen, dass jeder Mitarbeiter diese Anforderungen – bezogen auf seine Aufgabe im Unternehmen – kennt und Rahmenbedingungen schaffen, die seinen Mitarbeiter die Erfüllung dieser Anforderungen auch erlauben.

Erfordernis der Schulung

Compliance in der Produkthaftung verlangt nicht, dass jeder Mitarbeiter zum Produkthaftungsspezialisten ausgebildet wird. Vielmehr sollte sich die Ausbildung an Qualifikation und Funktion der Mitarbeiter orientieren. Das könnte so aussehen:

Jeder Mitarbeiter sollte mit dem Begriff "Produkthaftung" Sicherheit und Qualität verbinden und die Notwendigkeit einsehen, die im Interesse der Sicherheit notwendigen Anstrengungen tatsächlich auch zu erbringen. Diese auch vom Umfang sehr begrenzte Grundsensibilisierung, das Basistraining, sollte regelmäßig wiederholt werden, beispielsweise im Rahmen von Qualitätszirkeln.

Basistraining

Mitarbeiter, die mit ihrer Tätigkeit Einfluss auf die Sicherheit der Produkte nehmen können, sollten die Kernbegriffe der Produkthaftung kennen und entscheiden können, ob und wann sie den Spezialisten um Unterstützung bitten müssen. Das Aufbautraining kann sich auf die Darstellung grundlegender Zusammenhänge im Bereich der Produkthaftung beschränken, muss aber so ausgerichtet sein, dass die Mitarbeiter mit den typischen Problemstellungen vertraut werden und deshalb bei auftretenden Problemen richtig reagieren können. Diese Zielsetzung erfordert nicht unbedingt eine persönliche Schulung in Seminaren oder Workshops, es gibt ein breites Angebot von deutlich kostengünstigeren e-learning Kursen, die den Anforderungen an ein Aufbautrai-

Aufbautraining

ning genügen. Ein solches Training sollte flankiert werden von einer regelmäßigen Behandlung der Frage in Abteilungsbesprechungen, welche Themen der Produkthaftung für die jeweiligen Aufgaben relevant sind.

Vertiefungstraining

Mitarbeiter, die in ihrer Funktion (beispielsweise in Entwicklung oder Qualitätssicherung) über die Sicherheit der Produkte mitentscheiden, bedürfen vertiefter Kenntnisse über die Anforderungen aus den Verkehrssicherungspflichten und müssen verstehen, welchen Einfluss ihre Entscheidungen auf die Sicherheitserwartungen der Allgemeinheit an die betreffenden Produkte haben. Solche Mitarbeiter müssen über die in einem Aufbautraining vermittelten allgemeinen Grundlagen der Produkthaftung hinaus vertiefte Kenntnisse erwerben. Das kann über schriftliche Informationen zur Produkthaftung erreicht werden, die aber dann auf die Bedürfnisse des Praktikers ausgerichtet sein müssen. In der Regel werden solche Kenntnisse aber über Seminare, Workshops oder Kongresse erworben, in denen die Referenten praxisrelevantes Know-how vermitteln.

Koordination

Das Training der Mitarbeiter ist typische Führungsverantwortung, sollte aber durch einen entsprechend qualifizierten Mitarbeiter koordiniert werden, der im Übrigen auch als Ansprechpartner für die Klärung und Koordination von Produktrisiko-Fällen zur Verfügung stehen sollte. Dieser Mitarbeiter muss von seiner Qualifikation und Erfahrung in der Lage sein, mögliche Produktrisiko-Fälle zu erkennen und dann das richtige Vorgehen zu derer Bewältigung zu koordinieren.

11.6 Risikomanagement

Ob und wie ein Unternehmen die sich aus einem Produktrisikofall ergebende Krisensituation übersteht, hängt ganz wesentlich davon ab, ob es ein angemessenes Risikomanagement eingerichtet hat. Die Verpflichtung zur Einrichtung eines Risikomanagements ergibt sich vor allem aus § 823 Abs. 1 BGB und der dazu entwickelten Produktbeobachtungspflicht sowie aus § 5 Abs. 1 Nr. 1c und Nr. 2 GPSG.

11.6.1 Fehlererkennung

Bedeutung der Fehlerentdeckung

Neben einer Fehlervermeidung durch eine professionelle Erledigung der Arbeit im Unternehmen müssen Hersteller die organisatorischen Voraussetzungen dafür schaffen, dass sie eine drohende Krise rechtzeitig erkennen und mit der sofortigen Einleitung angemessener Maßnahmen das Heft in der Hand behalten. Die zweite Stufe eines Risikomanagements konzentriert sich deshalb auf die Fehlerentdeckung. Die Fehlerentdeckung ist deshalb so wichtig, weil

Kunden genauso wie Öffentlichkeit, Medien und Behörden erwarten, dass der Hersteller – wenn schon Fehler die Sicherheit seiner Produkte infrage stellen (eine absolute Fehlerfreiheit erwartet niemand) – effizient und verantwortungsbewusst mit der so geschaffenen Lage umgeht und alles daransetzt, eventuelle Gefahren für Produktnutzer und Öffentlichkeit so schnell wie möglich zu beseitigen.

Organisatorische Voraussetzungen

Neben einem generellen Qualitätsbewusstsein im Unternehmen ist es im Interesse einer frühzeitigen Fehlerentdeckung notwendig, dass der Hersteller folgende organisatorische Maßnahmen ergreift:

- für alle Mitarbeiter verbindliche Organisationsanweisung zum Umgang mit Sicherheitsrisiken;
- zentrale Erfassung und systematische Analyse aller Beanstandungen;
- Pflicht für jeden Mitarbeiter zur Meldung von Fehlern mit möglichem Sicherheitsrisiko;
- Pflicht der produktverantwortlichen Führungskräfte zur dokumentierten Prüfung und Erledigung möglicher Sicherheitsrisiken;
- Einberufung einer Arbeitsgruppe ("Feuerwehrkreis"), falls der verantwortliche Abteilungsleiter ein Sicherheitsrisiko nicht ausschließen kann;
- Einbeziehung sämtlicher, von dem möglichen Sicherheitsrisiko betroffenen Bereiche, insbesondere Qualität, Entwicklung, Einkauf, Fertigung und Vertrieb sowie nach Bedarf Unterstützung durch Stabsabteilungen, insbesondere Öffentlichkeitsarbeit, Recht und Versicherungen;
- Information von und Abstimmung mit der Unternehmensleitung;
- Prüfung zur Pflicht einer Information der jeweils zuständigen Behörde (Regierungspräsidium, Kraftfahrtbundesamt, Luftfahrtbundesamt etc.);
- Dokumentation, Sicherung von Beweisen, Erfassung der Kosten.

eingespieltes Team

Die Gestaltung eines Risikomanagements muss an die Bedürfnisse des jeweiligen Unternehmens und seiner Produkte angepasst werden. Wichtig ist, dass in der Arbeitsgruppe "Feuerwehrkreis" jeder Beteiligte seine Rolle kennt und ein eingespieltes Team ohne weitere Vorbereitung sofort in die Klärung eines Produktrisikofalles einsteigen kann. Wichtig ist auch, dass die Unternehmensleitung ständig eingebunden ist und notwendige Entscheidungen treffen bzw. mittragen kann.

11.6.2 Fehlerbehebung

Liefersperre

Das Verhängen einer Liefersperre auf allen Vertriebsstufen sowie eine sofortige Einstellung der Fertigung des betreffenden Produkts ist die erste Maßnahme, sofern der „Feuerwehrkreis“ zum Ergebnis kommt, dass Fehler mit möglichen Sicherheitsrisiken nicht ausgeschlossen werden können.

Fehlerursachen

Als Nächstes muss möglichst umfassend geklärt werden, welche Fehler tatsächlich aufgetreten sind und noch auftreten können, welche Umstände dabei eine Rolle spielen, was die Ursachen für diese Fehler sind, welche Auswirkungen diese haben und wie betroffene Produkte rückverfolgt und die Fehler identifiziert werden können.

Fehlerabhilfe

Die Entwicklung einer Abhilfe ist eine besondere Herausforderung, da der Hersteller nun innerhalb kürzester Zeit eine möglichst überzeugende und gleichzeitig kostengünstige Lösung für die Behebung seines Problems bereitstellen muss. Diese Lösung muss

- technisch einwandfrei sein, d.h. das damit nachgebesserte Produkt muss sicher sein. Durch eine angemessene Erprobung muss sichergestellt werden, dass keine Mehrfachfehler vorliegen, die an anderer Stelle erneut zu Beanstandungen Anlass geben. Der Kunde akzeptiert, dass Fehler nicht immer vermeidbar sind – er toleriert auf keinen Fall, wenn dasselbe Produkt wiederholt sicherheitsrelevante Fehler aufweist;
- umgehend verfügbar sein. Eine Lösung, deren Bereitstellung mehrere Monate Vorbereitung erfordert, ist keine Lösung. So ist auch der Einkauf ein wichtiger Partner in der Arbeitsgruppe, da er die rechtzeitige Beschaffung sicherstellen muss;

Der fehlerhafte Airbag

Nissan musste auf Anordnung der Behörden in den USA rd. 50.000 Fahrzeuge aus dem Markt zurückkaufen, weil die zum Austausch fehlerhafter Airbags benötigten Teile erst nach Monaten bereitgestellt werden konnten.

- handhabbar sein, d.h. sie muss durch ihre Logistik so zum Endkunden gebracht werden, dass nicht durch die Nachbesserung neue, unkontrollierbare Fehler verursacht werden;

Nachrüstung mit ESP

Aus Sorge, die Werkstätten könnten durch eine Nachrüstung des Audi TT mit ESP-Systemen überfordert sein, hat Audi diese Fahrzeuge im eigenen Werk umgebaut.

- geeignet sein, Missbrauch durch Endhersteller, Werkstätten oder Endkunden zu verhindern;
- den Kunden überzeugen. Eine sicherheitstechnisch einwandfreie Lösung, die der Kunde als unpraktisch oder als hässlich ablehnt, wird dazu führen, dass er sich richtig ärgert – mit entsprechend nachteiligen Folgen für das Hersteller-Image.

Sämtliche Aktivitäten im Zusammenhang mit der Fehlerbehebung müssen sorgfältig dokumentiert werden, damit der betroffene Hersteller jederzeit die Kontrolle über den Stand der Fehlerbehebung hat. Außerdem muss er in der Lage sein, bei einem in dieser Phase eintretenden Unfall nachzuweisen, dass er alles ihm Zumutbare unternommen hat, um eine Beeinträchtigung der Sicherheit durch den Fehler seines Produkts abzuwenden. Dies gilt insbesondere auch für die Produkte, die er trotz aller Bemühungen nicht erreichen und nachbessern bzw. austauschen konnte. Dokumentation

11.6.3 Kommunikation im Krisenfall

Ein ganz wesentlicher, insbesondere von Technikern häufig völlig unterschätzter Faktor in einem erfolgreichen Krisenmanagement ist die Kommunikation. Eine gute Kommunikation, d.h. eine Erklärung des Problems sowie die Vermittlung seiner situationsgerechten Lösung, erlaubt eine Konzentration auf eine rein sachbezogene Erledigung. Das Problem und die dadurch verursachten Belastungen verschwinden dadurch nicht, aber – und das ist das Entscheidende – das Problem wird nicht durch völlig unkontrollierbare Faktoren potenziert. Ein Beispiel aus dem Umweltbereich macht dies deutlich:

> **„Der grüne Ölkonzern in der Schurkenrolle“ (FAZ, 12.08.2006)**
>
> „BP gerät nach der Panne in Alaska zunehmend in die Kritik Der Ruf des sanften Ölmultis ist dahin: Seit vielen Jahren versucht der britische Energiekonzern BP, sich als die freundliche und umweltbewusste Adresse in der Ölbranche zu positionieren. [...] Mit einem Schlag ist nun aber das sorgfältig aufgebaute Image von BP in sich zusammengefallen. Nach der Panne in Alaska [...] entlädt sich nun immer mehr der Ärger der Öffentlichkeit auf den Briten. [...] auch in der amerikanischen Politik gerät der Energiekonzern zunehmend unter Beschuss. Das Krisenmanagement in Alaska kommt BP auf jeden Fall teuer zu stehen. [...] Anfang nächster Woche erwartet Malone [Vorstand der US-Tochter] die Entscheidung der zuständigen Behörden, ob BP sein Ölfeld in Alaska komplett schließen muss.“

Es ist immer wieder überraschend, wie ein mit hohem Aufwand über lange Jahre Schritt für Schritt aufgebautes Unternehmensimage aufgrund eines falschen Auftritts in der Öffentlichkeit in sich zusammenzufallen droht. Nun sind nicht nur die Früchte der bisherigen Anstrengungen in Gefahr, das Unternehmen muss zusätzlich zu den ohnehin entstehenden Kosten der Schadenbeseitigung einschließlich des unvermeidbaren Produktionsausfalls auch noch an allen Fronten intern (Austausch des untragbar gewordenen Vorstands sowie Reorganisation der angeschlagenen US-Tochter) und extern kämpfen (Medien, verunsicherte Kunden, Einschränkungen und Auflagen durch überkritische Behörden, politische Angriffe durch Aktivisten etc.), um seine Position zu stabilisieren. Plötzlich geht es nicht "nur" um einen (vermutlich von Versicherungen gedeckten) Schaden im dreistelligen Millionenbereich sowie den unvermeidlichen Produktionsausfall, plötzlich geht es für die US-Tochter um „Alles oder Nichts".

Dass es auch anders geht, zeigt das Beispiel von Coppenrath und Wiese:

11.01.2003 Mädchen stirbt an Sahnetorte
Pressemitteilungen des Landes Nordrhein-Westfalen
(www.munlv.nrw.de/sites/presse/archiv2003-main.htm)

Im Rhein-Main-Gebiet geht die Angst um: Wer hat in seiner heimischen Kühltruhe oder im Kühlschrank eine tödliche Sahnetorte stehen? Am Freitag war ein elf Jahre altes Mädchen nach dem teilweisen Verzehr einer Torte von Coppenrath und Wiese gestorben.

12.01.2003 Umweltministerium NRW:
Information zum Produkt „Feine Conditor Auswahl" von Coppenrath und Wiese:

Zum jetzigen Zeitpunkt können Gesundheitsgefährdungen durch den Verzehr nicht ausgeschlossen werden. Deshalb raten das nordrhein-westfälische Ministerium für Umwelt und Naturschutz, Landwirtschaft und Verbraucherschutz und das niedersächsische Ministerium für Ernährung, Landwirtschaft und Forsten Verbraucherinnen und Verbrauchern, bis zur endgültigen Klärung des Sachverhaltes das betroffene Produkt „Feine Conditor Auswahl" vorsorglich in den Tiefkühltruhen zu belassen und zunächst nicht zu verzehren.

15.01.2003 Verbraucherschutzministerin Bärbel Höhn

Untersuchungen in Hessen und Niedersachsen ergeben keinen Zusammenhang zwischen Tod eines Kindes und dem Verzehr des Produkts „Feine Conditor Auswahl". Die Untersuchungen in Hessen und Niedersachsen haben ergeben, dass es keinen Zusammenhang zwischen dem Tod des Kindes in Hessen und den Erkrankungen in einer Familie in Niedersachsen und dem Verzehr des Produkts „Feine Conditor Auswahl" der Firma Coppenrath und Wiese gibt.

Auch wenn die Unternehmensleitung von Coppenrath und Wiese davon überzeugt war, dass die angegriffenen Produkte auf keinen Fall im Werk mit Salmonellen verseucht worden sein konnten, hat sie den Handel sofort gebeten, sämtliche Tiefkühltorten aus den Regalen zu nehmen. Dadurch sollte zum einen unterstrichen werden, dass dem Unternehmen das Wohl der Kunden ohne Rücksicht auf Kosten am Herzen liegt. Außerdem sollte diese Maßnahme jeder weiteren Diskussion den Wind aus den Segeln nehmen. Nachdem bei der zurückgenommenen Ware keinerlei Verunreinigungen gefunden worden waren und sich bei der weiteren Untersuchung des Todesfalles herausgestellt hatte, dass die Sahnetorte mit hoher Wahrscheinlichkeit als Ursache für den Todesfall ausgeschlossen werden konnte, war Coppenrath und Wiese innerhalb einer Woche aus den Schlagzeilen – der vorübergehende Absatzeinbruch war innerhalb kürzester Zeit bereinigt. Die Kosten, in die das Unternehmen durch diesen Vorfall ohne jedes eigene Verschulden hineingetrieben wurde, dürften im Endeffekt dadurch mehr als ausgeglichen worden sein, dass das Unternehmen aus der zunächst sehr negativen Berichterstattung im Endeffekt gestärkt herauskam: hat sich doch gezeigt, dass das Unternehmen seine Produkte mit einem perfekt funktionierenden Qualitätsmanagement absichert und jederzeit bereit ist, im Interesse seiner Kunden sofort und ohne Rücksicht auf Kostenüberlegungen fürsorglich zu handeln – ein Unternehmen, dessen Produkte man jederzeit und vertrauensvoll genießen kann.

11.7 Zusammenfassung

Compliance bedeutet die Verpflichtung jedes Unternehmens dafür zu sorgen, dass alle gesetzlichen Anforderungen erfüllt werden. Für den Bereich der Produkthaftung bedeutet dies, dass der Hersteller ein angemessenes Produktsicherheitsmanagement im Produktentstehungsprozess und ein angemessenes Risikomanagement zur Bewältigung von Risiken, die sich nach Markteinführung zeigen, einführen muss.

11.8 Ergänzende Literaturhinweise

Hauschka, Corporate Compliance, 2007, 442 – 468 (Bearbeiter: *Veltins*).

Literatur zur Produkthaftung

Umfassende Schrifttumsnachweise zur Produkthaftung finden sich bei

Münchner Kommentar zum BGB, Band 5, 4. Auflage 2004, § 823 BGB, vor Rn 547 ff., Einleitung Produkthaftungsgesetz, vor Rn 1 (Bearbeiter: *Wagner*)

Darüber hinaus wird auf folgende Titel verwiesen:

Von Westphalen, Produkthaftungshandbuch, 2. Auflage, Band 1 1997, Band 2 1999.

Soergel, Kommentar zum BGB, Band 12, Stand Sommer 2006 (Bearbeiter: *Krause*)

Staudinger, Kommentar zum BGB, Produkthaftungsgesetz, Neubearbeitung 2003 (Bearbeiter: *Oechsler*)

Ensthaler, Produkt- und Produzentenhaftung, 2006

Wagener, Produkthaftung Deutschland USA von A-Z, 2005

Stichwortverzeichnis

aktive Beobachtungspflicht 75
allgemein anerkannte Regeln der Technik 54
Allgemeiner Sorgfaltsmaßstab 53
Apfelschorf 75, 129
Arbeitsrecht 4, 159, 163, 164
Aufwendungsersatz 18, 25, 33
Ausschluss der Gewährleistungsrechte 30, 31
Basissicherheit 56
Befundsicherungspflicht 64, 65, 66, 81
Begründung der Produkthaftung 7
Benomyl 75
Beschaffenheit 18, 19, 30, 39, 40, 61
Beschaffenheitsgarantie 40
Beweis 21, 27, 80, 101, 108
Beweislast 21, 27, 42, 48, 49, 80, 101
Beweislastumkehr 9, 21, 37, 65, 66, 81, 160
Bienenstich 154
Blutplasma 155
Brunnensalz 7, 8
Castano v. American Tobacco Company 136
CE-Kennzeichnung 105
China 4, 12, 13, 23, 131, 138, 139, 140
Contergan 9, 152
DES 134
discovery 135, 137
Durchsetzung von Gerichtsurteilen 140, 147
Eigentumsverletzung 28, 49, 50, 51, 121, 124
Entwicklungsfehler 61, 99
Ernte 23 71
erwartungsgemäßer Fehlgebrauch 56
Eschede 155
ESTIL 69
Expander 82
Fabrikation 10, 48, 49, 57, 62, 67, 76, 80, 81, 153
Fabrikationsfehler 60, 61, 80, 85, 160
Ford Pinto 134
Fugendichtungsmasse 86
Garantie 2, 3, 28, 29, 30, 39, 40, 42, 43, 44, 45, 127, 130, 141, 145
Gaszug 98
Gebrauchsanleitung 68, 106, 110, 112, 173, 175
Gefahrenanalyse 105, 109, 110, 111
Gefahrübergang 21, 35
Geräte- und Produktsicherheitsgesetz XIV, 4, 91, 103, 113
Gerichtszuständigkeit 140, 141, 142, 147
gesamtschuldnerische Haftung 118, 120, 121
Geschichte der Produkthaftung 7
Gewährleistung 2, 3, 17, 30, 36, 45, 96, 121, 127, 130, 133, 141
Gewindeschneidemittel 50, 75

Glykol 151

GPSG XIV, 4, 91, 103, 113

Greenman v. Yuba Power Products Inc. 10

Grim'sches Leitrad 82, 84

Haftungshöchstbetrag 102

Haltbarkeitsgarantie 40, 42

Hebebühne 85, 118

Herstellergarantie 2, 16, 29, 39, 40, 42, 43, 44, 45, 145

Hochzeitsessen 161

Holzschutzmittel 153, 156

Hühnerpest 9, 79

Importeur 83, 97, 143

Innerbetrieblicher Schadensausgleich 159

Instruktion 10, 48, 49, 57, 68, 73, 81, 153, 173, 174, 175

Instruktionsfehler 28, 67, 81, 88

Internationale Produkthaftung 4

Internationales Privatrecht 128, 130

Japan 138, 140

Kausalität 48, 79, 153, 154

Kindertee 70, 72, 73, 81, 83

Kompressor 50, 51

Kondensatoren 50

Konstruktion 10, 48, 49, 55, 57, 58, 59, 60, 67, 75, 76, 80, 81, 82, 88, 100, 109, 128, 153, 161, 168, 170, 174

Konstruktionsfehler 58, 59, 61

Kulanz 33, 43

Lederspray 151, 152, 153

Leistungsbeschreibung 30, 31

Lenkerverkleidung 60, 72

Limonadenflasche 64

Mac Pherson v. Buick 8

Marktanteilshaftung 133

Mars 71

Minderung 18, 25, 26, 33, 40

Mineralwasserflasche 65

Mitverschulden 79, 80, 88

Montageanleitung 20, 72

Monza Steel 149

Nacherfüllung 18, 22, 23, 24, 25, 26, 27, 33, 34, 35, 37, 40, 44, 45, 116, 121

Olivenöl 154

passive Beobachtungspflicht 75

Pferdebox 57

Pflichtenträger 49, 81

Pflichtwidriges Verhalten 52, 79

Polizeipistole 76

Produktbeobachtung 48, 49, 57, 75, 76, 81, 89, 106, 110, 111, 175, 176

Produkthaftungcompliance 4, 5

Produkthaftungsrichtlinie 10, 11, 91, 93, 94, 132, 138, 143

Produktionsausfall 99, 184

Produktsicherheit 54, 55, 84, 96, 108, 110, 138

punitive damages 134

Qualitätskontrolle 32, 63, 64, 67, 161, 163

Qualitätssicherungsvereinbarungen 4, 32, 60, 62, 66, 172

Quasihersteller 49, 81, 97

RAPEX 12, 107

Richard Grimshaw v. Ford Motor Company 134

Rückgriff 34, 115, 117, 118, 120, 121, 171

Rückgriffsanspruch 34, 117, 120

Rückgriffsansprüche in der Lieferkette 116, 131

Rückruf 1, 13, 34, 77, 78, 106, 108, 110, 111, 116, 120, 122, 124, 138, 140, 152, 157, 158

Rückrufmanagement 111

Rücktritt 18

Sachbeschädigung 98, 102, 103, 112, 149
Sachmangel 18, 19, 20, 21, 22, 26, 27, 28, 29, 30, 31, 35, 36, 42, 96
Sammelklagen 133, 135, 136
Schubstrebe 63
Schutzgesetz 47, 84, 85
Schwimmschalter 59, 100
Selbstbehalt 102, 112
Septummeißel 62
Sicherheit, die die Allgemeinheit berechtigterweise erwarten kann 55, 56, 68
sittenwidrige Schädigung 47, 85
Spannkupplung 60, 160
Stand der Technik 54, 88, 168, 171
Stand von Wissenschaft und Technik 54, 55, 57, 58, 62, 68, 74, 78, 89, 99, 100
Stangvik v. Shiley 140
Stichproben 31, 32, 64, 75
Strafrecht XV, 4, 12, 16, 149, 150, 157
Strafschadensersatz 133, 134, 135, 136
strict liability in tort 10
Teilprodukt 50, 98, 100, 101
Territorialitätsprinzip 132
Transistoren 50
trial by jury 135
Überrollbügel 72
Untersuchungs- und Rügepflicht 31
Untersuchungspflicht 27, 31
Verbrauchsgüterkauf 21, 30, 33, 43
Verjährung 33, 34, 35, 86, 103, 117
Verkehrssicherungspflichten 12, 48, 49, 52, 53, 55, 56, 57, 58, 59, 62, 66, 67, 68, 74, 79, 80, 81, 84, 96, 97, 119, 164, 170, 171, 173, 179, 180
Warnhinweise 59, 70, 73, 76, 77, 83, 88, 106, 110, 112, 133, 144, 161
Warsteiner 71
Weiterfresserschäden 50, 98, 116
Werbung 19, 20, 82, 133, 173
Zinkspray 68, 73, 74, 81
Zubehör 60, 72, 73
Zwingende Vorschriften 99